KB271976

매출의 설계자들

매출의
설계자들

당신의 지갑을 여는
42가지 심리 트리거

김경호 지음

흐름출판

저도 한때
설계당하는 쪽이었습니다

대학원에서 마케팅을 전공한다고 하면 재미있는 광고나 프로모션을 분석하고 만드는 작업을 할 거라고 생각하는 사람이 많다. 틀린 말은 아니다. 다만 그 전에 논문을 수백 편쯤 읽어야 한다. 마케팅을 전공하는 대학원생은 매일 책상에 앉아 논문을 읽고 수업을 듣고 또 논문을 쓴다. 한마디로 논문과 함께 살아간다. 광고나 프로모션 기획은 그다음 이야기다.

그런 생활을 이어가던 어느 날 석사과정 때 함께 공부하던 동기들을 만나 그 시절을 회상할 기회가 있었다. 이런저런 이야기가 오가던 중 지금도 내 기억에 유독 강하게 자리 잡은 말이 하나 있었다.

"이론과 현실은 달라!"

매일 논문과 씨름하며 마케팅 이론을 공부하다 기업의 마케터로 일하게 된 친구의 말이었다. 논문이 다루는 세계와 실제 마케팅 현장 사이의 간극이 그 친구에게는 꽤 크게 느껴졌던 모양이다. 그 말을 들으면서 속으로 조금 뜨끔했다. 당시 나는 그 논문들의 세계로 다시 뛰어든 참이었으니까.

나는 대학원에서 석사학위를 마친 뒤 삼성전자 국내영업사업부에서 2년 남짓 일하다 사표를 내고 박사과정으로 돌아온 상황이었다. 파릇파릇한 사회초년생이었던 내가 삼성전자에서 맡은 업무는 대리점인 디지털프라자 몇 곳을 관리하는 영업관리 일이었다. 매장 진열을 최신화하고 프로모션을 유도하고 매출을 끌어올리는 것이 내 역할이었다. 그 일을 하면서 학교에서 배운 마케팅 이론이 실제로 도움이 되었던가. 솔직히 말하면 잘 모르겠다. 아니 더 솔직히 말하자면 별로 없었던 것 같다. 그러니 친구의 말이 마음에 걸릴 수밖에 없었다.

"진짜 다른가?"

만약 마케팅 이론과 현실이 진짜로 다르다면 내가 다시 학교로 돌아온 것은 꽤 멍청한 선택일 수 있었다. 그래서 매일 논문을 읽고 쓰면서도 한편으로는 이 괴리에 대한 답을 계속 찾고자 했다. 다행히 그 답을 찾을 수 있었고 그 덕분에 이 책도 쓸 수 있었다.

답의 실마리는 역시나 실무 경험에 있었다. 나의 지도교수님은 탁월한 학자이면서 동시에 마케팅 업계에서 이름난 전략가이기도 했다. 교수님 덕분에 박사과정 시절부터 다양한 기업의 실제 마케팅 문제에 뛰어들 수 있었다. 매일유업의 브랜드 전략을 수립하고 하이트진로의 맥주와 소주 포지셔닝을 고민했다. 삼성생명, 아시아나항공, 한화그룹의 브랜드 관리 방향을 세우기도 했다. 논문 속 이야기인 줄만 알았던 개념들이 회의실 화이트보드 위에서 살아 움직였고 나를 괴롭히던 질문은 길을 찾아가기 시작했다.

이론과 현실이 생각만큼 다르지 않다. 매일유업과 브랜드 전략을 고민하던 어느 날, 이런 질문이 나왔다. '우유의 최신 제조기법을 소비자에게 강하게 어필하는 것이 효과적인가?' 그 답은 놀랍게도 1983년에 발표된 논문 속 '정교화 가능성 모델'에 있었다. 우유처럼 별 고민 없이 집어 드는 제품 앞에서 소비자는 기능이나 기술 같은 정보를 크게 따지지 않는다. 제조기법의 기술적 설명보나 좋아하는 연예인이 등장하는 광고에 훨씬 크게 반응한다는 것이다. 40년 전 학술지에 실린 이론이 지금 이 순간 기업의 현실 고민에 정확하게 답하고 있었다. 그 순간 확신했다. 이론과 현실은 다르지 않다. 다만 연결하는 사람이 없었을 뿐이다.

그렇다면 왜 그 둘이 다르다는 느낌이 드는 걸까. 아마도 이론을 지나치게 이론적으로만 공부했기 때문이 아닐까. 학자들이 어려운 용어와 숫자로 현실을 설명하다 보면 그 이론은 어느새 대중들에게 낯선 언어가 되어버린다. 현실을 설명하기 위해 태어난 이론이 현실과 동떨어진 것처럼 보이는 아이러니다.

그 아이러니를 풀 방법은 사실 간단하다. 이론을 이론으로만 공부하지 않으면 된다. 이 책에 등장하는 42가지 트리거는 마케팅, 행동경제학, 심리학의 대가들이 수십 년에 걸쳐 검증해온 생각들에 빚지고 있다. 카너먼과 트버스키의 프로스펙트 이론, 리처드 탈러의 심적 회계, 댄 애리얼리의 보유 효과까지, 나는 그 대가들의 생각을 현실의 언어로 번역하고 마케팅 현장에서 바로 꺼내 쓸 수 있는 형태로 재조립했다.

하얏트 호텔의 클럽 라운지, 배스킨라빈스가 아이스크림을 꾹꾹 눌러 담는 이유, 하이네켄의 금주 광고. 우리가 매일 스치듯 지나치는 이 장면들 뒤에는 그 대가들의 이론이 정교하게 작동하고 있다. 42가지 트리거를 따라가다 보면 어느새 사람들의 선택이 다르게 보이기 시작할 것이다. 왜 그 광고에 끌렸는지, 왜 그 가격에 지갑이 열렸는지, 왜 그 브랜드를 선택했는지. 그 순간부터 당신은 설계당하는 쪽이 아니라 설계하는 쪽, 매출의 설계자가 될 수 있다. 이 책이 당신에게 새로운 문을 열어주는 트리거가 되길 기대한다.

마지막으로 연구하고 글 쓰느라 바쁜 남편과 아빠 곁을 언제나 지켜준 아내 강서희와 태은, 태희에게 고마움과 미안함을 전한다.

김경호

프레임

진실보다
인식을
설계하라

The Revenue
Engine
*****
Date   :   23/03/2024
Order No. :   000000210
Card   :   VISA
No.   : **** **** **** ****
Exp.   :   30/03/2026
Total $ 25,000,000.00
Tax   0
30/03/2024   10:45
#Tx ID: 1234567890
THANK YOU

하얏트 클럽 라운지의
비밀

세계적인 호텔 체인 하얏트(Hyatt)는 1957년 제이 프리츠커가 로스앤젤레스 국제공항 인근의 모텔 하얏트 하우스를 인수하며 출발했다. 이후 사업의 기틀을 다진 하얏트는 1967년 애틀랜타에 첫 번째 하얏트 리젠시를 선보이며 독자적인 호텔 브랜드로 자리 잡는다. 이 도약은 곧 글로벌 시장으로의 확장으로 이어졌다. 1968년 하얏트 인터내셔널을 설립한 데 이어서 1969년에는 홍콩에 하얏트 리젠시를 개장하며 세계적 호텔 체인으로 발돋움한다. 오늘날 하얏트는 최고급 브랜드인 파크 하얏트를 필두로, 대도시 럭셔리 호텔의 대명사인 그랜드 하얏트, 비즈니스아 레저 수요를 모두 아우르는 하얏트 리젠시까지 폭넓은 브랜드 라인업을 구축하며 그 명성을 이어가고 있다.

하얏트 호텔은 브랜드별로 프리미엄 라운지 클럽을 운영한다. 그랜드 하얏트는 그랜드 클럽 라운지를, 하얏트 리젠시는 리젠시 클럽 라운지를 갖추고 있다. 호텔마다 차이는 있지만 대체로 월드 오브 하얏트 최고 등급인 글로벌리스트 회원이나 클럽 이용이 포함된 객실을 예약한 고객이라면 라운지를 이용할 수 있다. 호텔을 자주 이용하는 단골 고객을 제외하고라도 상당수 투숙객들이 클럽 라운지를 이용하기 위해 일반 객실보다 가격이 높은 클럽 이용 가능 객실을 선택하고 있다. 이런 점에서 하얏트 호텔의 클럽 라운지 운영은 단골을 위한 로열티 프로그램이면서 동시에 매출을 높일 수 있는 업셀링 프로그램(Upselling Program)이라 할 수 있다.

클럽 라운지의 인기에는 이유가 있다. 하얏트 클럽 라운지는 특정 시간에 주류와 음식을 할인 판매하거나 무료로 제공하는 해피 아워를 운영한다. 낮에는 간식, 과일, 커피나 차 등을 무료로 먹을 수 있고 저녁 시간에는 간단한 요리와 함께 와인, 맥주, 위스키 등이 제공된다. 나도 기회가 되어 몇 번 이용해 봤는데 꽤나 괜찮은 서비스다. 그런데 클럽 라운지 서비스를 이용하면서 한 가지 궁금한 점이 생겼다.

무료로 간식과 음료, 술을 제공하면 하얏트는 남는 게 있을까?

클럽 라운지를 이용하기 위해 투숙객은 일반적인 객실 비용보다 비싼 숙박료를 내야 한다. 투숙객이 추가로 부담하는 이 비용으로 클럽 라운지가 운영된다. 하지만 클럽 라운지에서 제공하는 요리나 음료, 술의 일반적인 가격을 생각해보자. 손이 후덜덜 떨릴 만큼 가격이 꽤 비싸다. 만약 모든 투숙객이 클럽 라운지를 열심히 이용한다면 하얏트는 손해를 볼 가능성이 크다. 하얏트는 투숙객의 만족을 위해서 손해를 감수하고 클럽 라운지를 운영하는 것일까?

로열티 프로그램의 하나라 생각하면 그럴 수도 있지만, 꼭 손해가 나는 장사는 아니다. 왜 그럴까? 하얏트 투숙객들은 보통 3~4일씩 묵는 경우가 많다. 이들은 클럽 라운지를 이용하기 위해 투숙 기간에 비싼 객실 비용을 지불한다. 비싼 돈을 냈으니, 처음에는 당연히 그들의 권리인 클럽 라운지를 방문해서 간식과 요리, 음료 등을 양껏 즐기게 된다. 그런데 클럽 라운지에서 매일 원하는 만큼 먹을 수 있을까?

첫째 날은 대부분 클럽 라운지에서 공짜 음식을 즐기며 이 상품을 선택한 것에 만족하게 된다. 하지만 여행(또는 출장)은 꽤 바쁘다. 라운지에 앉아 먹는 것만 할 수는 없다. 또한 매일 거의 비슷한 음식을 제공하기 때문에 음식의 질이 높더라도 결국은 질리게 된다. 시간이 흐를수록 클럽 라운지 방문 횟수가 줄어들게 된다. 결국 꽤 많은 투숙객은 돈만 내고 클럽 라운지를 이용하지 않는 날이 많아지게 되고, 하얏트는 남는 장사를 하게 된다.

일반적으로 사람들은 비용을 내고 나면 돈을 낸 게 아까워서라도 비용에 해당하는 혜택을 누리려고 '노력'한다. 예를 들어 자유이용권을 사서 놀이공원에 가면, 다리가 저리는 한이 있더라도 하나라도 더 놀이기구를 타려고 열심히 돌아다닌다. 이때 지불한 비용은 곧 획득해야 할 혜택과 연결된다. 하지만 지불한 비용과 혜택이 항상 연결되는 것은 아니다.

　3개월에 18만 원을 내고 피트니스 센터에 등록한 사람이 있다고 해보자. 피트니스 센터에 등록할 때 지불한 돈을 운동이라는 혜택으로 전환하기 위해 처음에는 정말 열심히 다니려고 노력한다. 하지만 당신도 알다시피 이러한 다짐은 그리 오래가지 못한다. 한두 주가 지나면 '내가 지금까지 운동을 열심히 했으니까 이미 혜택을 많이 누렸어!'라고 생각하며 슬슬 운동을 빠지기 시작한다. 한 달 정도 지나면 '이번 달에 이미 충분히 운동 다 했다'라면서 피트니스 센터에 가지 않는 것을 합리화한다. 이처럼 돈을 지불하고 시간이 지나면 비용과 혜택의 연결고리가 끊어진다.

　D. 소만(D. Soman)과 존 T. 거빌(J. T. Gourville)은 이러한 인간의 자기합리화를 거래분리현상(Transaction Decoupling)이라고 이름 붙였다.[1] 거래분리현상이란 비용 지불 시점과 소비 시점 사이에 간극이 생기면 돈을 낸 기억이 흐릿해지는 현상이다. 그 과정에서 비용과 혜택의 연결고리가 느슨해지고 결국 혜택을 무시하게 된다. 소만과 거빌은 2001년 거래분리현상을 증명하기 위해 스키장 리프트권을 이용한 재미있는 실험을 했다. 이 실험을 살펴보자.

　먼저 한 집단의 실험 참가자들에게는 160달러에 4일간 사용할 수 있는 리프트권을 사야 한다고 알려줬다. 그리고 다른 집단의 참가자들에게는 리프트권이 하루에 40달러라고 알려줬다. 그다음 모든 참가자들에게 다음의 시나리오를 읽게 했다.

친구와 함께 스키장에 놀러 가서 당신은 3일간 열심히 스키를 탔다. 3일째 밤에 비가 내렸고 스키장 슬로프의 상태가 나빠졌다. 당신은 피곤하기도 하고 슬로프 상태도 나빠서 마지막 날 아침에 스키를 탈까 말까 고민한다. 그런데 함께 간 친구가 피곤하니까 스키는 그만 타고 대신 이른 점심을 먹고 차 막히기 전에 집에 가자는 제안을 했다. 당신의 선택은?

이러한 상황에서 어느 집단의 사람들이 마지막 날에 스키를 더 타고 싶어 하는지 비교해 보았다. 실험한 결과, 4일간 사용할 수 있는 리프트권이 160달러라고 알려준 집단보다 하루에 40달러라고 알려준 집단의 참가자들이 마지막 날 스키를 타겠다고 더 많이 응답했다. 즉 하루하루 리프트 사용료를 지불한 사람들은 낸 돈에 대응하는 혜택을 얻기 위해 몸이 피곤해도 슬로프 상태가 나빠도 스키를 타려 했다. 그러나 4일치 리프트권을 첫날 구매한 사람들은 마지막 날이 되자 지불한 비용과 혜택의 연결고리가 약해지면서 스키를 반드시 타야 한다고 생각하지 않았다.

하얏트 클럽 라운지 사례도 거래분리현상으로 설명할 수 있다. 투숙객은 비용을 추가해서 클럽 라운지를 이용할 수 있는 권한을 얻는다. 이들은 처음에는 열심히 클럽 라운지를 이용한다. 그러나 시간이 지나면서 이미 낸 돈을 혜택으로 전환해야 한다는 연결고리가 약해져 클럽 라운지 방문을 포기하게 된다. 피트니스 센터에 3개월씩 장기로 회원 등록하는 경우도 비슷하다. 피트니스 센터에 막 가입한 시점에서는 사람들은 자신이 지불한 돈(비용)을 떠올리며 운동할 수 있는 권리(혜택)

와 쉽게 연결한다. 그래서 회원 등록 초기에는 비교적 열심히 운동하려고 노력한다. 하지만 시간이 흐르면서 비용과 혜택 간 연결고리는 약해지고, 힘든 운동을 비용과 연결된 혜택으로 인식하지 않게 된다. 헬스장이 망하지 않는 이유는 기구가 튼튼해서가 아니다. 회원들이 안 오기 때문이다.

넷플릭스나 멜론처럼 매달 요금을 내는 구독 서비스에서도 비슷한 현상을 발견할 수 있다. 가입 초기에는 서비스를 적극적으로 이용하지만, 시간이 지날수록 이용 빈도는 점점 줄어든다. 소비자의 머릿속에서 지불한 비용과 실제로 누리는 혜택 사이의 연결고리가 느슨해지기 때문이다.

그렇다면 이런 거래는 소비자만 손해를 보는 구조일까? 반드시 그렇다고 보기는 어렵다. 마케터는 거래분리현상을 활용해 가격 수준보다 더 나은 서비스를 제공하면서도 수익성을 유지할 수 있다. 하얏트 클럽 라운지의 이용객은 클럽 방문을 위해 추가 비용을 지불하지만, 호텔은 그보다 더 가치 있는 서비스를 제공함으로써 고객 만족도를 높일 수 있다. 시간이 지나면 투숙객은 클럽 라운지를 처음만큼 적극적으로 이용하지 않게 되고, 이 지점에서 호텔은 비용 부담을 통제하면서도 이익을 창출할 수 있다.

다만 이런 전략이 작동하려면 한 가지 전제가 필요하다. 소비자가 전체 비용을 하나의 묶음으로 인식해야 한다. 만약 스키장 리프트 일일권처럼 하루하루의 비용을 또렷하게 인식하게 되면 소비자는 그날의 혜택을 최대한 뽑아내기 위해 적극적으로 행동하게 된다. 따라서 마케터는 소비자의 인식 속에서 비용과 혜택이 분리되도록 설계해야 한다.

돈을 내는 고통과 소비의 즐거움이 맞붙어 있으면 기쁨은 반감된다. 만족감을 높이고 싶다면 그 둘 사이의 거리를 최대한 벌려주자. 지불의 기억이 흐릿해진 자리에는 지금 누리고 있는 경험의 즐거움만 온전히 남게 된다.

자동차를
다시 사드립니다

#보유 효과

20년 넘게 마케팅을 공부하고, 가르치고, 실무에 적용하면서 수많은 마케팅 사례를 접해왔다. 그중에는 기발한 아이디어도 있었고, 일시적으로 화제가 된 캠페인도 많았다. 하지만 시간이 지나도 여전히 '이 결정은 어떻게 가능했을까'라는 놀라움이 드는 사례는 많지 않다. 내가 경험한 수많은 사례 중에서도 지금까지 가장 담대한 결단으로 기억되는 마케팅 캠페인은 2009년 미국에서 현대자동차가 실행한 현대자동차 어슈어런스 프로그램(Hyundai Assurance Program)이다.

이 프로그램은 말 그대로 '현대자동차가 보장(assurance)한다'는 뜻이다. 소비자가 현대자동차를 구매한 후 1년 이내에 실직 등으로 소득이 없을 경우, 차량 구매로 인해 발생하는 금융 부담에서 벗어날 수 있도록 계약 해지를 허용하겠다는 약속이었다. 이 프로그램은 자동차

1장. 프레임 : 진실보다 인식을 설계하라

를 산 고객이 겪을 수 있는 최악의 시나리오를 현대자동차가 나서서 제거해 주는 위험 완화 장치였다. 현대자동차는 왜 이런 보장을 했을까? 이를 이해하기 위해서는 당시 미국 경제 상황을 알아야 한다.

2008년 미국에서는 매우 충격적인 금융사고가 발생했다. 서브프라임 모기지 사태로 불리는 사건이다. 서브프라임 모기지는 신용등급이 낮은 사람들에게 주택을 담보로 대출해주는 금융 상품인데, 주택을 담보로 하고 있어 금융회사들은 이를 안전한 상품으로 여겼다. 하지만 불황으로 금리가 인상되자 대출을 받은 저신용자들이 월 상환금을 연체하게 됐고 주택을 압류당하는 사례가 늘어나게 됐다.

주택 압류는 다시 부동산 시장에 주택 공급 과잉으로 이어졌다. 이로 인해 주택 가격이 급락하게 됐다. 주택 가격의 급락으로 대출한 돈보다 주택 가격이 더 낮아지게 되자 결과적으로 서브프라임 모기지 상품을 운영한 금융회사들은 큰 손실을 보게 됐다. 이 영향으로 대형 투자사인 리먼 브라더스는 750조 원 규모의 부채를 감당하지 못하고 파산한다. 보험사 AIG 역시 파산 직전까지 몰리게 된다. 또한 베어스턴스, 메릴린치 등 한 시대를 주름잡던 대형 금융회사들이 파산 위기에 몰리면서 JP모건과 뱅크오브아메리카에 경영권을 넘기는 일이 일어났다. 금융회사들의 연쇄 파산은 곧 전 세계 금융시장으로 퍼져나가 세계적인 증시 폭락, 은행 파산, 경제 침체로 이어지게 된다. 금융위기가 일어나자 기업들은 너나할 것 없이 투자와 고용을 줄였고, 대량 실직사태가 일어나게 됐다.

이런 경제 위기 상황에서 등장한 것이 바로 현대자동차의 어슈어런스 프로그램이다. 2009년 시점으로 돌아가 보면, 금융위기로 위축된 미국 소비자는 새 차를 사는 것을 당연히 망설였다. 실직하면 소득이 사라질 수 있는데 이 상황에서 목돈 주고 새 차를 사는 것은 위험한 선택이다. 실제로 2009년 미국에서 새 차 판매량은 전년 대비 무려 21.2% 감소했다. 이때 현대자동차가 내세운 광고 문구는 다음과 같다.

불확실한 시대의 확실함(Certainty in Uncertain Times)

이 슬로건은 소비자의 구매 심리 깊숙한 곳에 자리 잡은 불확실성에 대한 두려움을 정면으로 다루겠다는 선언이었다. 앞서 소개한 것처럼 이 프로그램은 소비자가 현대자동차를 구매한 후 1년 내 수입이 끊기면 그 차를 실질적으로 되사주는 것을 보장한다. 경제가 좋지 않아 실직할 가능성이 큰 상황에서 새 차를 산 후 소득이 없어지면 발생할 난처한 상황을 현대자동차가 직접 해소해 줄 것이라고 약속한 것이다. 캠페인은 말 그대로 대박이 났다. 미국 자동차 판매량이 전년 대비 21.2% 감소할 때 현대자동차의 판매는 전년 대비 8% 성장했다. 2007년 현대자동차의 미국 시장 점유율은 2.9%에 불과했는데 2009년에는 4.2%, 2010년에는 5.1%까지 상승했다. 이는 미국 자동차 시장의 후발주자였던 현대자동차가 입지를 다지는 중요한 계기가 됐다.

지나보면 성공한 마케팅 캠페인이지만, 이 캠페인이 기획되던 시점을 생각해보면 현대자동차가 정말 용감하고 담대한 선택을 했다고

    1장. 프레임 : 진실보다 인식을 설계하라

할 수 있다. 어떤 점이 담대한 선택이냐고? 현대자동차는 새 차를 구매한 소비자가 소득을 잃으면 중고차를 되사겠다고 보장한 점이 대담하다.

자동차는 구매 후 가치가 떨어지는 상품이다. 특히 구매 초기의 가치하락이 크다. 따라서 현대차를 구매한 소비자가 소득을 잃게 되면 이를 되사더라도 현대차는 손실을 보게 된다. 만약 이 프로그램으로 새 차를 구매한 소비자 중 많은 사람이 차를 반납하게 된다면, 큰 손실을 볼 게 뻔했다. 다행히 이 프로그램을 통해 판매된 100만 대의 자동차 중 반품은 350대 정도였다고 한다.

그렇다면, 현대자동차는 뭘 믿고 이러한 위험한 캠페인을 기획했을까? 두 가지 중요한 근거를 들 수 있다. 첫째는 경제가 좋지 않아도 모두 실직하지 않는다는 경험이 근거였다. 경제 위기로 실직하는 사람은 일부 있겠지만 실제 반납 대상이 되는 소비자는 많지 않을 것이라고 판단했다고 한다. 두 번째 근거가 더 중요한데, 그 근거는 바로 보유 효과(Endowment Effect)다.

노벨 경제학상을 수상한 리처드 탈러(R. Thaler)는 1980년에 출판한 논문에서 사람들이 소유한 대상의 가치를 소유하지 않은 것보다 더 크게 느끼는 현상에 '보유 효과'라는 이름을 붙였다. 이후 다양한 연구자들이 이 보유 효과를 증명하기 위해 노력했다.[2]

관련해 대표적인 실험 하나를 살펴보자. 잭 네치(J. Knetsch)는 1989년에 발표한 논문에서 매우 단순한 실험을 진행했다.[3]

첫 번째 실험에서 그는 76명의 설문 참가자에게 설문 조사 전에 선물로 머그컵을 주었다. 설문을 모두 마친 뒤, 참가자들에게 이 머그컵을 사탕과 바꿀 수 있다고 제안했다. 이때 교환에 응한 사람은 76명 중 8명에 불과했다. 두 번째 실험에서는 조건을 바꿨다. 이번에는 87명의 설문 참가자에게 설문의 대가로 사탕을 제공했다. 설문이 끝난 뒤, 첫 번째 실험과 마찬가지로 사탕을 머그컵으로 바꿀 수 있다고 제안했는데 이 경우에도 교환을 선택한 사람은 단 9명뿐이었다.

이 결과는 사람들이 아직 갖지 못한 것보다 이미 소유한 것을 더 가치 있게 평가하는 경향이 있음을 시사한다. 다만 여기서 한 가지 의문을 제기할 수 있다. 혹시 사탕과 머그컵의 객관적인 가치가 애초에 서로 달랐던 것은 아닐까?

만약 머그컵의 가치가 사탕보다 더 크다면 머그컵을 받은 참가자들이 교환을 꺼린 첫 번째 실험의 결과는 설명할 수 있다. 그러나 사탕을 받은 참가자들 역시 머그컵으로의 교환을 거의 선택하지 않았다는 두 번째 실험의 결과는 단순한 가치 차이만으로는 설명하기 어렵다.

네치는 이러한 의문을 염두에 두고 한 번의 실험을 더 진행했다. 이번에는 설문의 대가로 사탕과 머그컵 가운데 하나를 참가자들이 직접 선택하도록 했다. 그 결과 참가자들은 거의 비슷한 비율로 사탕과 머그컵을 선택했다. 이는 두 선물의 객관적인 가치가 크게 다르지 않았음을 확인해준다.

그렇다면 앞선 두 실험에서 나타난 교환 기피 현상을 가치 차이로는 설명할 수 없게 된다. 결국 이는 사탕과 머그컵의 객관적 우열 때문이 아니라, 처음 손에 쥔 것을 기준으로 판단이 달라졌기 때문이라고 볼 수 있다.

2000년 지브 카몬(Z. Carmon)과 댄 애리얼리(D. Ariely)도 보유 효과를 탐색하는 실험을 했다.[4] 미국에서 가장 사랑받는 스포츠 이벤트 중 하나인 NCAA 토너먼트 결승전 티켓을 사고 파는 상황을 가정하여 티켓 판매의 대가로 '받고 싶은 가격(Willingness to Accept, WTA)'과 티켓을 구매하면서 '지불하고 싶은 가격(Willingness to Pay, WTP)'을 측정했다. 실험 결과, 티켓 판매자는 직접 관람을 하러 갔을 때 느낄 수 있는 즐거움, 감동, 흥분 등 포기해야 할 티켓의 가치에 주목한 반면, 구매자는 결승전 티켓의 원래 가격에 주목하면서 적당한 가격에 구입하고자 했다. 숫자로 이를 측정해보면 티켓 가격은 구매자가 지불하려는 가격과 판매자가 받고 싶은 가격이 무려 14배 정도 차이가 났다(WTP = \$166 vs. WTA = \$2,411). 구매자가 산정한 티켓 가치보다 실제로 티켓을 소유한 사람이 느끼는 가치가 훨씬 컸던 것이다.

이 실험에 참여한 사람들은 NCAA 결승전의 즐거움 수준을 2,702달러 수준으로 평가했다. 사려는 사람이나 팔려는 사람 모두 대학농구 결승전의 가치를 매우 높다고 보았다. 하지만 티켓을 구매하려는 사람은 이러한 가치에 집중하기보다는 티켓의 원래 가격을 고려하여 구매 가능한 가격(166달러)을 제안했다. 반면, 티켓을 판매하려는 사람은 티켓의 가격이 아닌 결승전 직관을 통해 얻을 수 있는 가치에 집중하여 즐거움에 해당하는 가격(2,411달러)을 받고 싶어 했다. 여기서 우리는 인간은 가진 것을 포기할 때의 가치에 더 민감하다는 것을 확인할 수 있다.

현대 어슈어런스 프로그램은 자칫 기업에 막대한 손실을 입힐 수 있는 위험한 도박이었다. 하지만 현대자동차는 보유 효과를 근거로 담대한 실행을 했다. 소비자는 새 차를 사기 전에는 차의 가치보다 미래의 위험을 더 크게 생각한다. 그래서 어슈어런스 프로그램 때문에 상대적으로 덜 유명한 브랜드이지만 현대자동차를 선택했다. 그러나 막상 구매하고 나면 '내 차'를 잃게 되는 것에 더 민감해진다. 따라서 실직을 하더라도 차를 반납하는 것보다 계속 보유하는 쪽에 더 큰 가치를 두었다.

보유 효과는 우리 일상 속에서 어렵지 않게 발견할 수 있다. 중고차 거래를 예로 들어보자. 중고차 시장에서는 일반적으로 파는 사람은 가격을 높게 부르는 반면, 사는 사람은 가격을 낮게 책정한다. 그 차를 소유하고 있던 사람은 차를 팔 때 잃게 되는 혜택에 주목하지만, 구매자는 비슷한 중고차의 시세나 차의 상태 등에 주목하며 가치를 훨씬 작게 평가한다. 중고차 거래 플랫폼인 헤이딜러는 소비자의 이런 보유 효과를 잘 이해한 서비스를 제공하면서 시장에 안착했다. 중고차 소유주는 아무래도 차의 가치를 더 높게 평가하기 때문에 조금이라도 더 비싸게 팔고 싶은 마음이 크다. 그래서 헤이딜러는 중고차 딜러들이 경쟁하는 구조를 만들어 중고차 판매자의 욕구를 어느 정도 충족시킬 수 있도록 했다. 이것이 성공의 중요한 요인이 아니었을까 생각된다.

최근 디지털 콘텐츠를 제공하는 기업들이 보유 효과를 활용한 마케팅을 자주 한다. 유튜브 프리미엄(YouTube Premium)이나 넷플릭스(Netflix)처럼 한 달간 무료로 서비스를 사용할 수 있는 기회를 제공하는 경우가 대표적이다. 일단 서비스를 사용하게 되면 소비자는 그 가치를 더 높게 인식하게 되고, 그만큼 비용을 지불하는 결정도 쉬워진다. 이런 점에서 소비자가 한 번이라도 제품이나 서비스를 사용하게 만드는 것만으로도 이미 반쯤은 성공한 셈이다. 공짜 체험판이 무서운 이유는 그것이 무료라서가 아니다. 한번 손에 쥔 것을 놓기가 생각보다 훨씬 어렵다.

> ### 보유 효과
>
> 인간은 무언가를 손에 넣으면 그것을 실제 가치보다 더 소중하게 여긴다. 내 온기가 닿은 물건을 다시 내려놓는 일은 단순히 물건을 돌려주는 것이 아니라 나의 일부를 잃는 고통으로 다가오기 때문이다. 새로운 제안을 하고 싶다면 일단 그것을 경험하게 하는 것부터 시작하자.

통장에 돈이 있어도
할부로 차를 사는 이유

2015년 6월, 금융감독원이 인터넷전문은행 도입 방안을 발표한 후, 2017년부터 카카오뱅크와 케이뱅크가 오프라인 영업점이 없는 인터넷전문은행으로 영업을 시작했다. 특히 카카오뱅크는 우리나라 국민 메신저로 불리는 카카오톡과 연계하여 은행 업무의 편의성을 획기적으로 향상시키며 빠르게 인기를 모았다. 이뿐 아니라 IT 기술을 접목해 기존 은행과는 구별되는 차별화된 서비스를 도입했다. 공인인증서 없이 인터넷 뱅킹을 할 수 있게 했고, 지금은 모든 은행이 사용하고 있지만 신분증 및 안면 인식을 이용한 인증 솔루션을 선제적으로 도입했다. 편리성 덕분에 카카오뱅크의 고객 수는 2025년 3분기 기준 2,624만 명까지 증가했다. 2017년에 문을 연 은행임을 감안하면 고객의 증가 속도가 엄청나다고 평가할 수 있다.

카카오뱅크의 인기는 단순히 뛰어난 IT 기술 때문만은 아니다. 카카오뱅크가 고객에게 제공하는 사용자 중심 서비스도 한몫하고 있다. 몇 가지 서비스를 살펴보자. 여러 사람이 함께 계좌에 돈을 모을 수 있는 '모임통장'을 통해 회비를 관리하게 했고, 여유자금을 쉽게 보관하고 필요할 때 출금하면서도 복리 이자를 받을 수 있는 '세이프박스'가 있다. 또한 반 년간 모으는 '26주 적금'이나 잔돈을 따로 모아주는 '저금통'과 같은 특이한 서비스를 만들어 소비자의 니즈를 충족시키고 있다.

다양한 서비스를 제공하는 카카오뱅크지만 아이러니하게도 카카오뱅크의 최고 가치는 일반적인 입출금통장에서 찾을 수 있다. 카카오뱅크는 인터넷전문은행이다. 오프라인 영업점이 없다. 지점이 없다는 것은 계좌의 개설부터 입출금 등 모든 활동이 비대면으로만 이루어진다는 의미다. 그래서 카카오뱅크는 파격적인 혜택을 고객에게 제공한다. 입출금통장을 이용하는 고객은 수수료 없이 계좌이체가 가능하고, 전국 모든 ATM에서 수수료 없이 돈을 넣고 뺄 수 있다. 은행 지점을 운영하는 비용이 줄어든 만큼 수수료를 없앤 것이다. 고객 입장에서는 참 고마운 혜택이라 할 수 있다.

카카오뱅크의 입출금통장에는 한 가지 특이한 기능이 더 있다. 하나의 계좌가 아니라, 여러 개의 입출금통장을 동시에 개설할 수 있다는 점이다. 이러한 기능이 제공된 초기에는 여러 개의 계좌를 만들어야 할 이유를 찾기 어려웠다. 그런데 한번 사용해 보면 상당히 유용한 기능임을 알게 된다. 여러 개의 계좌를 개설하여 평소 사용하는 '생활비 계좌'와 휴가 기간에 여행을 위해 모으는 '여행 계좌', 그리고 기념일 선물을 사기 위해 모으는 '기념일 계좌' 등 다양한 목적의 계좌를 만들어 따로 관리할 수 있다. 이렇게 계좌를 구분하게 되면 꽤 편안한 마음이 든다. 용도에 맞춰 돈이 나뉘어 있다는 것에서 심리적 안정감이 생겨난다. 이는 예전에 어머니들이 한 달치 월급을 받아 저축할 돈, 학원비, 교통비, 식비 등으로 나누어 관리하던 모습과 닮아 있다. 사실 인간은 돈을 나름의 기준으로 구분하고, 각기 다른 이름을 붙여 용도에 맞게 사용하려는 성향을 갖고 있다. 카카오뱅크는 이런 성향을 정확히 짚어내 입출금 통장을 여러 개로 나누어 개설할 수 있는 서비스를 제공한 것이다. 그렇다면 이러한 돈의 구분은 우리의 행동에 어떤 영향을 미칠까?

이와 관련해서 리처드 탈러는 심적 회계(Mental Accounting)라는 개념을 제시한다.[5] 심적 회계는 탈러가 1985년에 발표한 논문에 처음 등장했다. 탈러가 심적 회계를 설명하기 위해 제시한 두 가지 일화를 살펴보자.

J씨 부부는 별장을 마련하기 위해 1만 5,000달러를 모았다. 그들은 5년 안에 그 집을 사기를 희망한다. 부부는 그 돈을 저축하여 연 이자 10%를 얻고 있다. 그런데 그들은 최근 금리 15%의 자동차 대출로 1만 1,000달러에 새 차를 구매했다.

S씨는 백화점에 있는 125달러짜리 캐시미어 스웨터에 감탄했지만, 너무 사치스럽다고 느껴서 구입을 포기했다. 그달 말, 그는 아내로부터 생일 선물로 같은 스웨터를 받았다. 그는 매우 행복했다. 그

두 일화는 사람들이 심적 회계를 어떻게 사용하고 있는지 잘 보여준다. 첫 번째 일화에서 J씨 부부는 1만 5,000달러를 이미 갖고 있었지만, 이 돈을 '별장'이라는 회계 계정으로 분류하고 있어서 '자동차' 계정에 사용할 수 없다고 보았다. 따라서 부부는 5%의 이자를 더 부담하더라도 자동차 대출을 통해 1만 1,000달러를 빌리기로 했다. 얼핏 비합리적인 선택 같지만 주변을 돌아보면 이러한 행동을 하는 사람이 생각보다 적지 않을 것이다.

두 번째 일화에서 S씨는 마음에 드는 캐시미어 스웨터를 너무 비싸다고 생각해 사지 못했다. 하지만 아내로부터 생일 선물로 그 스웨터를 받았을 때 행복해했다. 생각해보면 직접 사든지, 선물을 받든지 두 상황 모두 같은 통장에서 돈이 나간다는 사실은 바뀌지 않았다. 그렇지만 S씨는 선물로 스웨터를 받았을 때 사치재를 샀다는 죄책감을 느끼지 않으면서도 행복을 맛보았을 것이다. 그 이유는 같은 통장에서 돈이 나간 것은 변함이 없지만 '의복' 회계 계정이 아니라 '선물' 회계 계정에서 지출되었다고 S씨가 인식했기 때문이다. 의복을 구매하기 위해 많은 돈을 지불하는 것은 사치스럽다고 인식할 수 있지만, 선물을 하기 위해 동일한 금액을 지불하는 것은 가능하다고 여긴 것이다.

이처럼 사람들은 나름의 방식으로 회계 계정을 만들고, 예산을 부여하고, 그 안에서 사용하는 행동을 한다. 이러한 모습은 다양한 상황에서 나타난다. 탈러와 에릭 존슨(E. Johnson)은 1990년에 게재한 논문에서 하우스 머니 효과(House Money Effect)를 심적 회계를 이용하여 설명했다.[6] 이 연구에서 두 연구자는 카지노에서 돈을 딴 사람이 원래 갖고 있던 돈과 새로 딴 돈(하우스 머니)을 서로 다른 계정으로 구분하는 성향이 있다고 했다. 그리고 그 사람(돈을 딴 사람)은 더 위험한 도박에 기꺼이 참여하려는 의사가 있다는 것을 확인했다. 본전은 아깝지만, 카지노에서 딴 돈(다른 계정의 돈)은 자신이 가져온 돈이 아니니 충분히 베팅할 수 있다고 생각하는 것이다.

사람들은 심적 회계를 사용하면서 때로는 비합리적인 선택이나 행동을 하기도 한다. 앞에 제시된 J씨 부부처럼 우리는 '주택'이나 '여행비'와 같은 계정에 많은 돈을 저축하고 있으면서도 '자동차' 계정에는 돈이 없다고 생각하여 비싼 이자를 감당하면서도 새로운 자동차를 구매하기 위해 대출을 하곤 한다. 특별 보너스를 받은 사람은 대출 상환보다는 갖고 싶었던 새 차를 사는 데 돈을 쓰기도 한다. 주택담보 대출이 많지만 특별 보너스는 '주택' 계정에 속한 돈이 아니기 때문에 대출 상환에 쓸 필요가 없다고 생각하는 것이다.

심적 회계를 잘 이용하면 생각만 하고 실제로 옮기지 못했던 일을 해낼 수 있다. 예전에 졸업한 제자와 나눴던 대화가 기억난다. 그 친구는 직장을 다니는 기혼자였는데, 좋은 신발을 사는 것을 무척이나 좋아했다. 그런데 막상 신발을 사려고 하면 가정 살림에 보태야 할 돈을 자신의 취미에 쓴다는 죄책감이 앞서 결국 지갑을 열지 못하겠다는 고민을 털어놓았다. 그때 내가 해준 조언은 '신발' 계정을 따로 만들어보라는 것이었다. 마음속에 만들어진 가상의 계정도 괜찮고, 더 구체적으로

'신발'이라는 이름의 통장을 만드는 것도 좋다. 이렇게 계정이 생기면 거기에 모인 돈은 신발을 사기 위한 돈으로 자연스럽게 인식되어 비싼 신발을 구매할 때 느끼는 죄책감이 한결 줄어든다. 실제로 그 제자는 이 방법으로 효과를 봤다고 전해왔다.

카카오뱅크의 다양한 계좌 개설 서비스는 심적 회계를 눈에 보이는 형태로 구현한 사례다. 기존에는 고객이 스스로 돈을 나누어 관리했다면 카카오뱅크는 가상계좌를 여러 개 손쉽게 만들 수 있도록 하여 돈의 구분을 구조적으로 가능하게 만들었다. 고객은 원하는 이름의 계좌를 만들어 목적별로 돈을 따로 모을 수 있고, 경우에 따라 여러 사람이 하나의 계좌를 함께 이용할 수도 있다. 심적 회계를 서비스 차원에서 실체화한 것이다.

비슷한 사례는 미국에서도 찾아볼 수 있다. PNC은행(PNC Bank)은 'PNC 가상지갑'이라는 서비스를 제공하고 있다. 이 서비스는 계좌를 세 가지로 구분한다. 일상적으로 사용하는 지출 계정, 비상 상황에 대비한 예비 계정, 그리고 장기적인 목표를 위한 성장 계정이 그것이다. 이 역시 돈을 목적에 따라 나누어 인식하도록 설계한 심적 회계의 실체화라고 볼 수 있다.

심적 회계는 금융 서비스뿐 아니라 실제 상품으로도 구현할 수 있다. 장모님은 지역 신협을 자주 이용하시는데 어느 날 신협을 통해 해외여행을 다녀오셨다고 했다. 처음에는 '신협에서 무슨 여행을 가지?'라는 의문이 들었다. 알고 보니 신협에서 판매하는 '해외여행 적금' 상품을 이용하셨다고 한다. 이 상품은 매달 일정 금액을 적립하면 이자를 제공하고 만기 시점에 그 돈으로 해외여행을 갈 수 있도록 설계되어 있었다. 상당수 사람은 여행처럼 큰 지출을 한 번에 결제하는 데 부담을 느낀다. 하지만 '여행'이라는 이름이 붙은 계정에 차곡차곡 모인 돈이라면, 그 돈을 여행에 쓰는 데 훨씬 관대해진다. 그야말로 심적 회계가 소비자의 지출 판단을 어떻게 바꾸는지를 잘 보여주는 마케팅 성공 사례라 할 수 있다.

심적 회계는 소비자의 머릿속에서 자연스럽게 작동하는 인지적 장치이지만, 마케터의 관점에서는 의도적으로 설계할 수 있는 행동 유도 도구이기도 하다. 소비자는 하나의 지갑을 쓰고 있음에도 불구하고, 돈을 목적에 따라 서로 다른 계정으로 구분해 인식한다. 그리고 이 계정의 구분은 관리 편의성을 넘어, 지출에 대한 심리적 부담과 허용 범위를 결정하는 기준으로 작동한다.

카카오뱅크가 여러 개의 계좌를 손쉽게 만들 수 있도록 한 것은 단순한 기능 추가가 아니다. 이는 소비자가 스스로 하던 심적 회계를 시스템 차원에서 가시화하고 고정화한 일종의 심리 설계다. 계좌에 이름을 붙이고 용도를 명확히 구분하는 순간, 그 돈은 더 이상 '전체 자산'이 아니라 '특정 목적을 위한 자금'이 된다. 이렇게 목적이 부여된 돈은 다른 용도로 전용하기 어려워지고, 반대로 그 목적에 해당하는 지출에 대해서는 심리적 저항이 크게 낮아진다.

마케터가 주목해야 할 지점은 바로 여기다. 소비자의 구매를 가로막는 것은 종종 가격 그 자체가 아니라 그 지출이 속한 심적 계정에서 허용 가능한 범위를 넘는다고 느끼는 순간이다. 따라서 효과적인 마케팅은 "얼마나 싸게 파느냐"보다 "이 지출이 어떤 계정에서 이뤄지는지"를 설계하는 데서 출발해야 한다. 특정 제품이나 서비스를 위해 별도의 계정을 만들게 하거나, 지출의 목적을 명확히 정의해 주는 것만으로도 구매 장벽을 크게 낮출 수 있다.

소비자에게 돈을 쓰라고 설득하기보다 돈을 나눠서 생각하도록 도와주는 환경을 만드는 데 집중해야 한다. 제품이나 서비스는 그대로 두고, 소비자가 그 제품을 구매하는 데 사용하는 계정만 바꿔도 선택은 달라진다. 지갑은 하나지만 마음속 주머니는 여러 개다. 마케터의 진짜 싸움터는 지갑이 아니라 그 주머니에 붙은 이름표다.

심적 회계

똑같은 액수의 돈이라도 어떤 이름표가 붙어 있느냐에 따라 대하는 태도가 달라진다. 공돈이라 생각하면 쉽게 써버리지만, 소중한 목적이 담긴 돈은 함부로 건드리지 못한다. 마음 속에 어떤 주머니를 만드느냐에 따라 우리의 행동과 결과는 전혀 다른 방향으로 흐른다.

기쁨은 쪼개고
손실은 뭉쳐라

에버랜드 리조트에 있는 캐리비안베이는 국내에서 최초로 개장한 워터파크로 대항해시대의 카리브 해안을 테마로 1996년에 개장했다. 20여 년 동안 우리나라에서 가장 큰 워터파크의 자리를 유지하다가 2014년 개장한 김해 롯데워터파크에 그 자리를 넘겨줬다. 하지만 여전히 가장 인기가 많은 워터파크로 한 해 100만 명이 넘는 고객이 방문하고 있다.

오랜 기간 놀이동산을 운영해 온 에버랜드답게 캐리비안베이에 가면 여기저기 돈을 '참 착실하게' 쓸 수 있도록 설계되어 있다. 개인적으로 에버랜드는 정말 돈을 끝까지 쓰도록 설계했다고 생각하는 곳인데, 입장해서부터 나올 때까지, 그리고 나와서도 돈을 쓰도록 곳곳에 적절한 아이템과 공간을 적절히 배치해 놓았다. 캐리비안베이 역시 머무르는 동안 돈을 많이 쓸 수밖에 없는 구조를 갖고 있다. 입장부터 락커 이용, 타월 대여, 구명조끼 대여, 선베드 사용, 먹거리 등 온통 돈 쓸 곳이다. 그런데 워터파크는 어디나 물이 있는 곳이기 때문에 현금이나 신용카드를 갖고 다니기가 쉽지 않다. 돈을 자주 써야 하는데 돈을 갖고 다니기 어렵다면 소비자는 불편하다. 불편하면 지갑을 닫게 된다. 캐리비안베이는 이를 어떻게 타개했을까.

바로 베이코인이다. 베이코인은 바코드가 찍혀 있는 팔찌인데, 이 바코드를 이용해서 캐리비안베이 안에서 현금처럼 사용할 수 있다. 베이코인은 워터파크에서 분실하거나 물에 젖을 가능성이 큰 현금 대신 편하게 돈을 쓸 수 있도록 고안된 결제 수단이다. 캐리비안베이는 이를 이용해 고객이 쉽게 돈을 쓰게 만들어 더 많은 수익을 거두고 있다.

그런데 베이코인이 편리하다는 점 말고 소비를 촉진하는 다른 설계는 없을까? 이러한 생각으로 베이코인을 들여다보면 베이코인의 특징 하나가 도드라진다. 캐리비안베이에 방문한 고객은 입장료를 지불하면서 베이코인을 함께 충전한다. 실제 고객이 돈을 내는 것은 입장할 때 한 번뿐이다. 충전한 후에는 라커를 빌릴 때 베이코인으로 결제하면 되고, 간식을 살 때도 베이코인을 이용하면 된다. 고객은 더는 현금이나 신용카드를 꺼내지 않아도 된다. 베이코인을 한 번에 충전해 여러 번 쓰는 것이나 구매 시점마다 계속 돈을 내는 것이나 고객이 지불하는 금액은 같다. 하지만 고객이 느끼는 결제의 심적 고통은 완전히 다르다.

베이코인을 사용하지 않는 고객의 시섬으로 캐리비안베이에서의 소비 상황을 따라가보자. 먼저 캐리비안베이에 도착한 고객은 6만 5,000원(여름 성수기 기준)을 내고 입장하게 된다. 그 후 짐을 보관하기 위해 락커를 대여하면서 5,000원을 또 내야 한다. 짐을 보관하고 워터파크에서 필수로 착용해야 하는 구명조끼를 빌리기 위해 또다시 8,000원을 결제한다. 즐거운 물놀이를 하다 보니 배가 고파진 고객은 볶음밥을 시키면서 11,800원을 또 낸다. 이렇게 결제가 계속 반복된다. 고객은 어떤 기분일까? 돈을 내는 것을 즐기는 사람은 없다. 돈을 낸다는 것은 고객에게 금전적 손실이기 때문에 일종의 고통을 느끼게 된다. 반복적인 결제는 여러 번의 고통과 같다.

반면, 베이코인은 어떨까? 베이코인은 코인을 충전하면서 여러 번의 예상되는 결제 금액을 한 번에 지불하게 한다. 고객은 돈을 내는 과정에서 느끼는 고통을 한 번만 느끼면 된다.

돈을 구매 시점마다 반복해서 지불하는 방식과 베이코인처럼 한 번에 묶어서 지불하는 방식 중 어떤 방식이 고객에게 덜 고통스러울까? 이에 대한 답 역시 탈러가 제시한 심적 회계를 이용해 설명할 수 있다. 탈러에 따르면 사람은 마음속에 만들어둔 계정별로 이득과 손실을 계산한다.[7] 예를 들어, 한 달 식비로 20만 원을 설정한 사람이 20일경 이미 20만 원을 모두 사용하게 되면, 그때부터 식비로 지출하는 것은 손실이라 인식하여 식비를 아끼려고 노력한다. 이와 관련해서 탈러는 다음과 같이 주장한다.

여러 개의 이익은 분리해서 제시하고,
여러 개의 손실은 합쳐서 제시하라!

앞서 살펴본 베이코인은 여러 번의 손실을 합쳐서 한 번에 제시한 사례다. 고객이 돈을 반복해서 내면서 느끼는 손실을 한 번의 손실로 인식하게 만든 것이다. 그런데 왜 여러 개의 손실을 합쳐서 제시하는 것이 더 좋을까? 이를 이해하기 위해서는 1979년 다니엘 카너먼(Daniel Kahneman)과 아모스 트버스키(Amos Tversky)가 발표한 프로스펙트 이론(Prospect Theory)의 도움을 받아야 한다.[8] 프로스펙트 이론은 사람의 가치 인식 방식이 기존 주류 경제학과 다르다고 주장한다. 프로스펙트 이론이 제시하는 가치함수는 다음과 같은 특징을 갖는다.

1. 사건이 발생하기 전의 상태인 준거점이 있다. 이를 기준으로 사람들은 사건의 이득과 손실을 인식한다.
2. 이득이나 손실이 커질수록 가치 체감은 점점 둔해진다. 작은 이득이나 손실에는 민감하게 반응하지만 그 크기가 커질수록 추가로 느끼는 가치의 증가폭은 줄어든다.
3. 같은 크기의 이득보다 손실에서 더 큰 가치를 체감한다. 동일한 수준의 이득과 손실이 동시에 발생하면 이득이 주는 기쁨보다 손실이 주는 고통을 훨씬 크게 느낀다.

이러한 특성을 고려한 프로스펙트 이론의 가치함수는 그림1과 같다.

이 가치함수를 이용해서 베이코인의 상황을 이해해보자. 왜 구매할 때마다 돈을 내는 것보다 베이코인을 한 번 충전하는 것이 고객에

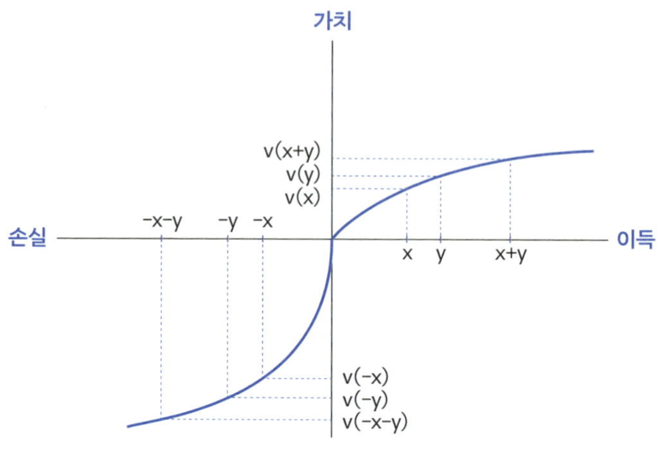

그림1. 프로스펙트 함수 그래프

게 덜 고통스러울까? 그 이유는 앞서 살펴본 프로스펙트 이론의 두 번째 특징인 '가치는 이득이나 손실이 커질수록 점점 덜 체감된다'와 연관된다.

정말 배고픈 상황을 떠올려보자. 배고플 때 밥을 먹으면 정말 행복하다. 그런데 첫 숟가락과 마지막 숟가락을 같은 수준으로 맛있다고 느낄까? 그렇지 않다. 당연히 첫 숟가락이 더 맛있다. 우리 인간은 추가로 얻는 혜택에 대한 가치는 상대적으로 낮게 받아들인다. 이러한 현상을 경제학에서는 '한계효용체감의 법칙'이라 부른다. 이는 이득뿐 아니라 손실에서도 똑같이 나타난다. 손실이 커질수록 사람이 느끼는 손실에 대한 부정적 가치 역시 상대적으로 줄어든다. 주식 투자를 했다가 100만 원을 잃은 사람이 추가로 100만 원을 잃게 되면 처음보다 손실에 대한 고통을 덜 느끼게 되는 것도 같은 이유에서다.

다시 베이코인으로 돌아가 보자. 앞서 살펴본 것처럼 돈을 지불하는 행위는 고객에게 손실로 인식된다. 락커를 빌릴 때 낸 비용을 $-x$, 구명조끼를 빌릴 때 낸 비용을 $-y$라고 가정해보자. 만약 락커와 구명조끼를 빌릴 때마다 각각 따로 돈을 낸다면, 고객은 이 두 비용을 서로 다른 계정, 즉 서로 다른 심적 회계로 인식하게 된다. 그 결과 고객은 $v(-x)$와 $v(-y)$를 각각 경험하며, 전체적으로는 $v(-x)+v(-y)$만큼의 부정적 가치를 느끼게 된다.

반면 베이코인을 미리 충전해 한 번에 돈을 지불한다면 상황은 달라진다. 이 경우 고객은 지불한 비용을 하나의 계정으로 인식하고, $-x-y$라는 하나의 손실로 받아들이게 된다. 베이코인을 사용한 고객이 느끼는 부정적 가치는 $v(-x-y)$에 그친다.

두 경우를 비교해보면, 베이코인을 이용해 한 번만 돈을 지불하는 방식이 매번 구매할 때마다 비용을 지불하는 방식보다 심리적으로 덜 부정적으로 인식된다는 것을 알 수 있다. 여러 개의 손실은 한 번에 묶어 제시하는 편이 유리하고, 같은 논리로 여러 개의 이득은 나누어 제공하는 것이 더 효과적이다.

여기서 얻을 수 있는 교훈이 몇 가지 있다. 우리가 상대에게 이득이 될 만한 것을 여러 개 제공할 때, 이를 별개의 것으로 인식하게 만드는 것은 상대가 받아들이는 가치를 너 크게 만들 수 있다. 마케터도 이러한 점을 이용할 수 있다. 사은품을 지급할 때 한 번에 묶어서 제공하는 것보다 여러 번에 걸쳐 나눠서 제공하면 소비자는 받은 선물의 가치를 더 크게 체감한다. 또한 할인을 제공할 때 할인 방법을 여러 개로 구분하여 추가적 할인을 제공하는 것도 좋은 방법이다. 예를 들어, 할인이 10%라고 제안하는 방법보다 특정 카드할인 5%, 단골 고객 할인 3%, 프로모션 기간 할인 2%처럼 여러 가지 할인이 중복 적용되도록 설계하면, 소비자가 더 큰 가치를 느끼게 된다.

반대로 손실은 한 번에 묶어서 처리하는 편이 유리하다. 스타벅스 코리아는 스타벅스에서만 사용할 수 있는 스타벅스 카드나 모바일 충전을 통해 소비자가 사전에 돈을 충전하고, 이를 이용해 결제할 수 있게 만들었다. 쿠팡 역시 비슷한 형태의 쿠페이 머니를 도입했는데, 쿠페이 머니는 설정된 금액 이하가 되면 자동 충전하는 기능이 있어서 돈을 지불하는 행동 자체를 안 하도록 설계되어 있다. 손실을 하나로 인식하게 하고, 지불의 고통을 덜 느끼도록 만드는 것은 소비자에게 더 좋은 결제 방법이 될 수 있다. 물론 예외 상황도 있다. 너무 하찮은 선물을 따로따로 여러 번 제공한다면 너무 가치가 낮아서 상대방이 전혀 그 가치를 지각하지 못한다. 또는 자잘한 선물 여러 개보다 이를 모아 명품 가방처럼 큰 가치를 가진 선물 하나를 제공하는 것이 효과적일 수 있다. 상황에 따라 다르게 접근할 필요가 있다.

결제 방식은 가격의 문제가 아니라 소비자가 손실을 어떻게 인식하도록 설계하느냐의 문제다. 여러 번의 지불을 한 번의 손실로 묶는 순간, 소비자가 느끼는 고통은 줄어들고 지출에 대한 저항도 낮아진다. 효과적인 마케팅이란 더 싸게 파는 기술이 아니라, 손실을 덜 아프게 느끼도록 만드는 인식의 설계에 있다. 베이코인을 쓰는 순간 우리는 이미 돈을 낸 사람이 아니라 그냥 노는 사람이 된다. 지갑의 고통은 입장할 때 딱 한 번으로 끝났으니까.

하이네켄의 금주 광고

1864년에 암스테르담에서 시작된 하이네켄(Heineken)은 2024년 기준 매출액 328억 달러를 기록하며 매출액 기준 세계 2위 맥주회사 자리를 지키고 있다(1위 기업은 버드와이저, 코로나 등을 거느린 인호이저-부시 인베브). 하이네켄은 녹색병과 로고의 빨간 별로 유명한데, 냉전 시대에 빨간 별이 공산주의의 상징이라고 해서 한때 별을 흰색으로 바꾸기도 했다.

하이네켄은 마케팅 캠페인을 잘하는 회사로 유명하다. 1994년부터 UEFA 챔피언스 리그를 공식 후원하면서 젊고 열정적인 이미지를 만들어내고 있다. 그런데 2016년 매우 흥미로운 마케팅 캠페인을 시작했다. 포뮬러1과 맺은 글로벌 파트너십을 이용한 새로운 마케팅 캠페인의 문구는 다음과 같다.

맥주회사에서 술을 마시지 말라고 광고하다니! 그것도 운전을 직업으로 삼는 포뮬러1 드라이버와 함께 금주 캠페인을 진행했다. 2020년에는 아버지와 아들 모두 포뮬러1 월드 챔피언인 로즈버그 부자(父子)를 모델로 기용해 운전할 때는 술을 마시지 말라는 메시지를 전달했다. 당시 광고를 잠깐 살펴보자. 펍에서 맥주 한 병을 놓고 이야기하는 아들을 발견한 아버지는 아들의 차 열쇠를 가져가려고 했는데, 이에 아들은 맥주병을 돌려 무알콜 맥주인 하이네켄 0.0임을 보여준다. 그리고 등장하는 문구는 바로, 운전할 때는 술을 절대 마시지 마세요(When You Drink Never Drive). 이 음주운전 예방 캠페인은 사회문제 해결을 위한 적극적인 행동이면서 동시에 무알콜 맥주인 하이네켄 0.0을 홍보하는 마케팅 캠페인이라 볼 수 있다.

2023년, 포뮬러1 월드 챔피언인 막스 베르스타펜이 WYDND 캠페인의 새로운 모델로 발탁된다. 베르스타펜이 등장한 캠페인은 최고의 운전기사(The Best Driver)라는 부제가 붙어 있는데, 이 문구가 개인적으로 참 마음에 들었다. 친구들과 함께 술자리를 갖는 상황에서 '오늘 누가 운전할 거냐'는 한 친구의 질문에 '여기 최고의 운전기사가 있어'라는 다른 친구의 대사아 함께 베르스타펜이 등상한다. 베르스타펜은 술을 마시지 않고, 다른 친구들을 데려다주는 역할을 한다. 여기서 주목할 점은 하이네켄의 메시지 전달 방식이다. 일반적으로 음주운전을 하지 말라는 메시지를 전달할 때 많이 사용하는 표현은 '음주운전이 사고를 유발한다'이다. 음주운전이 가져올 수 있는 부정적인 측면을 강조하는 방식이다.

그런데 하이네켄은 다른 방식을 사용했다. '운전할 때 술을 마시지 않는 사람이 최고의 운전기사'라는 표현을 쓴 것이다. 음주운전을 하지 않는 것이 최고의 운전기사라는 긍정적인 측면을 부각했다.

두 표현 방식은 전달하려는 의미 자체는 같다. 하지만 어딘가 서로 다른 의미로 받아들여진다. 한쪽은 음주운전의 부정적인 측면을 강조하는 반면, 다른 쪽은 음주운전을 하지 않는 선택의 긍정적인 면을 부각한다. 우리 속담의 '아' 다르고 '어' 다르다는 말이 떠오르는 대목이다.

우리는 이런 방식의 사고를 의외로 자주 한다. 예를 들어 설 명절 연휴가 4일일 때, 그중 이틀이 지난 시점에서 사람들은 두 가지 표현을 번갈아 사용한다. '벌써 반이나 지났네'라고 말하기도 하고 '아직 반이나 남았네'라고 말하기도 한다. 같은 상황을 두고도 표현을 달리함으로써 듣는 사람이 사안을 바라보는 틀, 즉 프레이밍(framing)을 다르게 갖도록 유도하는 것이다. 이러한 프레이밍은 용돈이나 음식, 휴가처럼 일상적인 대상에도 폭넓게 적용된다. 이처럼 동일한 내용을 어떻게 표현하느냐에 따라 사람들의 판단이나 선택이 달라지는 현상을 프레이밍 효과(framing effect)라고 부른다. 이 프레이밍 효과를 체계적으로 연구하고 널리 알린 대표적인 학자가 트버스키와 카너먼이다.

트버스키와 카너먼은 1981년 '결정의 프레이밍과 선택의 심리학

(The Framing of Decisions and the Psychology of Choice)'이라는 논문에서 프레이밍 효과를 소개했다.[9] 이들은 희귀병을 주제로 한 시나리오를 작성하여 같은 사건에 대한 사람의 판단이나 선호가 프레이밍에 의해 달라질 수 있음을 증명했다. 이들이 사용한 시나리오는 다음과 같다.

미국 정부는 아시아에서 발생한 희귀병으로 600명이 사망할 것이라 예상하고, 이를 해결하려 한다. 해결 방안으로 두 가지 프로그램이 있는데, 당신은 어느 프로그램을 선택하겠는가?

A: 200명은 확실하게 살릴 수 있다.
B: 600명 모두 살 수 있는 확률은 3분의 1이고, 모두 살 수 없는 확률은 3분의 2이다.

이 시나리오에 대해 152명의 응답자 중 72%가 200명을 확실히 살릴 수 있는 A 프로그램을 선호했고, 28%의 응답자만이 3분의 1의 확률로 모두를 살릴 수 있는 B 프로그램을 선택했다. 다수의 사람들은 불확실한 선택보다는 적더라도 확실한 결과를 주는 방안을 선호한 것이다. 그런데 같은 상황을 다음과 같이 표현하면 결과가 달라졌다.

C: 400명은 확실히 죽는다.
D: 모두 죽지 않을 확률은 3분의 1이고, 모두 죽을 확률은 3분의 2이다.

이 두 번째 시나리오에 대한 155명의 응답자 중 C 프로그램을 선택한 사람은 22%에 불과했고, 78%는 D를 선택했다. 흥미로운 점은 두 시나리오가 사실상 동일한 선택지를 다른 방식으로 표현한 것뿐이라는 점이다. 앞의 시나리오는 '살린다'라는 긍정적인 표현을 사용했고 뒤의 시나리오는 '죽는다'라는 부정적인 표현을 사용했을 뿐이다.

이 차이는 프레이밍 효과를 잘 보여준다. '산다', '이익'처럼 긍정적인 프레이밍이 적용되면 사람들은 불확실한 가능성보다는 확실한 결과를 택하는 위험회피 성향을 보인다. 반대로 '죽음', '손실'과 같은 부정적인 프레이밍이 주어지면 모험을 감수하더라도 손실을 줄이거나 없애려는 위험추구 성향의 선택을 더 많이 한다.

이미 큰 돈을 잃은 도박판에서 사람들이 '못 먹어도 고'와 같은 선택을 하는 것도 같은 맥락이다. 따라서 '살린다'라는 긍정적 프레이밍의 시나리오에서는 200명을 확실히 살리는 선택이 선호됐다. '죽는다'라는 부정적 프레이밍의 시나리오에서는 400명이 확실히 죽는 결과보다 비록 위험하더라도 모두를 살릴 가능성이 있는 선택이 더 매력적으로 받아들여졌다. 내용은 같았지만 표현 방식의 차이만으로 사람들의 판단과 선택은 전혀 다른 방향으로 움직였다.

마케팅 상황에서도 프레이밍 효과가 힘을 발휘한다. 어윈 레빈(I. Levin)과 게리 게스(G. Gaeth)는 1988년 발표한 논문에서 같은 제품에 대해 프레이밍을 어떻게 하느냐에 따라 소비자의 평가가 달라질 수 있다는 것을 밝혔다.[10] 이들은 간단한 실험을 하나 진행했다. 두 종류의 라벨을 만들어 사람들에게 각각 보여준 후 소고기를 맛보고 평가하게 했다. 이들이 만든 라벨은 다음과 같다.

라벨이 어떻게 적혀 있든 75%의 살코기와 25%의 지방으로 구성된 소고기 두 제품은 내용물상 같은 제품이다. 하지만 이러한 표현 차이만으로도 사람들은 다른 평가를 했다. 102명의 응답자에게 라벨을 보여주고 맛보게 한 후 소고기에 대해 평가한 결과, 살코기 프레이밍을 사용한 라벨을 본 응답자들이 지방 프레이밍의 응답자와 비교할 때 '더 담백하다', '품질이 더 좋다', '덜 느끼하다'고 답했다. 다만, 맛 측면에서의 평가는 유의미한 차이가 없었다(먹어서 느끼는 맛은 어쩔 수 없나 보다). 결과적으로 같은 소고기를 맛본 응답자라 하더라도 긍정적 프레이밍을 사용하면 부정적 프레이밍을 사용한 경우보다 더 좋은 평가를 한다는 것을 확인할 수 있다.

가끔 작은 식당에 가면 '현금 내면 1,000원 할인'이라 적힌 문구를 볼 수 있다. 수수료 등 부가적인 지출이 생기는 신용카드보다는 현금을 받길 원하는 식당 주인의 가격 전략이다. 프레이밍 효과를 적용한 나름 현명한 설계다(탈세 문제는 논외로 하자). 현금을 사용하면 1,000원 할인해 준다는 것은 소비자 관점에서 긍정적 프레이밍이 적용된 것이다. 만약 식당에서 가격을 모두 1,000원 낮추고, 소비자가 신용카드를 사용하면 카드 수수료 1,000원이 부과된다고 제안했다면 소비자 관점에서

1,000원의 손해가 발생하는 부정적 프레이밍이 될 것이다. 아마도 신용카드로 결제한 소비자는 뭔가 손해를 봤다는 느낌에 감정이 상해서 다시는 그 식당을 이용하지 않을 가능성이 크다.

　마케터가 소비자에게 같은 내용을 전달한다면 '손실' 등이 드러나는 부정적 프레이밍보다는 '이득'이 도드라지는 긍정적 프레이밍을 사용하는 편이 더 좋다. 앞에서 소개한 하이네켄 광고는 이러한 메시지 프레이밍을 잘 사용한 예시다. 술 마시면 위험하다거나 음주운전이 생명을 빼앗을 수 있다는 식의 부정적 프레이밍도 음주운전을 예방하는 데 도움이 될 수 있다. 하지만 하이네켄은 음주운전과 관련된 메시지를 긍정적 프레이밍을 사용해 전달했다. 최고의 드라이버는 술 마시지 않고 운전하는 사람이라는 의미를 전달하면서 동시에 자사 브랜드의 이미지를 소비자의 긍정적 감정과 연결하여 두 마리의 토끼를 잡았다.

　긍정적 프레이밍이 언제나 유리한 것은 아니다. 인간은 일반적으로 이익보다 손실에 더 민감하게 반응하기 때문에 상황에 따라서는 손실을 분명히 드러내는 부정적 프레이밍이 더 강력하게 작동한다. 예를 들어 '지금 안 사면 손해입니다!'라는 메시지는 '지금 사면 이익입니다!'라는 표현보다 소비자의 관심을 더 강하게 끌어당긴다.

　중요한 것은 어떤 프레이밍이 옳으냐가 아니라, 어떤 상황에서 어떤 프레이밍이 더 효과적인가를 판단하는 것이다. 전달하려는 메시지의 맥락과 목적에 따라 긍정적 프레이밍과 부정적 프레이밍을 구분해 적용해야 하며, 그 선택 자체가 하나의 전략이 된다. 하이네켄은 맥주를 팔기 위해 술을 마시지 말라고 했다. 프레이밍이 얼마나 강력한지를 보여주는 가장 맛있는 증거다.

프레이밍 효과

같은 내용이라도 어떤 그릇에 담아 전달하느냐에 따라 받아들이는 사람의 마음은 완전히 달라진다. 강요나 금지보다는 상대방이 소중히 여기는 가치를 먼저 보여주자. 사람은 누군가의 명령이 아니라 스스로가 옳다고 믿는 방향으로 움직이고 싶어 한다.

공포가 클수록
판돈도 커진다

— **#위험추구 성향** —

2023년 말, 갑자기 홍콩과 관련된 뉴스가 언론을 도배했다. 홍콩 H지수 주가연계증권(홍콩 ELS)에 투자한 사람들이 큰 손실을 보게 되었다는 소식이었다. 홍콩 ELS는 홍콩 주식시장인 H지수가 상품 가입 시점보다 절반 아래로만 떨어지지 않으면 수익률이 보장되는 금융 상품이다. 이 상품은 최대 손실이 원금의 50% 이상 발생할 수 있는 고위험 금융 상품이었다. 그런데도 많은 투자자가 몰려 19조 3,000억 원의 판매가 이뤄졌다. 2023년 H지수가 급락하면서 상당수 투자자들이 투자원금 일부를 잃게 되는 손실을 보게 됐다. 이렇게 위험한 금융 상품이 19조 원 넘게 판매되었다는 사실에 다소 의아했다. 그 많은 사람이 위험한 상품을 구매하는 위험추구 성향을 갖고 있다는 말인가?

홍콩 ELS 사태의 원인은 은행의 불완전판매에 있었다. 위험한 금융 상품에 투자할 때 손실이 생길 수 있다는 것은 너무나 당연한 상식이다. 큰돈을 벌기 위해 위험한 상품에 투자한 것이니, 그에 따른 손실 가능성도 투자자가 감당해야 한다. 하지만 투자자가 원금 손실의 가능성을 모르고 금융 상품에 투자했다면 이야기가 달라진다. 손실이 커지고 문제가 확대되자 금융감독원은 은행 등 판매사 조사를 통해 홍콩 ELS에 대한 불완전판매가 있었음을 확인했다. 판매사에서 투자자들에게 이 상품이 얼마나 위험한지 정확하게 알리지 않고 판매한 정황이 드러난 것이다.

불완전판매는 금융업, 관광업, 서비스업 분야의 마케팅 활동에서 자주 목격된다. 불완전판매란 금융 상품이나 서비스가 고객에게 충분한 정보 제공 없이 판매되는 것을 의미하는데 상품의 위험성, 수익구조 등을 정확히 설명하지 않거나, 고객이 이해하지 못한 상태에서 상품을 구매하게 하는 행위를 말한다. 결과적으로 불완전판매를 한 은행들은 투자 손실금의 일부를 배상하게 됐다.

그렇다고 이 상품에 투자한 모든 사람들이 피해자는 아니다. 위험한 상품이라는 것을 알았지만 기대 수익이 크다는 점에 매료되어 투자한 사람도 적지 않았다. 이렇게 위험보다는 더 큰 이익을 추구하는 사람들을 위험추구자(risk seeker)라 부른다. 그렇다면, 어떤 사람들이 위험을 추구할까? 위험추구 성향(risk seeking)은 개인이 가진 특성일 수도 있지만, 같은 사람이라도 상황에 따라 그 성향이 달라질 수 있다.

인간은 일반적으로 위험을 회피하는 성향(risk aversion)을 더 많이 갖고 있다. 위험하다는 것은 그만큼 손실을 볼 가능성이 크다는 뜻인데, 인간은 이익보다 손실에 예민하고, 손실을 이익보다 더 크게 인식하는 경향이 있다. 그래서 위험추구 성향보다는 위험회피 성향이 일반적으로는 더 강하다. 카너먼과 트버스키는 1979년 발표한 논문에서 몇 가지 시나리오 실험을 통해 인간의 위험회피 성향을 설득력 있게 보여준다. 당신은 다음 상황에서 어떤 게임을 선택할 것인지 생각해보자.[11]

> A: 80%의 확률로 4,000달러를 딸 수 있는 게임
>
> B: 100%의 확률로 3,000달러를 딸 수 있는 게임

다년간 실험한 결과, 대다수 사람이 B를 선택했다(B는 80%, A는 20%). 아마 당신도 B를 선택하지 않을까? 그런데 기댓값이라는 수학적 개념을 적용해보면 B보다는 A가 더 좋은 옵션이다. A의 기댓값은 3,200달러(4,000×0.8)인 반면, B의 기댓값은 3,000달러(3,000×1.0)로 A가 더 큰 기댓값을 갖는다. 이러한 설명을 들어도 당신은 'B가 더 나은 옵션 같다'라는 생각을 버리기 쉽지 않을 것이다. A는 기댓값이 크지만 20%의 위험이 있는 반면, B는 기댓값은 작지만 확실한 수익을 보장하기 때문에 위험을 피하고 싶은 사람은 B를 선택하게 된다. 이것이 바로 위험회피 성향이다.

카너먼과 트버스키의 같은 논문에 실린 또 다른 실험도 살펴보자.

> C: 50%의 확률로 3주간 유럽 여행가기(22% 선택)
>
> D: 100% 확률로 1주간 유럽 여행가기(78% 선택)

　　　　　　　　　　

먼저 C와 D 중 하나를 선택해야 한다면 당신은 어떤 옵션을 선호하는가? 아마 D가 더 매력적이라 느낄 것이다(물론 아닌 사람도 있다). C는 50%의 확률이긴 하지만 3주씩이나 유럽 여행을 갈 수 있는 기회를 얻게 된다. 하지만 인간의 위험회피 성향을 감안해 보면 절반의 실패에 대한 위험 때문에 확실한 옵션인 D를 더 선호하게 된다. 실제로 연구에서 78%가 D를 선택했다.

E와 F 선택지는 어떨까? E와 F 상황은 연구자들이 위험회피 성향을 증명하기 위해 교묘하게 조작한 시나리오다. E와 F는 확률이 5%와 10%로 C(50%)와 D(100%) 상황의 10분의 1 수준으로 확률을 조정했다. 두 옵션 간 확률의 차이는 C와 D의 차이와 같은 2배 수준으로 유지하면서도 위험부담을 조정한 것이다. 이때 사람들의 선택은 C와 D 간 선택과 확연하게 차이가 났다. 어차피 확률이 낮은 상황에서는 사람들이 더 높은 가치를 지닌 E를 더 많이 선택했다(67%가 E를 선택). 즉 사람들은 위험 확률이 올라간 상황에서는 더 높은 가치를 지닌 대안을 선택했다. 이를 통해 위험회피 성향은 위험하지 않은 대안에 대해 더 큰 가치를 부여하는 것임을 알 수 있다. 이처럼 사람들이 위험회피 성향만을 가진 것은 아니다. 때로 위험추구 성향이 나타날 수 있다. 이를 반사 효과(reflection effect)라고 부른다.

카너먼과 트버스키는 앞서 진행한 실험을 돈을 따는 게임에서 잃는 게임으로 수정하여 무엇을 선택할지 물어보았다.

A: 80%의 확률로 4,000달러를 딸 수 있는 게임(20% 선택)
B: 100%의 확률로 3,000달러를 딸 수 있는 게임(80% 선택)

돈을 따는 게임에서는 A를 선택한 사람이 20%에 불과했고, 80%는 B를 선택했다. 이는 확실한 것을 선호하고 위험한 것을 회피하는 사람의 위험회피 성향을 보여준다. 그러나 돈을 잃는 게임에서는 어떻게 변할까?

A′: 80%의 확률로 4,000달러를 잃을 수 있는 게임(92% 선택)
B′: 100%의 확률로 3,000달러를 잃을 수 있는 게임(8% 선택)

돈을 잃는 게임인 A′와 B′ 중 기댓값이 더 낮은 게임은 A′이다. 기댓값을 계산해보면 A′는 −3,200달러(−4,000×0.8)이고, B′는 −3,000달러(−3,000×1.0)로 A′가 더 위험한 게임이다.

둘 중 당신은 어느 게임을 선택할 것인가? 실험에서는 재미있게도 다수가 A′를 선택했다. 더 위험한 게임을 선택한 셈이다. 이것은 나나 당신이 이상해서가 아니다. 대부분의 사람이 손실과 관련된 상황이 되면 더 위험한 선택에 끌린다.

카너먼과 트버스키는 이러한 현상을 '손실 영역에서 나타나는 위험추구 성향'이라 부른다. 일반적으로 이익과 관련된 문제에 대해서는 사람들은 확실한 것을 선호하는 위험회피 성향이 나타나지만, 손실과 관련된 문제에 직면하면 확실한 손실보다는 손실을 피해갈 수 있는 더 위험한 대안을 선호하는 위험추구 성향이 나타난다는 것이다.

여기서 핵심은 손실을 확정짓고 싶지 않은 마음이다. 확률이 낮더라도 손실을 피할 가능성이 조금이라도 있다면 사람들은 그쪽에 끌린다. 이런 이유로 때때로 무모해 보이는 도전에도 불나방처럼 뛰어들게 된다.

홍콩 ELS에 투자한 사람들의 상당수는 위험회피 성향을 가진 사람이지만, 은행의 불완전판매로 잘못된 선택을 했을 가능성이 크다. 하지만 모두가 그런 것은 아니다. 위험추구 성향을 보이며 큰 이익을 위해 투자한 사람도 분명 있었을 것이다. 연구에 따르면, 위험추구 성향은 손실을 입었을 때 더 커질 수 있다. 이를 잘 이용하여 기업들은 소비자들이 더 과감한 선택을 하도록 유도할 수 있다.

예를 들어 보자. 투자자는 손실이 발생하면 이를 만회하기 위해 더 위험한 선택을 하려는 경향이 있다. 증권사는 이러한 투자자를 대상으로 '손실 복구'나 '단기간에 만회 가능'과 같은 메시지를 사용하여 레버리지 ETF 같은 고위험 금융 상품에 투자하도록 유도하기도 한다. 게임업계의 확률형 아이템도 비슷한 마케팅 활동이라 볼 수 있다. 게임업체들은 수익을 위해 아이템을 판매하는데 아이템은 일정 확률로 획득할 수 있도록 설계된다. 이때 소비자가 원하는 아이템을 얻지 못하면 손실을 경험한 것으로 인식하고, 그 아이템을 얻을 때까지 더 많은 돈을 지출하기도 한다. 카지노 입구에 ATM이 있는 건 우연이 아니다. 손실 앞에서 인간은 지갑을 닫지 못한다.

소비자가 손실을 인식하게 만드는 방법에는 무엇이 있을까? 손실 프레이밍(loss framing)을 사용하는 것이 대표적인 방법이 될 수 있다. 손실 프레이밍은 소비자가 어떤 행동을 하지 않으면 겪게 될 손실이나 불이익을 강조하여 의사결정에 영향을 주는 전략이다. 예를 들어, '오늘 안에 구매하지 않으면 50% 할인 혜택이 사라집니다!'와 같은 시간제한 메시지는 그 제품이 얼마나 좋은지 확신하지 못한 상황에서 구매를 결정하게 만드는 전략이다. 이처럼 소비자에게 손실을 인식하게 만드는 것은 하나의 전략적 마케팅 수단이 될 수 있다.

여기서 잠깐, 손실 프레이밍과 위험추구 성향은 소비자의 선택을 강하게 움직일 수 있지만, 그 힘이 클수록 윤리적 책임 역시 무거워진다. 혹시 소비자가 감당할 수 없는 위험을 충분한 설명 없이 감정적으로 자극해 선택하도록 유도하는 방법을 쓰고 있다면 다시 한번 따져봐야 한다. 신뢰를 훼손하는 마케팅은 단기 성과는 남길지 몰라도 장기적으로는 반드시 대가를 치른다는 점을 기억해야 한다.

위험추구 성향

우리는 이익이 확실할 때는 안정을 택하지만 손실이 눈앞에 보일 때는 위험한 도박도 감수한다. 잃고 싶지 않다는 절박함이 때로는 눈을 가리고 무모한 선택으로 등을 떠민다. 내가 지금 무엇을 두려워하고 있는지 직시하는 것만으로도 잘못된 선택의 늪에서 벗어날 수 있다.

1장. 프레임 : 진실보다 인식을 설계하라

숫자

이성을
마비시키는
가격의 법칙

The Revenue
Engine
*****
Date   :   23/03/2024
Order No.:   000000210
Card   :   VISA
No.   : **** **** **** ****
Exp.   :   30/03/2024
Total $1,000,000.0
Tax   0
30/03/2024   10:45
eTx ID: 1234567890
THANK YOU

단돈 10원의 마법

가격은 수익과 직접적으로 연결되기 때문에 상당히 중요한 선택이다. 어떻게 가격을 설정하는 것이 가장 좋을까? 쉽지 않은 문제다. 가격 설정은 그 자체로 선택이다. 경제학의 기본 원리 중 하나인 수요공급의 법칙에 따르면, 가격은 수요곡선과 공급곡선이 만나는 지점에서 결정된다.

수요곡선은 한 재화의 가격이 올라갈수록 수요가 줄어드는 모습을 보여준다. 반대로 공급곡선은 가격이 상승함에 따라 공급이 늘어나는 형태로 그려진다. 다시 말해 소비자는 재화의 가격이 낮을수록 더 많이 사려고 하고, 기업은 가격이 높아질수록 더 많이 팔려고 한다. 이러한 자연스러운 현상을 수요·공급곡선으로 표현할 수 있다. 수요·공급의 법칙에 따라 결정되는 가격은 단기적인 변동의 결과가 아니다. 장

기간의 시장 거래를 거치며 시장이 안정되는 과정에서 형성된 결과적 가격이다. 그러나 현실에서 기업은 어떤 가격대가 균형점인지 모르는 상황에서 제품의 가격을 설정해야 한다. 가격을 얼마로 설정하는 것이 최적일까?

가격을 얼마로 설정할지는 기업의 선택이지만, 가격을 잘못 설정하게 되면 생존 자체가 힘들어질 수 있다. 이와 관련해서 지금은 은퇴하신 윤석철 서울대학교 명예교수는 다음과 같은 생존 부등식을 제안했다.

비용 < 가격 < 가치

정말 간단한 공식이다. 생존 부등식에 따르면 가격은 비용보다는 높은 수준으로 설정되어야 하고, 가치보다는 낮게 책정되어야 한다. 이를 좀 더 자세히 살펴보자. 기업이 오랫동안 생존하기 위해서는 돈을 벌어야 한다. 기업이 돈을 벌기 위해서는 무엇이 필요할까?

우선, 기업의 재화나 서비스가 소비자에게 많이 판매되어야 한다. 소비자에게 잘 팔기 위해서는 어떤 것이 필요할까? 소비자는 제품에서 가치를 느낀다. 훌륭한 제품에 대해서는 큰 가치를 느끼지만, 별 볼일 없는 제품의 가치는 크게 지각하지 못한다. 그런데 소비자가 제품에 대해 가치를 느꼈다고 해서 무조건 구매하지는 않는다. 가격과 가치를 비교하게 된다. 소비자가 지각한 가치와 비교해서 자신이 지불하는 비용이 낮을 때 소비자는 좋은 거래라 생각하고 구매하게 된다. 따라서 제품의 판매를 위해서는 가격은 가치보다 낮은 수준에서 설정되어야 한다.

많이 판매한다고 해서 무조건 기업이 돈을 버는 것은 아니다. 파는 가격이 만드는 비용보다 낮다면 팔수록 손해를 보게 된다. 팔수록 손해 보는 구조로는 생존할 수 없다. 당연한 이야기지만 제품의 가격은 기업이 해당 제품을 소비자에게 전달하는 과정에서 투입되는 모든 비용의 합보다 더 높은 수준으로 설정되어야 한다. 그래야 이익을 남길 수 있다. 이 두 가지 측면을 고려한 것이 바로 생존 부등식이다. 다시 정리해보면 다음과 같이 표현할 수 있다.

투입된 모든 비용의 총합 < 가격 < 소비자가 지각하는 가치

가격은 모든 비용의 합보다 높게 책정되어야 하지만, 반대로 소비자가 지각하는 가치보다는 낮게 설정되어야 한다. 매우 쉬운 공식이지만 현실에서 이 부등식을 적용하기란 생각보다 만만치 않다. 많은 기업이 생존 부등식을 완성하지 못하고 시장에서 사라지고 있다. 기업이 비용을 고려해서 가격을 높게 설정하면, 많은 경우 소비자가 지각하는 가치보다 더 높은 가격이 된다. 반대로 가치를 고려해서 가격을 가치보다 낮게 설정하면, 기업이 투입한 비용보다 낮은 가격이 된다. 이러한 문제로 팔리지 않는 가격을 선택하거나, 혹은 팔면 팔수록 손해인 가격을 책정하게 되는 것이다.

생존 부등식은 그야말로 제품의 가격이 어떻게 설정되어야 하는지를 규범적으로 설명하는 공식이다. 즉 법칙이다. 그런데 가격을 설정하는 선택에는 이런 거시적 이슈만 있는 것은 아니다. 기업은 가격의 미세 조정을 통해 조금이라도 더 판매할 수 있는 전술을 사용하기도 한다. 그중 하나가 우리가 마트에 가면 자주 볼 수 있는 '990원'이라는 가격표다.

우리는 일반적으로 왼쪽부터 숫자를 읽는다. 이는 학습된 것으로 숫자 표기 방식이 왼쪽에서 오른쪽으로 진행되기 때문에 자연스럽게 왼쪽부터 숫자를 읽게 된다. 이런 습관이 인지 과정과 의사결정에 영향을 미친다. 990원 가격표에는 이런 습관의 비밀이 숨겨져 있다. 왼쪽부터 숫자를 읽다 보니, 가장 처음에 읽은 맨 왼쪽 숫자의 영향력이 가장 크다. 그래서 1,000원보다는 990원이 훨씬 싸게 느껴지는 것이다. 이러한 현상을 왼쪽 자릿수 효과(left-digit effect)라 부른다.

이와 관련해 케네스 매닝(Kenneth C. Manning)과 데이비드 스프로트(David E. Sprott)는 2009년 '가격 끝자리, 왼쪽 자리 숫자 효과, 그리고 선택(Price Endings, Left-Digit Effects, and Choice)'이라는 논문을 발표했다. 두 교수는 가격표에서 가장 왼쪽에 표시된 숫자가 소비자의 선택에 미치는 영향력에 대해 연구했다.[12]

이 연구의 기본적인 아이디어는 사람이 글이나 숫자를 읽을 때 왼쪽에서 오른쪽으로 읽도록 학습되었기 때문에 가격의 왼쪽에 위치한 숫자가 소비자의 의사결정에 큰 영향을 미친다는 것이다. 이들은 왼쪽 자릿수 효과를 확인하기 위해 실험을 진행했다. 이들이 설계한 실험은 두 개의 펜 중 하나를 선택하는 상황을 가정한 것이다. 저가 제품은 '굵은 고무 그립', '검은 잉크', '리필 가능 및 수축 가능'하고, 가격은 2달러였다. 고가 제품은 고가인 만큼 약간 더 세련된 디자인과 '넓은', '이중 레이어 그립', '균형 잡힌', '검은 잉크', '리필 가능 및 수축 가능'하고, 가격은 3달러였다. 연구자들은 2달러짜리 저가 제품과 3달러짜리 고가 제품의 가격을 1센트씩 조정하여 네 가지 상황을 만들었다.

[가격 조건 A] $2.00 vs. $2.99

[가격 조건 B] $1.99 vs. $3.00

[가격 조건 C] $2.00 vs. $3.00

[가격 조건 D] $1.99 vs. $2.99

가격 조건 A는 3달러짜리 고가 제품의 가격을 1센트 낮춰 2.99달러로 제안했는데, 이 경우 왼쪽 자릿수는 두 제품 모두 '2'로 차이가 나지 않는다. 반면 가격 조건 B는 2.00달러 저가 제품의 가격을 1센트 낮춰 1.99달러로 제안했다.

이때 왼쪽 자릿수는 '1'과 '3'으로 2의 차이가 만들어진다. 가격 조건 C와 D는 모두 왼쪽 자릿수의 차이가 1로 동일하게 설계됐다. 만약, 왼쪽 자릿수 효과가 존재한다면 왼쪽 자릿수의 차이가 없는 가격 조건 A에서 소비자는 저가 제품과 고가 제품의 가격 차이를 가장 작게 인식할 것이며, 결과적으로 저가 제품의 선택 비율이 낮아질 것이다(저가의 매력이 낮아짐).

반대로 왼쪽 자릿수의 차이가 가장 큰 가격 조건 B의 경우 소비자는 1달러대의 제품과 3달러대의 제품을 비교하면서 고가 제품이 비싸다고 인식할 것이며, 결과적으로 저가 제품의 선택 비율이 가장 높게 나타날 것으로 예상할 수 있다(저가의 매력이 도드라짐).

실험 결과는 예상대로였다. 442명의 참가자를 네 가지 가격 조건에 배정하고 두 제품 중 하나를 선택하게 했는데, 가격 조건 A에서는 저가 제품을 선택한 비율이 55.8%로 다른 조건보다 현저히 낮았다. 반면 가격 조건 B에서는 81.7%가 저가 제품을 선택해 가장 높은 비율을 기록했다. 실제 가격 차이는 고작 1센트씩 조정한 수준이었지만, 왼쪽 자릿수가 달라지는 것만으로 선택 비율은 크게 벌어졌다.

두 조건의 가격 차이를 비교해보면 가격 조건 A는 0.99달러, 가격 조건 B는 1.01달러로 불과 2센트 차이다. 그런데 저가 제품의 선택 비율은 55.8%와 81.7%로 무려 25.9%포인트나 벌어졌다. 단 2센트의 차이가 이토록 큰 격차를 만들어낸 것은 소비자가 가격 전체보다 왼쪽 자릿수에 훨씬 민감하게 반응한다는 점을 분명히 보여준다.

이런 효과가 나타나는 이유는 사람의 본능적인 성향, 즉 '생각하기 싫어함'에서 찾을 수 있다. 생각하는 데에는 상당한 에너지가 필요하다. 그래서 인간은 최소한의 인지적 노력으로 답을 찾으려는 '어림셈법'을 자주 사용한다. 카너먼과 트버스키가 제안한 어림셈법 중 하나인 정박과 조정 어림셈법이 바로 왼쪽 자릿수 효과를 만들어낸다.[13] 사람들은 가장 먼저 접한 숫자에 '정박'한 뒤 이를 조정하는 과정을 거치지만, 대충 생각하는 탓에 조정이 충분히 이루어지지 않는다. 결국 처음 눈에 들어온 숫자의 영향력이 판단 전체를 좌우하게 된다.

다음의 숫자를 빠르게 암산으로 계산해보자.

$$8 \times 7 \times 6 \times 5 \times 4 \times 3 \times 2 \times 1 = ?$$

$$1 \times 2 \times 3 \times 4 \times 5 \times 6 \times 7 \times 8 = ?$$

두 문제는 답이 같다. 그러나 두 집단의 사람들에게 문제의 답을 물어보면 전혀 다른 답이 나온다. 8부터 시작하는 문제에 대해서는 평균 2,250의 추정값이 나왔지만, 1부터 시작하는 문제에 대해서는 평균 512의 추정값이 도출됐다(정답은 40,320). 같은 문제인데 어떤 숫자로 시작되느냐에 따라 완전히 다른 추정값이 나온 것이다.

어쨌든 왼쪽 자릿수 효과는 소비자의 판단에 꽤 큰 영향을 미친다는 것을 확인할 수 있다. 마케터는 이를 이용하여 소비자의 선택에 영향을 줄 수 있다. 판매하고 싶은 제품이 저가의 대체제라면 경쟁 상품의 가격과 왼쪽 자릿수를 최대한으로 벌려주면 된다. 반대로 고가의 대체제라면 왼쪽 자릿수의 간격을 최소화하는 것이 좋다. 큰 가격 변화 없이도 왼쪽 자릿수만 차이가 나도록 가격을 설계하면 소비자의 선택을 바꿀 수 있다. 1,000원과 990원의 차이는 10원이 아니다. '천 원대'와 '구백 원대'의 차이다. 우리의 뇌는 그 10원을 결코 10원으로 읽지 않는다.

왼쪽 자릿수 효과

두뇌는 정보를 처리할 때 맨 앞에 놓인 숫자에 가장 먼저, 그리고 강하게 반응한다. 뒤에 오는 긴 숫자보다 눈에 띄는 첫 숫자가 전체의 인상을 결정짓기 때문이다.

사소해 보이는 차이가 때로는 판단의 기준을 송두리째 바꿔 놓기도 한다.

2장. 숫자 : 이성을 마비시키는 가격의 법칙

08

논리보다 숫자로 압도하라

2016년, 지금은 X로 이름이 바뀐 트위터에 매우 흥미로운 계정 하나가 등장했다. 계정 이름은 'LG, 마케팅 대신해 드립니다'. 이 계정은 LG전자 마케팅팀이 제품의 장점을 제대로 알리지 않는다며, 소비자 입장에서 LG전자 제품에 숨겨진 마케팅 포인트를 대신 소개했다. 사람들의 시선을 끌기 위한 목적이었겠지만 결과적으로는 LG 제품에 대한 꽤 많은 관심과 긍정적 반응을 끌어냈다.

이 계정이 주목받은 이유는 실제로 소비자에게 매력적인 정보를 다수 담고 있었기 때문이다. 예를 들어, LG전자의 20만 원대 모니터에는 보통 수백만 원대 전문가용 제품에만 늘어가는 하드웨어 캘리브레이션 기능이 탑재되어 있었다. 색을 매우 정밀하게 보정할 수 있는 기능이었는데 정작 LG전자는 이를 적극적으로 알리지 않았다. 또 다른 사례도 있었다. LG전자의 스마트폰 V10에는 최고급 음향 재생기에서나 지원하는 DSD 음향 포맷이 탑재되어 있었지만 소비자들은 이를 거의 알지 못했다. 이런 사례는 또 있다. 복지시설에 가전제품을 기부하려던 한 소비자는 복지시설 관계자로부터 "가능하면 LG전자 제품으로 기부해 달라"는 요청을 받았다고 한다. 그 이유를 물어보니, LG전자가 기부 제품에 한해서는 무제한 무료 A/S를 지원한다는 설명을 들었다고 한다. 이 역시 기업 입장에서는 상당히 매력적인 홍보 소재였지만, 공식적으로는 거의 알려지지 않은 내용이었다.

이처럼 LG전자가 소비자에게 적극적으로 알리지 않은 강점들이 계속해서 발굴되자, 보다 못한 소비자가 직접 나서 LG를 대신해 마케팅을 해주자는 움직임이 SNS를 통해 자연스럽게 형성됐다. 'LG, 마케팅 대신해 드립니다'라는 계정은 이런 사례들을 모아 유쾌하면서도 설득력 있게 전달했고, 점점 더 많은 사람들의 관심을 끌게 됐다. 이 계정에서 가장 유명한 일화는 '1kg이 되지 않는 무게'를 콘셉트로 내세운 LG 노트북 그램과 관련된 사건이다. 당시 LG전자는 새롭게 출시한 15인치급 그램 노트북의 무게를 980g이라고 공식 발표했다. 그런데 신제품 전시장에 비치된 전자 저울로 무게를 측정해 보니 노트북의 무게는 953g에 불과했다.

사실 LG전자는 이 제품의 실제 무게가 970g 안팎이라는 점을 이미 알고 있었다고 한다. 다만 저울 간 편차나 측정 환경의 차이를 고려해 안전한 수치인 980g으로 표기했다는 것이다. 그럼에도 불구하고 이 사실이 알려지면서 "LG전자는 마케팅을 너무 소극적으로 한다"는 인식이 확산되었고 이를 대신 지적하고 홍보해 주는 소비자의 존재가 더욱 부각됐다. 노트북의 무게와 같은 제품의 스펙은 소비자의 의사결정에서 중요한 기준이 된다. 소비자는 제품 스펙을 살펴보고, 이를 다른 제품과 비교하면서 자신에게 가장 적합한 제품이 무엇인지 평가한다. 이런 이유로 스펙은 제품 판매에 직접적인 영향을 미친다. 특히 우리나라 소비자가 스펙에 민감하게 반응하는 제품이 있다. 컴퓨터와 관련된 제품이다.

한국인이 게임을 사랑하고 잘한다는 사실은 세계적으로도 잘 알려져 있다. 흔히 'e스포츠 종주국은 한국'이라는 말을 쓰곤 하는데 2000년대 초반 우리나라에서 스타크래프트 리그가 엄청난 인기를 끌면서 만들어진 말이다. '페이커'로 대표되는 리그 오브 레전드 역시 한국인 게이머들이 세계 무대를 주름잡고 있다. 게임을 잘하는 것은 프로게이머에게만 국한된 이야기는 아니다. 많은 한국인이 전반적으로 게임을 잘하는 편이며, 게임에 대한 관심도 매우 높다. 이처럼 게임에 진심인 문화는 자연스럽게 컴퓨터에 대한 높은 관심으로 이어진다. 실제로 꽤 많은 한국 남성은 컴퓨터에 대해 상당한 지식을 갖고 있다. 특히 성능을 높이는 데 관심이 많다. 삼성, LG, 델과 같은 제조사에서 완제품 PC를 구매하기도 하지만, 직접 부품을 구매해 조립하거나, PC 조립 업체를 통해 원하는 부품을 선택해 조립을 맡기는 경우도 적지 않다.

이런 소비자 특성 때문에 CPU, 그래픽카드, 메모리 등 부품 하나하나의 스펙을 꼼꼼히 살펴보고 관련 정보를 얻기 위해 유튜브 채널을 구독하는 사람도 많다. 예를 들어, 컴퓨터 조립과 수리를 주제로 한 유튜브 채널 '허수아비'는 구독자가 49만 명에 달한다. 이 수치만 봐도 컴퓨터 성능과 스펙에 진심인 우리나라 소비자가 얼마나 많은지 짐작할 수 있다.

그런데 여기서 한 가지 궁금증이 생긴다. 컴퓨터 부품의 스펙이 조금만 달라져도 소비자는 그 성능 차이를 실제로 체감할 수 있을까? 물론 저가 부품과 고성능 부품의 차이는 매우 크기 때문에 누구나 쉽게 그 차이를 체감할 수 있다. 문제는 고성능 부품들 사이의 미세한 스펙 차이다. 숫자로는 분명 차이가 나지만, 그 차이가 실제 사용 경험에서 느껴질 만큼 클까? 많은 컴퓨터 관련 유튜버들은 벤치마크 프로그램을 활용해 성능을 '숫자'로 비교한다. 점수나 프레임 수치로 차이를 설명하지만 과연 이 숫자의 차이가 실생활에서 '경험 차이'로 이어질지는 별개의 문제다.

이 질문은 컴퓨터보다 상대적으로 단순한 모니터 스펙을 떠올리면 이해하기 쉽다. 모니터를 설명할 때 자주 등장하는 60Hz, 120Hz, 144Hz와 같은 주사율은 소비자가 중요하게 생각하는 대표적인 스펙이다. Hz는 1초에 화면이 몇 번 새로 그려지는지를 의미한다. 60Hz 모니터는 1초에 60장의 화면을 표시하고, 120Hz는 120장을 표시한다. 주사율이 높을수록 화면 움직임은 더 부드러워진다. 화면 전환이 빠른 게임에서는 주사율이 그만큼 중요하다. 그래서 게임을 즐기는 소비자들은 주사율에 민감하다. 그런데 여기서 다시 질문이 생긴다. 숫자의 차이가 곧 경험의 차이일까? 60Hz와 120Hz의 차이는 대부분의 사람이 체감할 수 있다. 하지만 120Hz와 144Hz의 차이는 어떨까? 일부 예민한 사람은 차이를 느낀다고 말하지만, 대다수는 큰 차이를 느끼기 어렵다고 말한다. 그럼에도 불구하고, 많은 소비자들이 훨씬 비싼 144Hz 모니터를 선호한다. 왜 이런 선택을 하는 것일까?

이와 관련해 흥미로운 연구가 있다. 크리스토퍼 시(Christopher K. Hsee)와 동료 연구자들은 2009년 '속성 추구 현상: 제품 속성이 소비자 선호도에 미치는 영향(Specification Seeking: How Product Specifications Influence Consumer Preference)'이라는 논문을 발표했다.[14] 이 연구는 소비자가 왜 '숫자'에 집착하는지를 실험을 통해 보여준다.

연구자들은 소비자가 실제 제공되는 가치와 무관하게 속성값의 '크기'에 과도하게 반응해 의사결정을 하는 경우가 있다고 설명한다. 다시 말해, 실제 경험보다 제시된 수치 정보에 더 의존해 제품을 평가한다는 것이다. 그들이 진행한 실험 중 하나를 살펴보자.

연구자들은 112명의 대학생을 대상으로 디지털카메라를 구매하는 상황을 상상하도록 했다. 선택지는 모델 A와 모델 B 두 가지였고, 가격을 포함한 모든 조건은 동일했다. 차이점은 모델 A는 선명도가 더 좋고, 모델 B는 생동감이 더 뛰어나다는 점뿐이었다.

실험 참가자들은 두 카메라로 찍은 사진을 받았는데, 실제로는 같은 사진을 포토샵으로 조작한 것이었다. A는 선명도를 높였고, B는 생동감을 높였다. 이후 참가자들은 세 집단으로 나뉘었다. 1번 집단에는 선명도에 대한 수치 정보가 제공되지 않았고, 2번과 3번 집단에는 선명도와 관련된 픽셀 수 정보가 제공되었다. 다만 2번 집단에는 전체 픽셀 수(모델 A: 403만 7천 픽셀, 모델 B: 209만 7천 픽셀)가, 3번 집단에는 이미지 대각선 픽셀 수(모델 A: 2,900픽셀, 모델 B: 2,090픽셀)가 제시됐다.

결과는 명확했다. 속성값 정보를 제공받지 못한 1번 집단에서 모델 A를 선택한 비율은 26%에 불과했다. 반면 픽셀 수 차이가 크게 느껴지도록 제시된 2번 집단에서는 75%가 모델 A를 선택했고, 차이가 상대적으로 작아 보이는 3번 집단에서는 51%가 선택했다. 실제 사진을 직접 보고도 소비자의 선택은 숫자의 크기에 따라 크게 달라졌다.

연구자들은 비슷한 구조의 실험을 참기름을 대상으로도 반복했다. 참기름 A는 B보다 농축도가 높아 향이 강하다고 설명됐고, 가격 역시 A가 더 비쌌다. 참가자들은 향을 직접 맡아볼 수 있었지만, '샹두(Xiangdu)'라는 존재하지 않는 수치가 제시되자 선택은 다시 숫자에 크게 좌우되었다. 수치 차이가 크게 제시될수록 더 많은 사람이 비싼 제품을 선택했다. 이러한 결과는 소비자가 속성값과 실제 경험을 잘 연결하지 못한다는 점을 보여준다. 실제 소비에서는 경험의 질이 더 중요하지만, 경험을 세밀하게 비교하기 어렵기 때문에 결국 소비자는 경험을 사는 게 아니라 숫자를 사는 셈이다. 그래서 속성값이 클수록 더 좋은 제품이라고 생각하게 된다.

이제 다시 처음 질문으로 돌아가보자. 120Hz와 144Hz의 차이를 체감하기 어려움에도 불구하고, 더 비싼 144Hz 모니터를 선택하는 이유는 실제 경험보다 속성값에 근거해 판단하기 때문이다. 일부 소비자에게는 144Hz가 분명한 차이를 만들 수 있다. 하지만 대다수는 그 차이를 명확히 경험하지 못한다. 그럼에도 '144'라는 숫자가 주는 기대 때문에 더 좋은 제품이라고 판단하는 것이다. 이런 점을 고려하면, 기업이 스펙 수치를 조금이라도 높이기 위해 노력하는 것은 매우 자연스러운 선택이다. 경쟁 제품과 직접 비교되는 스펙이라면 그 영향력은 더욱 커진다. 마케터라면 경쟁사 대비 유리한 스펙을 만들 수 있을 때 이를 적극적으로 활용할 필요가 있다. 다시 한번 강조하자면, 소비자는 144Hz의 부드러움을 사는 게 아니다. 144라는 숫자가 주는 안심을 산다.

이런 관점에서 다시 생각해보면, LG전자가 그램 노트북의 무게를 굳이 보수적으로 표기할 필요가 있었을까 하는 아쉬움이 남는다. 스펙 수치가 소비자 선택에 큰 영향을 미친다는 점을 고려했다면, 조금 다른 선택도 가능하지 않았을까. 물론 이미 지나간 일이니 확인할 수는 없지만, 상상해보게 만드는 대목임은 분명하다.

속성값 추구 성향

객관적인 수치보다 내가 이해하기 쉬운 기준으로 정보를 재해석할 때 사람은 더 빠르게 움직인다. 복잡한 계산을 요구하기보다 직관적으로 와닿는 가치를 제안하자. 친절한 설명은 고민 시간을 줄여주는 가장 확실한 방법이다.

09

"돈쭐 내러 왔습니다"

'금융치료'라는 말을 들어 본 적이 있는가? 금융치료는 원래 '돈으로 마음을 치유한다'는 의미로 사용되었는데, 예상치 못한 수익이나 월급을 통해 스트레스를 해소하거나 기분이 좋아지는 경우를 말한다. 예상치 못한 수익이나 선물, 소비 등은 우리의 스트레스나 고통 등을 줄여주는 감정적 조절 수단이 되기도 한다. 어쩌면 많은 직장인이 고된 업무를 버텨내고, 이른 아침부터 복작거리는 버스와 지하철을 타고 출근할 수 있는 건 매달 통장에 꽂히는 월급이라는 금융치료 덕분인지도 모른다. 월급은 직장인에게 가장 합법적이고 효과 빠른 진통제다. 나도 한 달 간의 수고가 통장의 잔고로 전환되는 모습을 보며 보상(치료)을 받는다는 느낌을 받곤 한다.

금융치료는 부정적인 의미로도 사용된다. 법규 위반자에게 과태

료나 벌금을 부과하거나 금전적 처벌을 통해 행동을 교정하는 수단을 의미하기도 한다. 악덕 업주라 소문난 식당에는 가지 않아 금전적으로 힘들어지게 만들거나(이와 반대되는 개념으로 '돈쭐 내러 가자'가 있다) 불법적인 일을 반복하는 사람을 계속 신고하여 벌금이라는 금전적 손실을 입히는 것도 금융치료라 부른다. 예상치 못한 수익이 사람들의 마음을 치유하듯이 예상치 못한 금전적 처벌이 잘못된 행동을 교정한다는 점에서 확실히 금전적 수단은 인간에게 큰 영향을 미치는 것 같다.

직접적인 돈은 아니어도 우리는 때로 스스로 금융치료를 하듯이 자신에게 선물할 때가 있다. 월급을 받은 후 한 달간의 업무 스트레스를 해소하기 위해 꼭 사고 싶었던 물건을 사거나 큰 성취를 거둔 직후 수고했다며 자신에게 선물하는 모습을 가끔 볼 수 있다. 이러한 행동 역시 일종의 금융치료로 자신의 고됨을 위로하는 감정 조절을 위한 선택이 아닌가 싶다. 그런데 여기서 궁금한 점이 생긴다. 금융치료의 효과는 정말 있는 것일까? 예상하지 못한 수익이나 선물 등은 고통을 줄여줄까?

이에 대한 답은 한 편의 논문에서 찾아볼 수 있다. 저우 신위에(Xinyue Zhou), 캐슬린 보스(K. Vohs) , 그리고 로이 바우마이스터(R. Baumeister)는 2009년 '돈의 상징적 힘(The Symbolic Power of Money)'이라는 논문을 발표했다.[15] 이 논문에서 연구자들은 돈과 고통의 관계를 확인하기 위해 몇 가지 실험을 진행했다. 연구 결과, 돈이 사람의 심리적, 신체적 고통을 완화한다는 사실이 밝혀졌다.

먼저 사회적 거절을 당한 사람들이 돈에 대한 욕구가 달라지는지 확인하기 위한 실험을 살펴보자. 실험 참가자들은 먼저 5분 동안 집단별로 서로 알아가는 토론을 한 후, 향후 진행될 2인 조 과제에서 함께 일하고 싶은 파트너를 선택했다. 이후 실험 참가자는 두 조건으로 무작위 배정되었는데, 연구진은 실험 참가자에게 그들이 다른 사람에게 모두 선택되었다는(수용 조건) 사실 또는 아무도 그를 선택하지 않았다는(거절 조건) 사실을 통보했다.

설명을 들은 후 실험 참가자는 동전을 그리라고 지시를 받았다. 실험 결과는 매우 흥미로웠다. 다른 사람에게 조 과제를 함께할 사람으로 선택받지 못한 참가자들은 선택받았다고 통보된 참가자들보다 동전을 더 크게 그렸다. 또한 고아원에 얼마를 기부할 수 있겠냐는 질문에 대해서도 선택받지 못한 참가자들의 기부액이 선택받은 참가자들보다 더 낮았다. 선택받지 못한 사람들은 사회적으로 거절당했다는 느낌을 받았는데, 이러한 사회적 소외감이 돈에 대한 욕구를 강하게 만들었다고 볼 수 있다.

또 다른 실험에서도 결과는 비슷했다. 실험 참가자들은 두 집단으로 구분되어 80장의 달러를 세거나 80장의 종이를 세는 행동을 한 후, 앞의 실험처럼 사회적 거절을 경험했다. 사회적 거절은 컴퓨터 게임으로 진행되었는데, 4명의 플레이어가 서로에게 공을 던지는 게임이었다. 이 게임은 실험 참가자들이 사회적 거절을 경험하도록 해당 참가자에게 공을 던져주지 않도록 조작된 것이다. 실험 결과, 사회적 배제는 사회적 고통을 증가시켰는데, 흥미로운 점은 돈을 세는 행동을 한 집단은 종이를 세는 행동을 한 집단보다 사회적 고통을 덜 느꼈다고 보고했다.

고통만 줄어든 것이 아니다. 돈을 센 집단은 자기 효능감도 증가했는데, 자신이 적절한 행동을 할 수 있다는 신념이 상대적으로 높았다.

돈이 사회적 거절의 고통과 연결된다는 점은 매우 흥미롭다. 돈은 사회적 거절의 고통을 완화해주고, 반대로 거절을 당하면 돈에 더 집착하게 만든다. 그런데 연구자들은 여기서 한 걸음 더 나아간다. 사회적 거절 같은 심리적 고통뿐 아니라 신체적 고통도 돈과 연결되어 있다는 것이다. 다음 실험을 살펴보자. 앞선 실험과 마찬가지로 참가자들은 돈을 세거나 종이를 세는 행동을 한 뒤 뜨거운 물에 손가락을 담갔다. 그 결과 돈을 센 참가자들이 종이를 센 참가자들보다 고통을 덜 느꼈다고 보고했다.

이 연구를 통해 우리는 한 가지 사실을 알 수 있다. 사회적으로 배척당하거나 신체적 고통을 느끼게 되면 돈이 더 중요해진다. 신체적, 심리적 고통을 받을 때 사람들은 돈을 더 원하게 된다. 여기에 더해 돈은 고통의 크기도 줄여준다. 고통스러울 때 돈이 위로가 된다는 것이다. 다시 생각해보면, 신체적으로나 사회적으로 고통을 받는 사람들은 나름의 방식으로 자신의 고통을 줄이려 노력하는데, 그중 하나의 방법이 바로 돈에 집착하는 것일 수 있다. 금융치료의 효과는 반대의 상황에서도 확인할 수 있다. 사람들이 못된 이들의 행동을 교정하기 위해 사용하는 불매운동이나 신고 등에 의한 벌금 부과는 고통을 주기 때문에 행동 교정의 동기가 될 수 있다.

금융치료는 마케팅 측면에서 어떻게 적용할 수 있을까? 심리적으로나 육체적으로 고통스러운 사람들에게 '돈을 써도 괜찮다'는 정서적 정당성을 제공하면 된다. 실제로 많은 브랜드가 이 지점을 정교하게 활용하고 있다. 대표적인 사례로 명품 브랜드의 '엔트리 제품 전략'을 들 수 있다. 루이비통(Louis Vuitton), 구찌(Gucci), 프라다(Prada) 같은 명품 브랜드는 수백만 원대의 가방뿐만 아니라 비교적 부담이 적은 가격대의 카드 지갑, 키링, 립스틱, 향수 등도 판매하고 있다. 이 제품들은 "큰 사치"라기보다는 "열심히 일한 나를 위한 작은 보상"이라는 메시지와 함께 소비자에게 제시된다. 소비자는 이 구매를 통해 감정적 회복을 경험한다. 브랜드는 우리에게 '이 정도 소비는 나를 위로하는 데 충분히 정당하다'는 금융치료의 논리를 제공하는 것이다.

비슷한 지점에서 화장품 업계의 셀프 리워드(self-reward) 마케팅도 금융치료의 전형적인 사례다. 에스티로더(Estée Lauder), 디올(Dior Beauty), 설화수 등은 연말이나 보너스 시즌이 되면 "올해도 수고한 나에게", "지친 피부에 주는 선물"과 같은 메시지를 반복적으로 사용한다. 여기서 핵심은 제품의 기능이 아니라 '고생한 나를 보상한다'는 서사다. 소비자는 화장품을 구매하면서 단순한 효능이 아니라, 지난 시간의 고됨을 스스로 인정받는 감정을 함께 소비한다.

여행업계 역시 금융치료 논리를 적극적으로 활용한다. 하나투어, 모두투어와 같은 여행사는 연말, 연초가 되면 "1년 동안 수고한 나를 위한 여행", "이번엔 나를 위해 떠나세요"와 같은 메시지를 전면에 내세운다. 특히 고가의 해외여행 상품일수록 가성비보다는 회복과 위로의 언어가 강조된다. 이때 여행은 소비자에게 단순한 관광이 아니라 심리적, 정서적 충전을 제공하는 금융치료 수단으로 제시된다. 최근에는 구독 서비스에서도 금융치료의 논리를 발견할 수 있다. 넷플릭스, 유튜브 프리미엄, 멜론과 같은 콘텐츠 구독 서비스는 "광고 없이 즐기는 나만의 시간", "하루의 끝을 위로하는 콘텐츠"를 강조한다. 월 몇 천 원에서 만 원 남짓한 지출은 소비자에게 큰 부담이 되지 않으면서도, 반복적인 스트레스를 완화해주는 지속적인 금융치료로 기능한다.

이 사례들이 시사하는 공통점은 분명하다. 금융치료 마케팅은 소비자에게 돈을 쓰라고 강요하지 않는다. 대신 "지금의 고통을 줄이기 위해 이 정도의 소비는 괜찮다"는 해석 틀을 제공한다. 단순한 소비 유도가 아니라, 소비자가 겪고 있는 고통을 이해하고 인정해주는 메시지가 먼저 제시된다.

돈의 상징적 힘

돈은 단순한 거래 수단을 넘어 마음을 치유하거나 자신감을 주는 상징적인 힘이 있다. 하지만 그 힘에만 의존하다 보면 정작 중요한 사람 사이의 온기를 놓치기 쉽다. 숫자가 주는 위안 뒤에 숨은 진짜 결핍이 무엇인지 들여다볼 필요가 있다.

10

알면서도 끌리는
마일리지 경제학

백화점, 쇼핑몰에서는 소비자를 유인하기 위해 종종 할인 행사를 기획한다. 여름맞이 서머 페스타, 연말에 진행되는 블랙 프라이데이 행사, 특정 품목을 집중 판매하는 패션 대전 등과 같은 다양한 행사를 통해 소비자를 유혹한다. 나에게도 가끔 백화점이나 아울렛 등에서 할인 이벤트가 열린다는 문자가 오곤 하는데, 아내는 이를 두고 '돈 쓰러 오라 한다'라고 표현한다. 어쨌든 소매점은 매출 증가를 위해 할인 행사를 기획한다. 그런데 이런 할인 행사에 빠지면 섭섭한 것이 있다. 바로 사은품이다. 〈아시아경제〉의 2016년 3월 기사 '1970년대 백화점 사은품은 뭐였을까'를 살펴보면 흥미로운 사은품의 역사를 엿볼 수 있다.

1933년 인천에 소재한 비단 가게인 태풍상회는 우대권을 소지한
고객에 한해, 일정 금액 이상을 구입하면 세숫비누, 치마, 저고리 등

의 옷감과 함께 달력을 사은품으로 증정했다.

1936년 화신연쇄점에서는 1원어치를 사면 10명에게 특등 상품으로 황소 한 마리를 경품으로 내걸어 화제를 모았다.

1963년 동아백화점에서는 일본의 닛산 자동차를 반제품으로 들여와 조립한 새나라 자동차를 특등 상품으로 걸어 세간의 화제가 되었다.

1963년 신세계백화점은 'X마스·연말·연시 행운부 특별대봉사'라는 사은행사를 통해 50원 매상에 행운권 1매 증정, 5,000원 매상마다 '1년 상해보험증서'를 무상으로 증정했다.

1971년 신세계백화점은 새해맞이 신세계 오프닝 행사로 해당 매상마다 증정품을 제공했는데, 1,000원에 민속품(복주머니 등), 2,000원에 이쑤시개 1세트, 3,000원에 못난이 3형제, 5,000원에 컵 1개 등을 증정했다.

이처럼 사은품 증정 행사는 생각보다 오랜 역사를 갖고 있다. 민속품이나 이쑤시개 같은 사은품은 지금 보면 무척 소소한 것들이다. 상품의 형태만 달라졌을 뿐 소매점의 사은품 증정 행사는 지금도 이어지고 있다. 예나 지금이나 소비자는 사은품의 유혹을 쉽게 뿌리치지 못하는 듯하다.

백화점 같은 소매점뿐 아니라 스타벅스 같은 커피 전문점도 사은품을 증정하는 행사를 자주 연다. 스타벅스는 음료 한잔을 마실 때마다 제공하는 '이프리퀀시'를 모아서 굿즈와 교환하는 행사를 여름, 겨울에 진행한다. 상당한 인기가 있다. 일반 음료 14잔과 프로모션 음료 3잔, 총 17잔을 마시면 굿즈로 교환할 수 있는데 다이어리, 우산, 우비 등 다양한 스타벅스만의 굿즈가 제공된다. 이러한 사은품 증정 행사는 소비자의 구매 욕구를 자극하여, 평상시보다 좀 더 많은 구매를 끌어낼 수 있다.

사은품 증정 행사를 기획할 때, 마케터들은 종종 사은품으로 교환할 수 있는 매개체를 사용하기도 한다. 예를 들어, 스타벅스는 음료를 구매할 때마다 '별'을 제공하는데, 이 별을 모아 쿠폰으로 바꾸면 무료 음료나 사이즈업 등의 혜택을 받을 수 있다. 대한항공이나 아시아나항공 같은 항공사도 매개체를 사용한다. '마일리지'라는 이름으로 제공되는 이 매개체는 비행기 탑승 고객이 이동한 거리를 기준으로 축적되고, 이를 이용해서 무료 항공권이나 좌석 업그레이드 등의 혜택을 제공한다. 이는 소비자가 구매할 때마다 매개체를 적립하고, 이를 원하는 혜택과 교환하도록 설계한 마케팅 방식이다.

중국집의 사은품 행사를 빼놓으면 섭섭하다. 우리 동네 중국집에서는 주문할 때 1만 원당 한 개의 스티커를 준다. 이 스티커 10장을 모으면 짜장면 한 그릇 공짜, 15장을 모으면 볶음밥이 공짜 등과 같은 프로모션을 한다. 여기서 한번 상상해보자. 당신은 중국집에서 제공하는 스티커를 15장 모았다. 그런데 중국집의 스티커 행사는 이번 주가 마지막이다. 이번 주가 지나면 더는 스티커를 쓸 수 없다. 당신은 짜장면 혹은 볶음밥 중 하나를 고를 수 있다. 당신은 평소 볶음밥보다는 짜장면을 더 좋아한다. 이 상황에서 당신은 짜장면을 선택하겠는가? 아니면 스티커를 다 소진하기 위해 볶음밥을 선택하겠는가? 더 선호하는 음식이 짜장면이라는 점을 생각해보면, 비록 스티커가 남더라도 볶음밥보다는 짜장면을 선택하는 것이 합리적이다. 그런데 진짜 그렇게 행동할까?

우리는 이에 대한 답을 크리스토퍼 시와 그의 동료들의 연구에서 얻을 수 있다. 연구자들은 2003년에 '매개체 극대화(Medium Maximization)'라는 연구를 발표했는데, 여기서 밝혀낸 소비자의 성향으로 앞의 질문에 대해 답할 수 있다.[16]

사람은 결과를 얻기 위해 노력한다. 이 노력이 곧바로 결과로 이어지기도 하지만, 때로는 결과와 교환할 수 있는 매개체를 얻는 과정이 되기도 한다. 돈이 대표적이다. 돈은 그 자체로 혜택을 주지 않는다. 돈으로 원하는 제품이나 서비스를 구매할 때 비로소 혜택이 생긴다. 즉 돈은 노력과 결과 사이에 놓인 매개체다. 스타벅스의 '별'이나 항공사의 '마일리지'도 마찬가지다. '별'이나 '마일리지' 자체를 원하는 사람은 거의 없다. 그것으로 원하는 제품이나 서비스를 얻을 수 있기 때문에 가치 있다고 느낄 뿐이다. 따라서 합리적인 소비자라면 자신이 원하는 결과를 얻는 데 필요한 만큼만 노력을 기울이는 것이 자연스럽다.

그러나 인간은 이성적으로만 행동하지는 않는다. 때로는 노력과 결과를 이어주는 '매개체' 자체를 극대화하려는 선택을 하기도 한다. 결과와 무관하게 매개체를 더 많이 확보하는 데에 집중하는 경우가 적지 않다. 시 교수는 바로 이러한 소비자의 성향에 '매개체 극대화(Medium Maximization)'라는 이름을 붙였다.

시 교수 연구진의 실험을 살펴보자. 연구진은 대학생들을 대상으로 실험에 참여하면 하겐다즈 아이스크림 1갤런을 받을 수 있다고 공고하고, 96명의 참가자들을 모았다. 이렇게 모인 실험 참가자들은 두 집단으로 분리됐다. 한 집단(통제조건)의 참가자들은 두 과제 중 하나를 선택할 수 있었는데 하나는 6분, 다른 하나는 7분짜리 과업이었다. 6분짜리 과업은 바닐라 아이스크림을 받을 수 있고, 7분짜리는 피스타치오 아이스크림을 받을 수 있다는 정보를 추가로 제시했다. 설명을 들은 후, 참가자들은 두 과업 중 하나를 선택했다. 다른 집단(매개조건)의 참가자들에게는 과업은 같지만, 아이스크림 대신 포인트라는 매개체를 제시했다. 6분짜리 과업은 60포인트를 받을 수 있고, 7분짜리 과업은 100포인트를 받을 수 있었다. 50~99포인트로는 바닐라 아이스크림을, 100포인트 이상으로는 피스타치오 아이스크림으로 교환할 수 있었다. 두 실험군 참가자들은 과업을 선택한 후, 어떤 종류 아이스크림을 더 좋아하는지 응답했다. 실험 내용을 간단히 정리하면 다음과 같다.

[통제조건]

6분 과업 → 바닐라 아이스크림

7분 과업 → 피스타치오 아이스크림

[매개조건]

6분 과업 → 60포인트 → 바닐라 아이스크림

7분 과업 → 100포인트 → 피스타치오 아이스크림

두 조건의 차이는 '포인트'라는 매개체의 유무뿐이었다. 실험 결과는 어땠을까? 매개체 극대화 현상은 이 실험에서 뚜렷하게 나타났다. 통제조건에서는 참가자의 30% 미만이 7분 과업을 선택한 반면, 매개조건에서는 50%가 넘는 참가자가 7분 과업을 선택했다.

이 차이가 단순히 두 집단의 아이스크림 선호 차이 때문일 수 있다는 반론도 가능하다. 하지만 두 집단 모두 피스타치오를 좋아한다고 답한 비율은 30% 수준으로 거의 같았다. 선호의 차이로는 설명할 수 없다.

노력과 결과가 직접 연결되는 통제조건에서는 피스타치오를 좋아하는 30%의 사람들이 자신이 좋아하는 아이스크림을 선택하기 위해 7분 과업을 선택했다. 하지만 노력과 결과 사이에 포인트라는 매개체가 끼어든 매개조건에서는 달랐다. 피스타치오를 좋아하지 않더라도 더 많은 포인트를 얻기 위해 7분 과업을 선택한 것이다(50%). 자신이 진짜 원하는 결과보다 매개체의 극대화 자체가 목표가 되어버린 셈이다.

매개체 극대화는 소비자가 자신이 가장 선호하는 혜택이 아닌 혜택을 얻는 데 사용되는 매개체 자체를 극대화하려고 선택하는 현상을 말한다. 자신이 최종적으로 얻게 될 혜택보다도 중간에 얻는 매개체에 더 큰 가치를 부여하는 것이다. 앞서 살펴본 중국집 스티커의 상황을 생각해보자. 소비자는 스티커 5개를 버리더라도 진짜 좋아하는 짜장면을 선택하는 것이 더 현명하다. 짜장면을 볶음밥보다 좋아하니까. 하지만 상당수 사람들이 스티커 자체에 가치를 부여해 5개나 되는 스티커를 버리는 것을 아깝게 여긴다. 그래서 자신이 진짜 좋아하는 것이 아닌 볶음밥을 선택하게 된다.

소비자는 마일리지, 이프리퀀시, 쿠폰과 같은 매개체를 모을 때, 이를 통해 얻을 수 있는 최종 보상을 함께 떠올린다. 하지만 실제 판단 과정에서는 최종 보상의 절대적인 가치보다는 매개체를 '얼마나 모았는가' 자체에 더 큰 의미를 부여하는 경우가 적지 않다. 마일리지는 목적지가 아니다. 그런데 우리는 종종 목적지보다 마일리지를 더 열심히 모은다. 결과보다 그 결과로 이어지는 과정, 즉 매개체의 축적이 우리의 마음과 행동을 자극하는 것이다.

이러한 심리를 이해하면 마케터가 매개체를 어떻게 활용할 수 있는지가 분명해진다. 이미 많은 기업들은 다양한 형태의 매개체를 설계해 활용하고 있다. 온라인 쇼핑몰은 구매 금액에 따라 포인트를 적립해 추후 할인에 사용할 수 있도록 한다. CGV와 같은 영화관도 관람 횟수에 따라 포인트나 등급 혜택을 부여하는 방식을 사용한다.

매개체가 효과적으로 작동할 경우, 소비자는 평소라면 굳이 구매하지 않아도 될 수량의 제품을 추가로 사거나 더 비싼 요금임에도 불구하고 마일리지를 얻기 위해 해당 항공권을 선택하기도 한다. 이처럼 기업은 매개체를 자사에 맞는 방식으로 설계함으로써 소비자가 최종 보상보다 매개체 획득 자체에 더 큰 열의를 갖도록 유도할 수 있다.

처음에는 사은품이 목적이다. 그런데 모으다 보면, 사은품보다 모아둔 포인트가 더 아까워진다. 그래서 덜 마음에 드는 1등 상품이라도 마음에 드는 2등보다는 포인트를 다 쓰는 쪽을 고른다. 좋아하는 것보다 남기지 않는 선택이 더 끌린다. 숫자의 유혹은 여기에 있다. 목적지가 좋아서가 아니라 중간에 쌓아온 걸 버리기 싫은 마음.

11

"하루 천원", 큰돈도 푼돈으로 만드는 구호

한 기부단체의 부탁을 받고 기부자 수를 늘리는 전략을 수립한 적이 있다. 이를 수행하면서 기부에 대한 몰랐던 지식을 쌓을 수 있었다. 해외 주요국과 비교할 때 우리나라는 아직 기부 문화가 충분히 성숙하지 않았고, 초고액 기부를 하는 사람은 매우 소수에 불과했다.

해외 사례를 잠시 살펴보자. 초고액 기부를 하는 사람들이 모인 대표적인 단체인 더 기빙 플레지(The Giving Pledge)는 2010년 빌 게이츠와 워런 버핏의 주도로 설립된 자선 단체다. 생전 혹은 사후에 자신의 재산 절반 이상을 기부하겠다고 공개적으로 약속한 억만장자가 회원이 될 수 있다. 이 단체에는 빌 게이츠, 워런 버핏 외에도 마크 저커버그, 조지 루카스, 일론 머스크, 샘 올트먼 등이 회원으로 소속되어 있다. 김봉진 배달의민족 창업자와 김범수 카카오 창업자도 이 단체의 회원이다. 이들의 기부 규모는 입이 떡 벌어질 만큼 대단하다. 그러나 사실 기부 대부분은 평범한 사람들이 십시일반 낸 돈이 모여 이루어진다. 나와 당신 같은 사람들이 한 푼 두 푼 모은 돈이 거대한 돈을 만들고 있는 것이다.

따라서 초고액 기부자들의 도움도 필요하지만, 우리 같은 평범한 사람들의 기부를 끌어내는 것이 더 필요한 전략이라고 하겠다. 그래서 그런지 기부를 독려하는 캠페인에 유난히 많이 사용되는 표현이 있다. '하루에 1,000원만 기부해주세요.' 이는 하루 단위로 기부 금액을 쪼개서 제안하는 방식이다. 하루 1,000원이라 하니 누구나 한 번쯤 기부에 도전해볼 만한 가벼운 금액이라는 생각이 들기도 한다. 그런데 하루에 1,000원을 내는 것은 과연 적은 돈일까? 하루 1,000원을 한 달, 일 년 단위로 계산해보자.

하루 1,000원 = 한 달 30,000원 = 일 년 360,000원

하루에 천 원은 그다지 부담스러운 금액이 아니지만 한 달에 3만 원, 일 년이면 36만 원이라 하니 꽤 커 보인다. 기부자에게 '일 년에 36만 원 기부해주세요'라고 부탁하는 것보다 '하루 1,000원만 기부해주세요'라고 부탁하는 것이 훨씬 덜 부담스럽게 느껴지는 것 같다.

이러한 방식의 제안은 기부금 모금에만 사용되지 않는다. 다양한 마케팅 프로모션에도 유사한 방식이 쓰이고 있다. 예를 들어, 코웨이는 2023년에 '하루 900원'만 내면 스스로 맞춤 살균하고, 간편한 원터

치 순환 살균이 가능한 한뼘 사이즈의 '코웨이 마이한뼘' 정수기를 구매할 수 있는 특가 행사를 네이버 쇼핑라이브에서 진행했다. 하루 900원이면 편의점에서 500밀리리터 생수 한 병 구매할 수 있는 가격인 것을 고려하면 상당히 괜찮아 보인다. 하지만 앞서 살펴본 모금 방식과 마찬가지로 하루 900원짜리 정수기는 그렇게 저렴하지만은 않다.

하루 900원 = 한 달 27,000원 = 일 년 325,500원

그렇다면 왜 우리는 '하루에 1,000원'이라는 표현을 들을 때, '한 달에 3만 원'보다 더 저렴하다고 느끼는 것일까? 이에 대한 답은 존 거빌의 연구에서 찾을 수 있다. 거빌은 푼돈처럼 제시되는 가격이 소비자의 구매 의향을 높인다는 사실을 실험을 통해 밝혀냈다.

그가 1998년에 발표한 논문에 따르면, 소비자는 연간 지불 총액을 한꺼번에 제시받을 때보다 하루 단위로 나누어진 가격을 제시받을 때 이를 더 긍정적으로 평가하는 경향을 보였다. 즉 같은 금액이라도 제시되는 시간 단위에 따라 소비자의 인식은 달라진다는 것이다.[17]

거빌의 논문 제목은 Pennies-A-Day(PAD)인데, 이는 하루에 1페니(1센트)라는 의미로 푼돈이라는 뜻이다(마케팅 분야에서 이러한 가격 설정 방법을 PAD 전략이라 부른다). 거빌은 사람들이 한 번에 내는 돈이 사소한 것이라 인식하면 해당 비용을 충분히 감당할 수 있는 괜찮은 가격이라 생각한다는 점을 실험으로 확인했다. 그는 이러한 가격 제안 방식의 영향력을 '시간적 재프레이밍 효과(the effect of temporal reframing)'라고 불렀다. 이는 '한 달'이라는 시간적 틀을 '하루'라는 시간적 틀로 다시 설정해 가격을 제시하는 방식을 의미한다. 거빌이 PAD 전략을 확인하기 위해 수행한 실험을 간략히 살펴보자. 실험 참가자에게 제시된 상황은 다음과 같다.

> 당신은 연봉 5만 달러를 받으며 일하는 회사로부터 미국 내 소외 계층을 돕기 위한 기부 프로그램에 참여해 달라는 제안을 받았다. 다음 두 가지 조건 중 어느 곳에 기부할 것인가.
>
> A: 하루에 1달러를 기부한다.
>
> B: 1년에 350달러를 기부한다.

당신이 실험 참가자라면 두 조건 중 어떤 조건에 더 기부할 마음이 생기는가? 거빌의 실험에서는 하루에 1달러 기부하는 조건에서 사람들의 기부 가능성이 더 높게 나타났다. 10점 척도로 물어본 기부 가능성에 대해 하루 1달러 조건에서 사람들은 기부 가능성이 평균 4.83점 수준이었고, 1년 350달러 조건에서는 평균 3.16점에 불과했다. 이 실험은 하루에 아주 작은 푼돈을 지불하는 것에 대해 소비자가 큰 거부감을 갖지 않기 때문에 연간 큰 비용을 하루 단위로 재구성(reframing)하는 것이 상당히 효과적이라는 것을 보여준다.

그러면 PAD 효과는 왜 발생할까? 소비자는 가격을 제안받을 때 먼저 비교 대상을 떠올리게 된다. 우리는 1달러, 한국 돈으로 약 1,500원 정도로 무엇을 살 수 있을까? 나는 아이스크림 한 개, 캔디 하나, 껌 한 통 정도가 생각난다. 1달러는 소비자에게 푼돈으로 인식되어, 기부하기에 많지 않은 돈이라고 여겨지며 기부 가능성이 높아진다. 하지만 연간 350달러, 한국 돈으로 약 50만 원으로 할 수 있는 일은 많이 떠올릴 수 있다. 멋진 브랜드 청바지나 재킷, 왕복 항공권 등과 같은 선상에서 비교하게 되면 이 돈을 기부하기가 쉽지 않다. 결국, PAD 전략의 효과는 소비자가 제시된 가격을 푼돈으로 받아들이느냐 아니냐에 달려있다. 천 원은 작은 돈이 아니다. 다만 하루 옆에 붙으면 작아 보일 뿐이다.

실제로 거빌은 PAD 전략의 효과가 항상 나타나는 것은 아니며 하루 단위로 분할해 제시된 가격이 '사소한 금액'으로 인식될 때에만 효과가 발생한다고 설명했다. 다시 말해 분할된 가격이 더 이상 푼돈처럼 느껴지지 않는 순간, PAD 전략의 설득력은 급격히 약해진다. 실험에서도 이러한 한계가 분명하게 드러났다. 다음 실험을 살펴보자. 실험 참가자들에게는 네 가지 기부 조건이 제시되었다.

C: 하루에 4달러를 기부

D: 1년에 1,400달러 기부

E: 하루에 7달러를 기부

F: 1년에 2,500달러 기부

실험 결과, 하루 4달러 기부 조건(C)에서 참가자들의 기부 가능성은 1.00점, 하루 7달러 조건(E)에서는 1.23점으로 나타났다. 반면 연

단위로 제시된 조건에서는 오히려 더 높은 기부 가능성이 관찰되었다. 1년 1,400달러 조건(D)에서는 2.88점, 1년 2,500달러 조건(F)에서는 2.20점으로 하루 단위로 분할된 조건보다 기부 가능성이 높게 평가된 것이다.

이 결과는 가격을 일 단위로 나누어 제시하는 방식이 항상 효과적인 것은 아님을 보여준다. 가격을 분할해 제시하더라도 그 금액이 소비자에게 더 이상 사소한 수준으로 인식되지 않으면 PAD 효과는 발생하지 않는다. 오히려 역효과가 나타날 수도 있다.

이는 앞서 제시한 설명과 동일한 맥락에서 이해할 수 있다. 소비자가 1달러로 살 수 있는 제품을 떠올릴 때는 대체로 별것 아닌 사소한 대상만을 떠올리게 된다. 반면 4달러(약 6,000원)나 7달러(약 10,000원) 수준이 되면 아이스 아메리카노 한 잔이나 한 끼 식사처럼 구체적인 대안적 소비가 자연스럽게 떠오른다. 이 순간 기부는 '푼돈'이 아니라 실제 소비를 포기해야 하는 선택이 되고 기부에 대한 심리적 저항감은 높아진다.

그렇다면 PAD 전략은 언제 효과적이고, 언제 오히려 역효과를 낼까? 이 질문에 대한 답은 우리 주변에서 쉽게 찾을 수 있다. 길을 가다 보면 흔히 이런 광고 문구를 볼 수 있다.

하루 이용 요금 600원. 헬스, 요가, 필라테스, 댄스, 스피닝 모두 포함.

피트니스 센터는 장기 회원을 모집하기 위해 매우 저렴한 가격을 제시하곤 한다. 하루 600원은 한 달로 환산하면 약 18,000원에 해당한다. 한 달 18,000원도 저렴한 금액이지만 이를 하루 600원으로 나누어 제시하면 훨씬 더 푼돈처럼 느껴진다. 이러한 가격 제시는 소비자의 구매 의도를 크게 높일 수 있다.

정리하면 가격을 잘게 쪼개 제시하는 PAD 전략은 전체 금액을 한꺼번에 제시하는 방식보다 구매나 기부 의도를 높이는 데 효과적이다. 다만 그 효과는 분할된 가격이 우리의 인식 속에서 '크지 않은 금액', 즉 푼돈으로 받아들여질 때에만 유효하다. 따라서 마케터가 PAD 전략을 사용할 때 생각해야 할 질문은, "분할된 가격이 여전히 사소하게 느껴지는가?"이다.

> ### PAD 전략
>
> 돈의 실질적인 가치보다 눈에 보이는 액면가에 현혹되는 것은 인간의 본능에 가깝다. 숫자가 커지면 풍요롭다고 느끼고 숫자가 작아지면 인색하다고 느낀다. 겉으로 드러난 숫자의 크기보다 그 안에 담긴 실제 의미를 읽어내는 안목이 필요하다.

12

하늘만큼 땅만큼 차이는
100원과 0원

요즘에는 TV를 시청하는 사람이 줄어들면서 공중파 방송국의 영향력도 해마다 약해지고 있다. 시청률이 높지 않다 보니 광고 수익이 줄고, 그 결과 방송국의 재정 상황이 갈수록 어려워지고 있다는 이야기도 심심치 않게 들린다. 이런 변화는 왜 나타나고 있는 걸까? 시청자가 선택할 수 있는 채널과 콘텐츠의 수가 크게 늘어났기 때문이다. JTBC나 TV조선 같은 종합편성채널, tvN처럼 특정 장르에 특화된 채널이 늘어난 영향도 있다. 하지만 무엇보다 가장 큰 변화는 유튜브, 네이버TV와 같은 콘텐츠 오픈 플랫폼의 등장과 넷플릭스, 웨이브, 쿠팡플레이, 디즈니ㅣ 등 OTT(Over-The-Top) 플랫폼의 급성장을 들 수 있다.

이들 플랫폼의 등장은 시청 환경 자체를 바꿔놓았다. 과거에는 방송국이 편성한 프로그램을 정해진 시간에 기다려서 시청하는 수동적인 방식이 일반적이었다. 이제는 시청자가 원하는 콘텐츠를 원하는 시간에 언제든 선택해 볼 수 있는 능동적인 환경이 됐다. 시청자는 여러 매체를 동시에 활용할 수 있게 됐고, 기존 방송국이 차지하던 영향력은 자연스럽게 줄어들고 있다.

OTT 플랫폼 사업자들은 가입자를 늘리기 위해 흥미로운 요금 프로모션을 적극적으로 활용한다. 대표적인 것이 '가입하면 한 달 무료' 같은 행사다. 이와 비슷해 보이지만 방식은 조금 다른 프로모션도 있다. 대표적으로 '가입하면 한 달 100원'처럼 아주 소액만 받는 방식이다. 얼핏 공짜나 100원이나 큰 차이가 없어 보인다. 100원을 내고 한 달 동안 서비스를 이용할 수 있다면 그것 역시 매우 좋은 조건이다. 인지적으로만 보면 공짜와 100원의 차이를 크게 느끼기 어렵다. 그런데 정말 그럴까? 공짜와 100원 사이에는 정말 차이가 없을까?

'공짜'라는 말이 주는 힘은 생각보다 세다. 약간의 비용이라도 지불하는 것과 완전히 공짜로 제공되는 것은 사람의 반응을 완전히 다르게 만든다. 직접 실험해볼 수도 있다. 쓰지 않는 물건 하나를 골라 당근에 올려보자. 값어치가 거의 없다고 느껴지는 물건일수록 더 좋다. 그 물건에 가격을 붙여 올리면 천 원도 안 되는 가격임에도 불구하고 대부분 별다른 반응이 없다. 그런데 같은 물건에 다음과 같은 문구를 붙이면 상황은 달라진다.

"무료 나눔, 꼭 필요한 분께 공짜로 드립니다!"

갑자기 문의가 쏟아진다. 이것이 바로 공짜의 힘이다. 공짜는 사람을 움직이게 만든다. 이 사실을 오래전부터 알고 있었던 선조들은 공짜와 관련된 수많은 속담을 남겼다. 몇 가지만 살펴보자.

공짜라면 생명을 앗아갈 수도 있는 양잿물도 마시고 남이 술을 준다고 하면 삼십 리, 약 12킬로미터를 마다하지 않는다는 표현을 보면 예나 지금이나 사람은 공짜에 유독 약했음을 알 수 있다. 그래서 공짜를 지나치게 좋아하다가 대머리가 된다는 농담까지 생겨났을 것이다.

하지만 공짜는 진짜 공짜가 아닌 경우가 많다. 공짜는 사람을 유혹하기 위한 미끼로 자주 사용된다. 대형마트의 식품 코너를 떠올려보자. 만두, 소시지, 시리얼 등 다양한 제품을 '맛만 보라'며 공짜로 시식하게 한다. 막내아이는 이제 다섯 살이 조금 넘었는데 입맛에 맞는 것이 있으면 계속 먹고 싶어 한다. 몇 번이나 시식 코너에 들러 먹다 보면 부모 입장에서는 판매하는 분에게 괜히 미안해진다. 결국 한 봉지를 쇼핑카트에 넣게 된다. 시식은 공짜지만 그 공짜는 실제 큰 구매로 이어진다.

때로는 공짜가 소비자의 구매 판단에 지나치게 영향을 미치기도 한다. 공짜로 제공되는 혜택은 사소한데 그 말 한마디 때문에 매우 큰 비용이 드는 구매 결정을 쉽게 내려버리는 경우다. 대표적인 사례가 아파트 분양이다. 여러 아파트를 놓고 고민하던 사람이 '시스템 에어컨 무료 설치'라는 조건에 끌려 분양 계약을 하는 경우를 종종 볼 수 있다. 심지어 위치나 평형이 마음에 들지 않음에도 불구하고 말이다. 냉정하게 생각해보면 이 선택에서 가장 중요한 것은 '무료 에어컨'이 아니라 '내가 살고 싶은 아파트'여야 한다. 공짜 혜택 때문에 가장 중요한 기준을 포기하는 것은 결코 좋은 선택이라 보기 어렵다. 그럼에도 공짜는 사람을 빠르게 반응하게 만들고 의사결정의 방향을 바꿔놓는다. 그래서 예로부터 공짜를 경계하는 말도 함께 전해 내려왔다.

> 공짜 치즈는 쥐덫 위에만 있다. 러시아 속담
>
> 세상에 공짜 점심은 없다. 밀턴 프리드먼
>
> 처방전을 공짜로 써주는 의사의 말은 듣지 마라. 탈무드

공짜에 대한 이러한 직관은 마케팅 분야의 학술 연구에서도 매우 중요한 주제로 다뤄져 왔다. 크리스티나 샴파니어(Kristina Shampanier), 니나 마자르(Nina Mazar), 그리고 댄 애리얼리는 2007년 발표한 논문을 통해 '공짜'라는 가격이 갖는 심리적 특수성을 분석했다.[18] 공짜가 소비자의 선택에 어떤 영향을 미치는지 확인하기 위해 진행한 실험을 살펴보자.

먼저 실험 참가자들에게 대중적인 허쉬 초콜릿과 고급 브랜드인 린트 초콜릿 중 하나를 선택하게 했다. 가격 조건은 다음과 같다.

> 유료 조건: 허쉬 1센트, 린트 15센트

모든 조건에서 두 제품 간의 가격 차이는 14센트로 동일했다. 이는 순수하게 '공짜'라는 요소가 선택에 어떤 변화를 일으키는지 확인하기 위한 설계였다. 조사 결과, 허쉬를 1센트에 판매한 유료 조건에서는 참가자의 27%만이 허쉬를 선택했다. 대다수인 73%는 차액을 지불하더라도 품질이 좋은 린트를 먹는 것이 합리적이라고 판단한 것이다. 하지만 허쉬를 무료로 제공한 조건에서는 상황이 완전히 역전되었다. 무려 69%의 참가자가 허쉬를 선택했고, 린트를 선택한 비율은 31%로 급감했다. 단 1센트의 가격 인하가 기존의 합리적 선택 기준을 무너뜨린 것이다.

연구진은 대학 카페테리아에서 초콜릿을 판매하는 현장 실험을 추가로 진행했다. 계산대 옆에 초콜릿을 비치해 고객이 결제와 동시에 초콜릿을 선택하도록 했다. 이때 설정한 가격은 다음과 같았다.

이 경우에도 결과는 같았다. 허쉬가 1센트일 때는 소수만이 이를 선택했지만 무료 조건이 되자 대다수의 학생들이 허쉬를 선택했다. 단 1센트의 차이로는 설명하기 어려운 극적인 변화였다. 연구자들은 공짜의 힘이 이토록 강력한 이유를 '정서적 반응'에서 찾았다. 유료 상품은 아무리 저렴해도 혜택과 비용을 동시에 저울질하게 만든다. 반면 공짜는 비용에 대한 심리적 저항을 완전히 제거하고 즉각적인 만족감만 남긴다.

이 연구는 가격 프로모션 전략에 중요한 시사점을 준다. '한 달 무료'와 '100원 체험' 사이에서 고민한다면 무료 전략이 좋다. 가입자를 늘리는 것이 목적이라면 큰 의미가 없는 100원을 받기보다 아예 무료로 제공하는 편이 더 합리적인 전략이다. 다만 공짜로 고객을 유입시켰다고 해서 그들이 그대로 계속 이용자가 되는 것은 아니다.

공짜는 시작일 뿐이다. 공짜는 소비자의 감정을 자극해 선택을 끌어내는 도구이지 연결을 완성하는 해법은 아니다. 공짜 앞에서 우리는 계산기를 내려놓는다. 그 순간을 마케터는 놓치지 않아야 한다. 마케터의 진짜 과제는 공짜 이후에도 소비자가 머무를 이유를 어떻게 설계할 것인가에 있다. 공짜는 전략의 끝이 아니라, 전략이 제대로 작동하는지를 시험하는 첫 단계다.

공짜의 심리학

1과 0은 전혀 다른 세계다. 아주 작은 비용이라도 지불하는 순간 우리는 손해와 이득을 따지기 시작한다. 하지만 공짜 앞에서는 그 계산 자체가 사라진다. 공짜는 가격이 아니라 감정이다.

　　　　　　　　　　2장. 숫자 : 이성을 마비시키는 가격의 법칙

감정

지갑을
열게 하는
심리 스위치

The Revenue
Engine
Date   : 23/03/2024
Order No.:   000000250
Card   :   VISA
No.   : **** **** **** ****
Exp.   :   30/03/2024
Total $ 21.000.000.0
Tax   0
23/03/2024 10:45
*Tx 20: 123456789
THANK YOU

13

아이스크림은
꾹꾹 담아야 제맛이죠!

#감성 휴리스틱

배스킨라빈스 31(Baskin Robbins 31)은 1945년에 미국에서 설립된 아이스크림 브랜드로 '한 달 내내 매일 다른 맛의 아이스크림을 즐길 수 있는 곳'이라는 의미를 담고 있다. 우리나라에는 1986년 명동에 첫 매장이 문을 열었다. 이후 빠르게 성장해 2024년 기준 약 1,752개의 매장을 운영하고 있다. 배스킨라빈스 매장에 들어서면 독특한 이름의 아이스크림을 만날 수 있다.

'바람과 함께 사라지다', '엄마는 외계인', '슈팅스타', '블루 서퍼 비치' 등 이름만으로도 호기심을 자극하는 제품들이 항상 판매되고 있다. 이와 관련해 한때 유행하던 이야기가 하나 있다. 미국을 처음 방문한 한국인이 배스킨라빈스 매장에서 아이스크림을 주문하며 이렇게 말했다고 한다.

My mother is an alien(엄마는 외계인).

Wow(와우).

우리에게는 익숙한 '엄마는 외계인'이라는 이름을 미국 매장 직원은 전혀 이해하지 못했다. 이유는 간단하다. '엄마는 외계인'은 전 세계에서 공통으로 쓰이는 제품명이 아니라 한국에서만 사용하는 이름이기 때문이다. 같은 맛의 아이스크림은 미국에서는 'Puss in Boots', 즉 '장화 신은 고양이'라는 이름으로 판매된다.

배스킨라빈스의 국내 진출은 한국 아이스크림 시장의 풍경 자체를 바꿔놓았다. 진출 이전까지 아이스크림은 빵빠레, 월드콘, 수박바, 스크류바처럼 공장에서 생산해 동네 슈퍼에서 판매하는 제품이 주류였다. 그러나 배스킨라빈스가 매장을 열면서 소비 방식이 달라졌다. 아이스크림은 여름철의 간식이 아니라 연인이나 가족이 함께 방문해 고르는 경험이 됐다. 배스킨라빈스의 성공은 나뚜루와 같은 프리미엄 아이스크림 매장의 등장을 촉진하기도 했다.

배스킨라빈스에서 아이스크림을 주문할 때 한 가지 흥미로운 점이 있다. 싱글레귤러, 싱글킹, 더블주니어, 더블레귤러, 파인트, 쿼터, 패밀리, 하프갤런 등 컵 크기는 매우 다양하지만 아이스크림을 담는 방식은 같다. 컵 크기보다 훨씬 많이 퍼 올려 꾹꾹 눌러 담는다.

"많이 주는데 뭐가 문제냐"고 생각할 수 있다. 그러나 경영의 효율성 관점에서 보면 이야기는 달라진다. 정량의 아이스크림이 정확히 들어가도록 컵을 제작하면 퍼 담고 저울로 무게를 재고 뚜껑을 억지로 눌

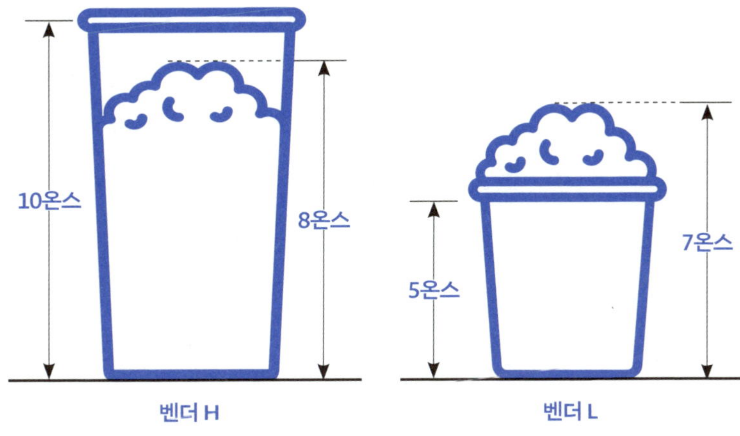

그림2.

러 닫는 과정을 생략할 수 있다. 효율만 따진다면 지금보다 더 합리적인 방식이 이미 있다. 그럼에도 불구하고 배스킨라빈스는 여전히 컵보다 넘치게 아이스크림을 담는다. 머리로 계산하면 비효율적인 방식이지만, 이상하게도 이 방식이 더 마음에 든다. 이는 이성의 문제가 아니라 감성의 문제이기 때문이다.

이와 관련해 크리스토퍼 시는 1998년 '적은 것이 더 낫다: 낮은 가치의 대안이 높은 가치의 대안보다 더 높게 평가될 때(Less Is Better: When Low-value Options Are Valued More Highly than High-value Options)'라는 연구를 발표했다.[19] 이 논문에는 배스킨라빈스의 담는 방식과 유사한 상황을 다룬 실험이 등장한다.

연구진은 두 개의 아이스크림 용기를 준비했다(그림2). 벤더 H는

10온스 컵에 아이스크림 8온스를 제공했고, 벤더 L은 5온스 컵에 아이스크림 7온스를 제공했다. 실제 아이스크림의 양은 벤더 H가 1온스 더 많았지만 벤더 L은 컵보다 아이스크림이 넘치게 담겨 있었다.

실험은 세 가지 조건으로 진행됐다. 첫째, 벤더 H만 보고 평가하는 분리 평가. 둘째, 벤더 L만 보고 평가하는 분리 평가. 셋째, 두 벤더를 동시에 보고 평가하는 공동 평가다. 참가자들은 시카고 여름의 해변을 상상하며 아이스크림에 지불할 수 있는 최대 금액을 적도록 요청받았다.

공동 평가 조건에서는 결과가 상식적이었다. 두 용기를 동시에 볼 수 있었던 참가자들은 벤더 H가 더 많은 아이스크림을 제공한다는 사실을 쉽게 알 수 있었다. 그래서 벤더 H에 대해 평균 1.85달러, 벤더 L에 대해 평균 1.56달러를 지불할 의향이 있다고 답했다.

그러나 분리 평가에서는 전혀 다른 결과가 나타났다. 벤더 H만 본 참가자들은 평균 1.66달러를 지불하겠다고 답했다. 반면, 벤더 L만 본 참가자들은 평균 2.26달러를 지불할 수 있다고 응답했다. 아이스크림의 양이 더 적은 벤더 L이 더 높은 평가를 받은 것이다.

이 결과는 소비자의 의사결정이 항상 인지적 합리성에 기반하지는 않는다는 점을 보여준다. 분리 평가 상황에서 참가자들은 컵보다 넘치게 담긴 아이스크림을 보며 직관적으로 '후하다'는 인상을 받았다. 반대로 컵을 채우지 않은 모습에서는 감정적인 실망을 느꼈다. 이러한 감성적 판단이 지불용의 가격에 그대로 반영된 것이다. 마케팅에서는 이런 의사결정 방식을 감성 휴리스틱(affect heuristic)이라고 부른다.

어쩌면 우리에게 익숙한 '덤' 문화 역시 같은 맥락에서 이해할 수 있다. 같은 용량의 제품이라도 더 많아 보이게 제시하면 인간은 이성적 효용보다 감성적 효용을 더 크게 느낀다. 추가 비용이 크게 들지 않는다면 소비자가 기분 좋게 느끼도록 설계하는 편이 현명하다.

물론 주의도 필요하다. 과도한 포장은 질소 과자처럼 소비자에게 실망감을 안길 수 있다. 중요한 것은 속이 빈 포장이 아니라 소비자가 긍정적으로 인식할 수 있는 제안 방식이다. 마케터는 제품 자체만큼이나 제품이 어떻게 제시될 때 소비자의 마음이 움직이는지를 함께 고민할 필요가 있다.

통에 꾹꾹 담긴 아이스크림을 받는 순간, 괜히 기분이 좋아진다. '오, 많이 주네.' 그런 생각이 들면, 실제 양은 이미 중요하지 않다. 중요한 건 컵 위에 쌓인 풍경과 그 풍경이 만들어내는 기분이다. 소비자는 늘 계산기를 들고 움직이지 않는다. 때로는 넘쳐 보이는 아이스크림 한 스쿱에 마음이 먼저 간다.

감성 휴리스틱

우리 안에는 빠르고 직관적인 감정과 느리고 신중한 이성이 공존한다. 대부분의 선택은 감정이 먼저 문을 열고, 이성이 그 뒤를 따르며 이유를 만들어낼 뿐이다. 마음을 움직이고 싶다면 논리적인 설득보다 먼저 그들의 직관에 말을 걸어야 한다.

14

지갑을 무장해제하는
추억의 힘

나에게 2025년 최고의 드라마를 꼽으라면 단연 넷플릭스의 〈폭싹 속았수다〉다. 내 지인 중 한 명은 이 드라마를 하루에 한 편씩만 본다고 했다. 나는 드라마를 몰아서 보며 스토리에 깊이 몰입하는 편이라 하루 한 편을 고집한다는 것이 다소 의아했다. 이유를 물었더니 〈폭싹 속았수다〉는 매 회마다 눈물을 쏟게 만들어서 하루에 한 편 이상 보면 감정적으로 너무 힘들다는 답이 돌아왔다. 그 말에 고개가 끄덕여졌다. 나역시 이 드라마를 보며 감정이 요동친 적이 한두 번이 아니다.

〈폭싹 속았수다〉는 1960년대부터 최근까지를 아우르는 긴 시간적 배경을 삿고 있다. 이 긴 시간축 덕분에 다양한 연령대의 시청자들이 각자의 삶의 한 시기를 드라마에 자연스럽게 겹쳐 볼 수 있다. 50~60대는 물론, 1990년대에 대학을 다녔던 세대, 그리고 그보다 더 어린 시청자들까지 각자의 기억 속 한 장면을 떠올리게 만든다. 지나온 시간을 다시 불러오는 힘, 이것이 바로 이 드라마의 핵심 매력 중 하나라고 하겠다.

이처럼 과거를 떠올리게 하는 감정을 우리는 '향수'라고 부른다. 영어로는 노스탤지어(Nostalgia)다. 사람들은 이 드라마를 보며 과거의 자신과 마주하고, 그 시절의 감정을 다시 느끼는 것은 아닐까. 아마도 이것이 많은 사람들이 〈폭싹 속았수다〉에 열광하는 이유 같다. 이 드라마에서 향수를 자극하는 중요한 장치 중 하나는 음악이다. 장면에 맞춰 흘러나오는 그 시절의 음악은 시청자를 순식간에 과거로 데려간다.

향수는 여러 학자들에 의해 다양한 방식으로 정의되어 왔지만, 공통적으로는 '과거에 대한 그리움'으로 정리할 수 있다. 대체로 긍정적인 감정으로 인식되지만 동시에 상실감이나 슬픔, 현재에 대한 불안과도 연결될 수 있다. 그래서 향수를 경험할 때 사람들은 흔히 '달콤쌉싸름한 감정'을 느끼게 된다.

마케터의 시선에서 보면 향수는 매우 매력적인 장치다. 실제로 많은 기업들이 꾸준히 향수를 활용한 마케팅을 시도하고 있다는 점에서 그 효과는 이미 실무적으로 검증되었다고 볼 수 있다. 이러한 마케팅은 향수 마케팅, 노스탤지어 마케팅, 레트로 마케팅 등 다양한 이름으로 불리지만 본질적인 차이는 크지 않다.

향수를 자극하는 몇 가지 사례를 살펴보자. 먼저 롯데제과는 드라마 〈응답하라〉 시리즈가 인기를 끌던 시기에 '응답하라 추억의 과자 판매전'을 기획했다. 과거에 판매되던 과자의 디자인을 그대로 재현해 소비자의 추억을 자극한 것이다. OB맥주 역시 원조 캐릭터인 '곰돌이'를 복원한 오비라거를 통해 오래전 맥주 한 잔의 기억을 떠올리게 했다. 향수 마케팅이 반드시 중장년층만을 겨냥하는 것은 아니다. 현재의 2030세대가 어린 시절 큰 인기를 끌었던 포켓몬 빵은 2022년 재출시됐는데 2030세대의 어린 시절 기억을 자극하며 큰 판매 성과를 거두었다.

이처럼 향수 마케팅은 기존 브랜드의 연장선에서 등장하는 브랜드 확장 제품을 출시할 때 자주 사용된다. 왜 그럴까? 이 질문에 대한 실마리는 다음 연구에서 찾을 수 있다.

전성률, 박혜경, 김경호는 2022년 '노스탤지어 마케팅이 소비자의 브랜드 확장 평가에 미치는 영향(The Effects of Nostalgia Marketing on Consumers' Brand Extension Evaluation)'이라는 논문에서 향수 마케팅이 소비자의 브랜드 확장 평가에 어떤 영향을 미치는지를 분석했다.[20] 연구 결과에 따르면 향수를 느낀 소비자는 브랜드 확장을 통해 출시된 제품을 더 긍정적으로 평가하는 경향이 있었다.

잠시 브랜드 확장이란 개념에 대해 정의하고 가자. 브랜드 확장이란 기존 특정 제품에 사용되던 브랜드를 활용해 다른 유형의 제품을 출시하는 전략을 의미한다. 예를 들어 삼성의 갤럭시는 원래 스마트폰 브랜드로 출발했다. 그러나 지금은 태블릿(갤럭시 탭), 스마트워치(갤럭시 워치), 무선 이어폰(갤럭시 버즈), 노트북(갤럭시 북) 등 연관 제품군으로 확장됐다. 이처럼 기존 브랜드에 대한 신뢰를 바탕으로 새로운 제품군을 선보이는 방식이 브랜드 확장 전략이다.

연구진은 실험을 통해 향수를 느낀 소비자가 브랜드 확장 제품을 더 호의적으로 평가한다는 사실을 확인했다. 이들의 실험을 따라가보자. 실험 참가자들은 먼저 두 집단으로 나뉘어 서로 다른 시를 읽었다. 한 집단은 향수를 자극하는 시를 읽었고 다른 집단은 향수와 무관한 시를 읽었다. 이후 향수를 느끼는 정도를 측정한 결과, 향수를 자극하는 시를 읽은 집단은 5점 만점에 평균 4.53점을 기록한 반면, 다른 집단은 평균 2.73점에 그쳤다.

다음 단계에서 참가자들은 브랜드 확장 제품을 평가했다. 실험에 사용된 브랜드는 디지털카메라로 잘 알려진 올림푸스였고, 확장 제품은 블루투스 스피커였다. 제품 설명을 읽은 뒤 평가한 결과, 향수를 느낀 집단은 7점 만점에 평균 4.00점으로 올림푸스 블루투스 스피커에 비교적 호의적인 반응을 보인 반면 그렇지 않은 집단은 평균 2.97점에 머물렀다.

왜 이런 차이가 나타났을까? 향수는 사람의 심리에 다양한 영향을 미친다. 향수를 느끼면 자존감이 높아지고, 더 낙관적으로 변하며, 사회적 유대감 역시 강화된다. 연구진은 이 가운데 특히 '사회적 유대감'에 주목했다. 향수를 느낀 소비자는 자신이 다른 사람들과 연결되어 있다는 인식을 더 강하게 갖게 되고, 관계의 가치를 더 중요하게 여긴다.

그 결과, 소비자는 브랜드와 확장 제품 사이의 연결을 더 쉽게 납득하게 된다. 다시 말해, "디지털카메라를 잘 만드는 올림푸스라면 블루투스 스피커도 잘 만들 수 있지 않을까"라는 판단에 보다 자연스럽게 도달하게 되는 것이다.

연구진은 한 걸음 더 나아가 향수의 유형에 따라 이 효과가 달라질 수 있다고 제안한다. 향수는 크게 개인적 향수와 집단적 향수로 나눌 수 있다. 개인적 향수는 자신의 성취나 도전과 관련된 기억에서 비롯된다. 집단적 향수는 가족여행이나 친구와의 시간처럼 누군가와 함께한 경험에서 나온다. 사회적 유대감을 강화하는 데는 개인적 향수보다 집단적 향수가 더 강하게 작용한다.

실험 결과도 이를 뒷받침했다. 집단적 향수를 느낀 집단은 올림푸스 블루투스 스피커를 7점 만점에 평균 5.12점으로 평가한 반면, 개인적 향수를 느낀 집단은 평균 4.34점에 그쳤다. 브랜드 확장 제품에 대한 호의적 평가는 집단적 향수 조건에서 더 뚜렷하게 나타났다.

향수 마케팅은 다양한 기업과 제품에 활용될 수 있다. 향수를 자극하면 소비자의 시선을 끌 수 있고, 구매 욕구를 높일 수 있다. 특히 브랜드 확장을 통해 신제품을 출시할 때 향수 마케팅은 충분히 고려해 볼 만한 전략이다.

연구에 따르면, 향수를 자극하는 다양한 단서 중에서도 음악은 특히 강력한 효과를 가진다. 우연히 옛날에 듣던 음악을 들었을 때 그 시절의 기억이 생생하게 떠오르는 것처럼, 기업 역시 목표 고객이 과거에 즐겨 들었던 음악을 적극적으로 활용할 필요가 있다.

음악은 과거의 기억을 현재로 불러오는 가장 직접적인 매개체다. 이 점에서 〈폭싹 속았수다〉가 남긴 인상은 분명하다. 이 드라마를 떠올릴 때 많은 사람들이 특정 장면보다 먼저 '그때 흘러나오던 음악'을 기억한다. 이야기가 끝난 뒤에도 음악은 뇌리에 남아 시청자를 다시 과거로 데려간다. 향수 마케팅에서 향수가 강력한 이유는 여기에 있다. 메시지를 설득하지 않아도, 기억이 먼저 반응하기 때문이다.

15

우울한 날에는
백화점을 간다

2009년 마이클 잭슨이 세상을 떠났을 때, 그를 향한 추모의 열기는 관련 상품의 소비로 이어졌다. 사망 소식이 전해진 다음 날, 그의 앨범들은 아마존 음반 차트 톱10을 모두 차지했다. 2012년 휘트니 휴스턴이 세상을 떠났을 때도 비슷한 현상이 나타났다. 빌보드 앨범 차트 톱10 안에 그녀의 앨범 세 장이 동시에 진입한 것이다.

이런 현상은 특이한 것은 아니다. 〈워릭 비즈니스 스쿨(Warwick Business School)〉의 연구에 따르면, 유명 뮤지션이 사망한 뒤 4개월 동안 해당 뮤지션의 음반 판매량은 평균 54.1% 증가했다. 사람들이 유명인의 죽음을 접한 뒤 그와 관련된 제품을 구매하는 행동은 더는 그를 볼 수 없다는 상실감과 슬픔을 다스리기 위한 하나의 방식일지도 모른다.

우리는 슬픈 감정을 줄이기 위해 다양한 행동을 한다. 슬픔을 다른 사람과 나누며 감정을 조절하기도 하고, 때로는 아무렇지 않은 척 웃음을 지어 보이기도 한다. 그렇다면 이런 질문이 떠오른다. 슬픔이라는 감정은 우리의 소비 행동에도 영향을 미칠까?

이 질문에 답하기 위해 2013년 노르베르트 가그(Norbert Garg)와 제니퍼 러너(Jennifer S. Lerner)가 발표한 논문 '슬픔과 소비(Sadness and Consumption)'를 살펴볼 필요가 있다.[21] 이 연구는 슬픔이 소비를 증가시킬 수 있다는 점을 실험으로 보여준다.

연구진은 슬픈 감정을 유도하기 위해 실험 참가자들을 두 집단으로 나눴다. 슬픔 조건에 속한 참가자들은 자신이 슬픔을 느꼈던 서너 가지 상황을 떠올리고 그중 가장 슬펐던 사건 하나를 자세히 묘사하도록 요청받았다. 특히 "다른 사람이 이 글을 읽고 같은 감정을 느낄 수 있도록" 구체적으로 서술하라는 지시가 주어졌다. 반면, 중립 조건의 참가자들은 그날의 일상적인 활동을 설명하도록 요청받았다.

이 모든 과정에서 참가자들에게는 M&M 초콜릿과 물이 제공됐다. 연구의 핵심은 참가자들이 초콜릿을 얼마나 먹는지를 측정하는 것이었다. 처음 제공된 초콜릿의 무게와 남은 무게를 비교해 실제 소비량을 계산했다.

결과는 분명했다. 슬픈 감정이 유도된 집단은 평균 20.62그램의 M&M 초콜릿을 섭취했다. 반면 중립 조건의 집단은 평균 9.98그램을 먹는 데 그쳤다. 슬픔을 느낀 사람들이 그렇지 않은 사람들보다 두 배 이상 많은 초콜릿을 소비한 것이다. 슬픔은 왜 소비를 늘릴까? 추가 분석을 통해 연구자들은 그 이유로 무력감(helplessness)을 지목했다. 슬픈 감정을 경험한 참가자들은 그렇지 않은 참가자들보다 무력감이 더 높게 측정됐다. 슬픔이 무력감을 키우고 이 무력감을 보상하기 위한 수단으로 소비가 선택된 것이다.

슬픔을 느낀 사람은 의식적이든 무의식적이든 자신의 기분을 조정하려는 시도를 한다. 예를 들어, 슬픈 상태에 있는 사람들은 건강한 음식보다는 아이스크림이나 피자처럼 위안을 주는 음식을 더 선호하는 경향을 보인다. 행복한 감정을 느낄 때보다 쾌락적이고 보상적인 소비에 대한 자제력도 낮아진다.

슬픔은 음식 소비를 넘어 제품 구매에도 영향을 미친다. 러너의 또 다른 연구에서는 슬픈 장면을 본 참가자들에게 플라스틱 물통을 보여주고 얼마까지 지불할 의향이 있는지를 물었다.[22] 슬픈 감정이 유도된 참가자들은 평균 2.11달러를 제시했고 평화로운 장면을 본 참가자들은 평균 0.56달러를 제시했다. 같은 제품임에도 슬픈 감정을 느낀 사람들이 세 배 이상 높은 가격을 지불할 수 있다고 답한 것이다. 이러한 연구들을 종합하면 슬픔은 무력감이나 상실감을 불러일으키고, 사람들은 이 불편한 감정을 완화하기 위해 무언가를 소비하려는 경향을 보인다. 이때의 소비는 꼭 필요한 소비라기보다는 감정을 보상하고 조절하기 위한 소비에 가깝다.

2001년 9월 11일, 미국 뉴욕에서 발생한 9·11 테러는 전 세계에 큰 충격과 슬픔을 안겼다. 당시 연구에 따르면 테러를 직접 경험한 사람들 사이에서 단기적으로 소비가 증가하는 경향이 나타났다. 테러 발생 후 3~6주 사이에 뉴욕 지역 주민들의 카드 소비는 유의미하게 증가했는데 사고 현장과 가까이 거주할수록 증가 폭은 더 컸다. 직접적인 충격과 슬픔을 경험한 사람들이 감정을 조절하기 위한 방식으로 소비를 늘렸다고 해석할 수 있다.

정리해보면 슬픔은 소비를 억제하는 감정이 아니다. 오히려 슬픔은 상실감과 무력감을 동반하며 사람들은 이를 회복하기 위한 수단으로 소비를 선택한다. 슬픈 상태에서의 소비는 필요한 것을 사기 위한 행동이라기보다 마음의 균형을 되찾기 위한 하나의 감정 조절 방식에 가깝다. 우리가 슬픔 속에서 무언가를 구매하는 이유는 물건 그 자체보다 그 소비가 주는 위로와 회복의 감각 때문일지도 모른다.

무력감의 심리학

마음이 슬플 때 지갑이 열리는 건 우울해서가 아니다. 잃어버린 삶의 통제력을 되찾고 싶기 때문이다. 무력감에서 벗어나 스스로 무언가를 결정하고 싶어 하는 본능은 회복을 향한 간절한 신호다.

16

죄책감을 사해주는
면죄부 마케팅

2017년 배달의민족은 치킨 500마리를 부상으로 걸고 '제3회 배민 신춘문예' 창작시 공모전을 열었다. 배달의민족은 매년 봄, 음식을 주제로 하는 창작시 공모전을 진행했는데, 수만 명이 공모전에 참가하며 화제를 불러일으켰다. 2017년에는 총 5만 8,286편의 작품이 출품됐다. 그 해 대상 수상작은 무엇이었을까?

치킨은 살 안 쪄요 – 살은 내가 쪄요

이 문장은 이후 배달의민족의 광고 문구로도 사용됐다. 이 문구를 가만히 살펴보면, 치킨이 살찌는 식품이 아닌 것처럼 표현하고 있다. 물론 뒤에 "내가 쪄요"라는 말을 덧붙이며 유쾌하게 책임을 자신에게 돌리고 있지만, 기본적으로는 치킨 소비에 대한 죄책감을 덜어주는 구조다. 하지만 모두가 알고 있듯, 치킨은 결코 가벼운 음식이 아니다. 한국소비자원의 조사에 따르면 치킨 한 마리의 평균 열량은 프라이드치킨이 2,233킬로칼로리, 양념치킨은 2,666킬로칼로리 수준이다. 한국 성인의 하루 권장 섭취 열량이 약 2,000킬로칼로리임을 고려하면, 이른바 '1일 1닭'은 비만으로 가는 지름길일 가능성이 매우 높다.

그럼에도 불구하고 "치킨은 살 안 찐다"는 메시지가 강하게 공감을 얻은 이유는 무엇일까? 이는 사람들이 치킨이 고열량 음식이라는 사실을 몰라서가 아니라, 너무 잘 알고 있기 때문에 나타난 반응에 가깝다. 치킨을 먹는 순간 따라오는 죄책감, 즉 '이걸 먹어도 될까'라는 불편한 감정을 이 문장이 대신 처리해 주기 때문이다. 이 문구는 치킨이 살찌지 않는다는 사실을 주장하기보다 살찌는 음식을 먹고 싶은 사람들의 마음을 가볍게 만들어 주는 역할을 한다. 사람들이 이 문장에 웃으며 고개를 끄덕인 이유는 논리적 타당성 때문이 아니라 그렇게 믿고 싶다는 욕망이 반영됐기 때문이다. 이는 고열량 음식을 소비할 때 느끼는 죄책감을 유머로 중화시키는 일종의 심리적 면죄부라 볼 수 있다.

죄책감을 주는 음식에 대해 면죄부를 주는 문구는 우리 주변에서 어렵지 않게 발견할 수 있다. 2015년 최화정이 '냉장고를 부탁해'라는 TV쇼에 출연해서 남긴 '맛있으면 0칼로리'는 그 시절 고열량 음식을 먹기 전에 다들 한 번씩 얘기하던 유행어가 되기도 했다. 또한 식당에 가면 가끔 붙어 있는 '지나친 음주는 감사합니다'는 술 마시는 죄책감을 유머로 떨칠 수 있게 만드는 유쾌한 문구다.

사람들이 이러한 문구에 반응하는 이유는 무엇일까? 핵심은 죄책감이다. 죄책감은 하면 안 된다는 것을 알면서도 행동했을 때, 혹은 해야 할 것을 하지 않았을 때 자신의 잘못에 책임을 느끼는 감정이다. 특히 스스로 선택한 행동으로 잘못이 생겼을 때 그 무게는 더욱 커진다.

죄책감은 행동을 제어할 수 있게 도와준다. 예를 들어, 너무 많이 먹는다는 생각에 죄책감이 생겼다면 이 감정이 숟가락을 놓도록 우리의 행동을 제어한다. 그러나 죄책감이 너무 과하면 문제가 생길 수 있다. 너무 과한 죄책감은 자기 비난이나 자기 처벌로 이어질 수 있어 자신을 심적으로 괴롭히게 된다. 그래서 사람들은 죄책감을 줄이기 위해 스스로 방어하려고 하는데, 그중 하나의 방법이 바로 자기 정당화다. 앞서 살펴봤던 문구들을 다시 떠올려보면, 결국 우리가 먹는 치킨 등의 고열량 음식이나 음주에 대해 정당화하는 내용이다. 우리는 그 문구를 보면서 고열량 음식이나 음주의 정당화 가능성을 발견하고, 결과적으로 죄책감을 덜 느낄 수 있게 되는 것이니 이런 '훌륭한' 문구를 좋아하지 않으려야 않을 수 없다.

사람이 죄책감을 느낄 때 이를 정당화하려는 욕구는 다양한 연구를 통해 확인할 수 있다. 그중 유타대학교의 부부 교수 아룰 미슈라(A. Mishra)와 히만슈 미슈라(H. Mishra)가 2011년 발표한 '가격 할인과 보너스 팩이 선한 식품 및 악한 식품의 선호도에 미치는 영향(The influence of price discount versus bonus pack on the preference for virtue and vice foods)'에서 그 내용을 확인해보도록 하자.[23]

부부는 식품과 가격정책을 이용하여 소비자가 어떻게 죄책감을 가질 수 있는 행동을 정당화하려고 하는지 탐색했다. 일반적으로 식품은 '건강하고 이로운 식품'과 '건강하지 않고 해로운 식품'으로 구분할 수 있다. 연구진은 건강하고 이로운 식품과 건강하지 않고 해로운 식품을 구매하는 소비자가 가격 할인과 보너스 팩 제공 중 어떤 구매 조건을 더 선호하는지 연구했다. 실험은 다음과 같다.

스타벅스 실제 매장을 방문한 고객을 대상으로 설문조사를 실시했다. 실험에서는 건강하고 이로운 식품으로 '저지방 블루베리 머핀', 건강하지 않고 해로운 식품으로 '초콜릿칩 쿠키'를 선정했다. 설문은 가격 할인과 중량 증가, 두 가지 버전으로 진행됐다. 먼저 저지방 블루베리 머핀의 경우 '25% 가격 할인' 시 구매하겠다고 응답한 소비자는 54.2%였던 반면, '25% 중량 증가(보너스 팩)' 시 구매하겠다고 답한 소비자는 76.1%에 달했다. 건강하고 이로운 식품의 경우 소비자들은 가격을 깎아주는 것보다 더 많은 양을 제공하는 혜택을 더 선호했다. 초콜릿칩 쿠키에서는 정반대의 결과가 나타났다. '25% 가격 할인' 시 구매 의향을 보인 소비자는 69.6%였지만, '25% 중량 증가'에 대해 구매하겠다고 응답한 비율은 47.9%에 그쳤다. 건강하지 않고 해로운 식품의 경우, 소비자들은 양을 늘리는 것보다 가격을 낮춰주는 조건에서 더 강한 구매 의향을 보인 것이다.

실험실에서 진행한 연구에서도 같은 결과를 얻을 수 있었다. 설탕을 첨가하지 않은 우유 사용을 강조한 '저지방 초콜릿'과 달콤하면서 사르르 녹는 맛을 강조한 '달콤한 초콜릿'을 사용해 스타벅스 조사와 같은 방식으로 실험을 진행했다. 결과는 앞선 스타벅스 조사와 비슷했다. '저지방 초콜릿'은 가격 할인 시 37.5%, 보너스 팩 제공 시에는 62.5%가 구매하겠다고 응답했다. '달콤한 초콜릿'의 경우 가격 할인 시 66.1%, 보너스 팩 제공 시에는 33.9%가 구매하겠다고 응답했다. 이러한 결과는 '건포도 vs. 초콜릿', '과일샐러드 vs. 초콜릿케이크'에서도 동일하게 나타났다.

왜 사람들은 건강하지 않은 식품의 경우 보너스 팩보다는 가격 할인을 더 선호할까? 연구자들은 이에 대해 다음과 같이 답한다. 맛있지만 건강하지 않은 식품들은 사람들에게 소비 죄책감(consumption guilt)을 갖게 만드는데, 이 죄책감을 줄이기 위해 소비를 정당화하는 근거를 찾으려 노력한다. 이때 가격 할인은 소비 정당화의 좋은 근거가 된다. '비록 건강하지 않은 식품'이지만, 좋은 가격에 구매했다는 의미 부여를 통해 소비의 정당성을 확보한다는 것이다. 반면, 건강하지 않은 식품을 더 많이 구매하게 되는 보너스 팩은 소비 정당화의 근거가 될 수 없으며, 오히려 더 큰 죄책감을 갖게 만들 수 있다. 따라서 사람들은 보너스 팩 선택을 피하려고 한다.

이 연구에서는 죄책감이 이러한 현상을 만들어냈다는 것을 추가적인 실험을 통해 밝힌다. 평소 소비 죄책감을 많이 느끼는 사람과 그렇지 않은 사람의 차이를 확인했는데, 소비 죄책감이 높을수록 건강하지 않은 식품에 대해 가격 할인을 더 많이 선호했다. 소비 죄책감이 높은 사람인수록 좋지 않은 식품 소비에 내해 죄책감을 더 크게 느낄 것이고, 따라서 이를 정당화하려는 욕구가 강해 가격 할인을 선택했다.

죄책감을 줄여주는 마케팅 전략은 단기적인 만족을 제공하는 쾌락재에서 특히 효과적으로 작동한다. 이런 제품의 소비는 즐거움만큼이나 '이래도 되나' 하는 마음을 쉽게 불러오기 때문이다. 죄책감이 커질수록 사람들은 구매를 망설이거나, 소비 이후에도 불편한 감정을 안게 된다. 결국 소비의 지속 여부를 가르는 것은 제품 자체보다 그 소비를 둘러싼 감정일 수 있다.

이 점에서 배달의민족의 "치킨은 살 안 쪄요 – 살은 내가 쪄요"는 꽤 괜찮은 슬로건이다. 치킨이 건강에 좋다고 주장하지도 먹어도 괜찮다고 설득하지도 않는다. 대신 소비자가 느낄 수 있는 죄책감을 가볍게 비틀어, 스스로 선택을 받아들일 수 있는 공간을 만든다. 치킨을 먹는 행위는 더 이상 '참아야 할 유혹'이 아니라 '내가 선택한 즐거움'이 된다.

해외에서도 비슷한 사례가 있다. 맥도날드가 한때 사용했던 "오늘만큼은, 당신에게 휴식을 주세요(You deserve a break today)"라는 슬로건 역시 햄버거라는 제품의 속성을 설명하지 않는다. 대신 바쁜 하루 속에서 잠시 쉬어도 된다는 감정을 건넨다. 그 순간 소비는 잘못된 선택이 아니라 스스로에게 허락한 작은 휴식으로 해석된다.

죄책감을 줄이는 메시지는 소비를 부추기기보다 이미 존재하는 욕구를 편안하게 받아들이도록 돕는다. 소비를 정당화하는 논리를 제시하기보다 소비자가 느끼는 마음의 무게를 덜어주는 것이다. 때로는 그 한마디가 제품 설명보다 더 오래 남는다. 허락된 욕망 앞에서 지갑은 망설이지 않는다.

소비 죄책감

욕망을 가로막는 건 정보의 부족이 아니라 마음 한구석의 죄
책감이다. 선택을 이끌어내고 싶다면 욕망을 부추기기보다
그 마음의 짐을 덜어주자. 위트 있는 핑계는 스스로를 용서
하고 즐거움에 몰입하게 만드는 다정한 장치가 된다.

17

기능보다는 해석

어느 유제품 제조사와 꽤 오랫동안 브랜드 관리 프로젝트를 진행한 적이 있다. 프로젝트를 이끌며 다양한 이슈를 다뤘는데 그중 하나가 유당을 제거한 락토프리 우유였다. 유당은 우유에 포함된 이당류로, 락타아제라는 효소에 의해 분해된다. 어린아이 대부분은 이 효소를 충분히 분비하지만 성인이 되면서 분비량이 줄어 유당을 제대로 소화하지 못하는 경우가 생긴다. 이를 유당불내증이라 부른다. 유당불내증이 있는 사람이 우유를 마시면 설사, 복부 팽만, 통증, 더부룩함, 메스꺼움 등의 증상이 나타날 수 있다.

이러한 증상은 우리나라 인구의 약 75%가 경험할 정도로 매우 흔하다. 락토프리 우유는 유당불내증을 겪는 사람들이 우유를 마실 수 있도록 특별한 제조 공법을 통해 유당을 제거한 제품이다. 그런데

2010년대 초 기준으로 락토프리 우유의 판매량은 국내 우유 시장의 약 0.5%에 불과했다. 한국인의 상당수가 유당불내증을 경험하고 있다는데도 왜 이를 해결해주는 제품의 판매는 저조할까? 그래서 이 시장이 앞으로 크게 성장할 수 있을지에 대한 연구를 하게 됐다. 여러 조사 결과, 당시 내가 내린 결론은 "그렇지 않다"였다.

락토프리 우유가 필요한 소비자가 많은데도 성장 가능성이 크지 않다고 판단한 데는 몇 가지 이유가 있다. 우선 한국인의 식단에서 우유는 필수 식품이 아니다. 굳이 우유를 마셔야 할 이유가 없다 보니 유당불내증을 경험하는 소비자들은 락토프리 우유를 선택하기보다는 우유 자체를 아예 마시지 않는 쪽을 택하는 경우가 많았다. 또 하나의 이유는 락토프리 우유가 독립적인 카테고리로 인식되지 못하고 있었다는 점을 들 수 있다. 락토프리 우유는 기능적으로는 기존 흰 우유와 분명히 다르지만 소비자 인식 속에서는 '기능이 다른 우유'라기보다 '다른 브랜드의 우유'에 가깝게 받아들여졌다. 그 결과 기능의 차별성이 구매로 이어지지 못했고 시장 확장에도 한계가 있었다.

락토프리 우유 시장이 성장하기 위해서는 하나의 명확한 카테고리로 인식될 필요가 있었다. 하지만 전통적인 제품군에서 새로운 카테고리를 만들어내는 일은 쉽지 않다. 그런데 흥미롭게도 같은 우유 제품임에도 비교적 빠르게 독립적인 카테고리를 형성한 사례가 있다. 바로 저지방 우유다.

저지방 우유는 일반 흰 우유에서 지방 함량을 낮춘 제품을 말한다. 저지방 우유는 락토프리 우유와 달리 빠르게 시장에 안착했다. 그 배경에는 다이어트에 대한 높은 관심이 있다. 우리나라 사람들은 체중 관리에 상당히 민감한 편이어서 식품업계 역시 이를 반영해 다양한 다이어트 콘셉트의 제품을 출시하고 있다. 최근 유행하는 제로 칼로리 음료들이 대표적이다. 콜라, 사이다, 스포츠음료, 과일 탄산까지 거의 모든 음료 카테고리에서 '제로' 제품이 등장하고 있다.

여기서 한 가지 의문이 든다. 저지방 우유와 같은 저칼로리 식품은 실제로 다이어트에 도움이 될까? '섭취한 칼로리가 높으면 살이 찐다'는 단순한 가정에 근거하면, 저칼로리 식품의 섭취는 살을 빼는데 도움이 될 수 있다는 생각을 하기 쉽다. 그런데 진짜일까?

브라이언 원싱크(Brian Wansink)와 피에르 샹동(Pierre Chandon)은 2006년 '저지방 영양 표시가 비만을 초래할 수 있는가?(Can Low-Fat Nutrition Labels Lead to Obesity?)'라는 논문을 발표했다.[24] 이 연구는 일반적인 직관과는 달리 저지방 표기가 오히려 과잉 섭취로 이어질 수 있다는 결과를 제시한다. 연구자들에 따르면, 음식 소비에는 두 가지 상반된 목표가 공존한다. 하나는 단기적으로 맛을 즐기려는 쾌락적 목표이고 다른 하나는 장기적인 건강을 유지, 증진하려는 실용적 목표다. 일반적으로 고지방 제품은 저지방 제품보다 소비자에게 더 쾌락적인 것으로 인식된다. 지방이 맛을 풍부하게 만든다는 점은 널리 알려져 있지만, 그 대가로 높은 칼로리를 감수해야 한다는 단점도 함께 따른다.

죄책감은 우리의 소비를 통제하는 좋은 수단이다. '이걸 또 먹었어?' 싶은 순간, 그 불편함이 자연스럽게 숟가락을 내려놓게 만든다. 문제는 저지방 표기가 죄책감을 덜 느끼게 할 때 발생한다. 죄책감이 약해지면 소비자는 음식 섭취량을 줄일 필요성을 덜 느끼게 된다. 결국, 평상시 먹는 양보다 더 많은 양의 음식을 섭취하여 총 섭취한 칼로리가 오히려 커질 수 있다는 문제가 생기게 된다. 원싱크와 샹동이 저지방 표기가 소비자의 쾌락적 음식 소비를 늘릴 수 있는지에 대해 알아보기 위해 진행한 실험을 살펴보자.

실험은 다음과 같이 진행됐다. 실험 참가자에게는 M&M 초콜릿이 제공되었는데, 한 집단에게는 '새로운 색상의 M&M 초콜릿'을 제공했고, 다른 집단에게는 '새로운 저지방 M&M 초콜릿'을 제공했다. 실험 참가자들은 초콜릿이 담긴 큰 통에서 자신이 원하는 만큼 초콜릿을 가져갈 수 있다고 안내받았다. 이후 설문조사를 진행하며 가져온 초콜릿이 얼마나 되는지 무게를 쟀는데, 대부분(97.3%)의 실험 참가자들은 실험이 진행된 장소에서 가져온 초콜릿을 전부 먹었다.

실험 결과, 참가자들은 저지방 표기가 되어 있는 초콜릿을 더 많이 섭취했다. 무게를 칼로리로 환산한 값을 보면 저지방 표기일 때 평균 244킬로칼로리를 섭취했고, 일반 초콜릿일 때는 평균 190킬로칼로리를 섭취했다. 흥미롭게도 저지방으로 표기된 초콜릿을 먹은 실험 참가자들은 자신이 먹은 초콜릿의 칼로리를 과소평가했다. 실험 참가자들에게 자신이 가져온 초콜릿의 칼로리가 얼마나 되는지 물었는데, 저지방 표기 초콜릿을 가져온 집단은 실제 칼로리보나 평균 132킬로칼로리를 낮게 추정했고, 일반 초콜릿을 가져온 집단은 평균 81킬로칼로리 낮게 추정했다. 이런 현상은 과체중인 사람들일수록 더 크게 나타났다. 저지방 표기가 있는 초콜릿을 과체중인 사람들이 훨씬 더 많이 가져왔으며, 섭취한 칼로리를 낮게 추정하는 현상이 더 강하게 나타났다. 이 역시 앞서 살펴본 죄책감과 연결된다. 죄책감 수준을 측정한 결과, 저지방 표기가 있을 때 소비자들은 섭취에 대한 죄책감을 더 낮게 느끼는 것으로 확인됐다. 이러한 경향은 과체중 집단에서 더욱 뚜렷하게 나타났다.

저지방 표기가 소비량을 늘리는 현상을 막을 방법은 없을까? 제공량 정보를 이용하면 과도하게 섭취하는 현상을 줄일 수 있다. 제공된 양이 1인분 혹은 2인분이라는 정보를 제공한 경우, 실험 참가자들이 저지방 표기가 있을 때 더 많이 섭취하는 현상이 사라졌다. 제공량이 어느 정도인지 기준을 파악했기 때문에, 기준에 맞게 섭취하는 소비 행동이 나타난 것이다.

우리나라에서 열풍인 '제로 슈거' 제품은 체중 관리에 적합한 제품이라는 인식이 퍼지면서 판매량이 급격히 증가하고 있다. 이제는 코카콜라와 같이 다량의 당이 포함된 탄산음료를 넘어서 온갖 달달한 먹거리에도 '제로' 제품이 등장하고 있다. 칼로리가 없다는 점이 매력적인 것은 분명하다. 하지만 그보다 더 주목해야 할 것은 죄책감을 낮추는 효과다.

이 지점에서 락토프리 제품이 국내에서 큰 반응을 얻지 못한 이유도 함께 떠올려볼 수 있다. 락토프리는 분명 특정 소비자에게 필요한 제품이지만, 다수의 소비자에게는 '문제를 가진 사람을 위한 우유'라는 인상을 먼저 준다. 라벨이 제공하는 정보가 혜택이라기보다, 조건이나 전제를 떠올리게 만드는 것이다. 마셔도 되는 이유보다, 왜 필요한지를 먼저 설명해야 하는 제품은 선택의 문턱이 높아질 수밖에 없다.

반면 저지방 우유나 무설탕 제품은 다르다. 이들은 특정 문제를 가진 사람을 호명하지 않는다. 대신 누구나 더 가볍게, 덜 신경 쓰고 선택해도 되는 제품처럼 보이게 만든다. 앞서 살펴본 원싱크와 샹동의 연구에서처럼, 소비자는 실제 성분보다도 '덜 부담스럽다'는 인상을 기준으로 소비량을 조절한다. 라벨은 제품의 속성을 설명하는 정보가 아니라, 소비를 허락하는 신호로 작동한다.

결국 차이는 기능이 아니라 해석의 방향에 있다. 락토프리는 "이런 사람에게 필요하다"를 말하고 저지방과 제로 슈거는 "이 정도는 괜찮다"를 말한다(죄책감을 줄여준다). 제품 라벨은 정보를 전달하는 장치이기 이전에 소비자의 판단을 대신해주는 장치다. 그리고 그 판단이 가벼울수록 소비는 더 쉽게 반복된다.

안심 라벨

저지방, 제로, 라이트는 섭취량을 줄이라는 신호가 아니다. 마음의 브레이크를 풀어주는 프롬프트다. 사람은 칼로리를 계산하기 전에 먼저 스스로에게 묻는다. "이걸 먹어도 괜찮을까?" 라벨은 그 질문에 괜찮다는 답을 대신해준다.

맥락

거절할 수 없는
판을 짜는
사람들

The Revenue
Engine
*****
Date   :   23/03/2024
Order No. :   000000010
Card   :   VISA
No.   : **** **** **** ****
Exp.   :   06/03/2024
....
Total   @ $1-000-000-0
Tax   0
30/03/2024   10:45
eTx ID: 1234567890
THANK YOU

18

"순간의 선택이
10년을 좌우합니다"

#해석수준이론

지금까지 살펴본 것처럼 인간은 제품이나 서비스를 평가할 때 생각보다 객관적이지 않다. 같은 제품이라도 손실처럼 표현되면 덜 끌리고, 이득처럼 표현되면 더 매력적으로 느낀다. 소비 전에 어떤 기대를 갖느냐에 따라 실제 경험도 달라진다. 우리의 판단은 제품 그 자체보다 어떤 관점에서 바라보느냐에 크게 좌우된다. 그렇다면 이런 관점은 언제 달라질까? 여기서 중요한 역할을 하는 요소가 바로 시간이다.

시간의 중요성을 직관적으로 보여주는 사례가 하나 있다. 요즘 대학생들에게 LG전자의 원래 회사명이 무엇이었는지 물어보면 대부분 쉽게 답하지 못한다. LG전자는 1995년에 새롭게 바뀐 이름으로 그 이전에는 금성사(Goldstar)로 불렸다. LG라는 이름은 당시 그룹의 핵심 계열사였던 럭키화학공업과 금성사의 앞 글자를 따서 만들어졌다. 지금 생각해도 다소 어색한 개명이었는데 그래서 그런지 LG라는 브랜드가 처음 등장했을 때, TV에서 반복적으로 나오던 "사랑해요, LG" 광고는 다소 어색했다. 의미를 곧바로 이해하기 어려웠기 때문이다.

LG전자의 전신인 금성사는 국내 가전 시장에서 높은 신뢰를 받는 브랜드였다. 부모님 세대에게 '백색 가전은 금성'이라는 말이 자연스럽게 통하던 시절이 있었을 정도다. 이런 기억이 누적된 탓인지, LG전자의 가전제품은 지금도 꾸준한 인기를 얻고 있다.

그런 금성사의 기억이 2019년 다시 모습을 드러냈다. 한 LG전자 디자이너가 금성사 시절의 이미지들을 모아 디자인 작업을 하면서 과거 광고 문구가 담긴 배경화면을 활용한 것이다. 스마트폰과 데스크톱에서 사용할 수 있도록 만든 이 배경화면에는 금성사가 자주 사용하던 문구들이 담겨 있었다.

> 기술의 상징, 금성
>
> 금성칼라비전, 하이테크
>
> 순간의 선택이 10년을 좌우합니다.

기억을 되짚어보니, 예전에 금성사 광고에서 많이 봤던 슬로건들이었다. 이 중에서 개인적으로 가장 기억에 남는 문구가 '순간의 선택이 10년을 좌우합니다'이다. 10년 이상 쓸 가전제품인데, 신중하게 생각해서 더 좋은 금성사의 제품을 구매하라는 메시지를 담고 있다. 가전제품은 보통 10년 주기로 교체하는 경우가 많은데, 이를 생각해보면 이 광고 문구는 꽤 설득력이 있다.

"순간의 선택이 10년을 좌우합니다." 이 말은 내구재인 가전제품을 신중하게 구매하라는 의미이면서 동시에 라이벌이었던 삼성전자보다 더 좋은 금성사의 제품을 사는 것이 향후 10년간 더 행복할 수 있을 것이라는 의미를 포함하고 있다. 경쟁사의 이름이 직접적으로 등장하지는 않는 일종의 간접적인 비교 광고로 자사의 제품이 더 좋다는 내용을 소비자에게 전달하고 있다. 그런데 이 문구는 단순히 '우리 제품이 더 좋다'는 말을 넘어서 소비자가 제품을 바라보는 방식 자체를 바꿔놓는다.

우리가 이 슬로건에서 주목할 단어는 '10년'이다. 10년이면 의사결정을 하는 현재로부터 상당히 멀리 떨어진 미래다. '순간의 선택이 10년을 좌우합니다'라는 말을 들은 소비자는 현재에 구매 결정을 하게 되지만, 10년 후의 제품 상황을 떠올리게 된다. 즉 시간적 간격(Temporal Distance)이 구매 결정 과정에 끼어들게 된다. 먼 미래를 떠올리면 소비자는 어떻게 반응하게 될까?

여기서 질문을 하나 해볼 수 있다. 시간은 우리의 선택에 영향을 줄까? 시간이라는 개념은 과학적으로 볼 때 너무나도 중요하면서도 복잡해서 경영학을 가르치는 내가 설명하기에는 한계가 있다. 그러나 최소한 인간의 인지적 측면에서 시간이 미치는 영향에 관해서는 심리학자들의 연구를 통해 이해할 수 있다. 시간이 사람의 의사결정에 미치는 영향력을 연구한 내표적인 학자로는 야코프 트로페(Yaacov Trope)와 니라 리버만(Nira Liberman)이 있다. 두 연구자는 여러 연구를 통해 사람들이 현재와 미래를 다르게 바라보며 그 인식의 차이가 우리의 선택과 판단에 영향을 준다는 점을 꾸준히 밝혀왔다.

리버만과 트로페는 1998년 발표한 논문 '가까운 미래와 먼 미래의 의사결정에서 실행가능성과 바람직성의 역할(The Role of Feasibility and Desirability Considerations in Near and Distant Future Decisions)'에서 특정 선택이 현재와 얼마나 시간적으로 떨어져 있느냐에 따라 사람들이 중요하게 여기는 판단 기준이 달라진다는 점을 확인했다.[25] 연구에 따르면, 특정 이벤트가 시간상으로 멀리 떨어져 있는 경우 사람들은 대안의 특성 중 바람직성(desirability)의 가치를 중요하게 생각한다. 반면, 시간상 가까운 상황에서는 대안의 특성 중 실행가능성(feasibility)을 상대적으로 높게 따진다. 이를 쉽게 이해할 수 있도록 다음 상황을 한번 상상해보자.

> 당신은 친구들과 3달 후 좋아하는 힙합 공연을 보러 가려고 계획 중이다. 친구들과 어떤 공연을 선택할지 고민하고 있는데, 온라인 검색을 하다가 두 가지 공연을 찾게 되었다.
>
> A 공연: 출연 가수 10명 중 8명이 마음에 들지만, 공연장은 차로 3시간 거리다.
>
> B 공연: 출연 가수 10명 중 2명만 마음에 들지만, 공연장은 차로 30분 거리다.

이 공연에서 바람직성이란 무엇일까? 공연의 질, 선호하는 가수의 출연 여부가 바람직성과 연관된 부분일 것이다. 한편 공연장까지의 거리는 실행가능성과 연관되어 있다. 공연을 보러가는 것이 얼마나 쉬우냐, 그리고 현실성이 있느냐 등과 관련되어 있기 때문이다. 그렇다면, 당신은 어떤 공연을 선택할 것인가?

공연이 석 달 후라면, 아직 시간적 여유가 충분하다. 이 경우에는 이동의 불편함보다는 공연의 만족도가 더 중요하게 느껴질 가능성이 크다. 따라서 A 공연을 선택할 확률이 높아진다.

하지만 내일 당장 공연을 보러 가야 한다면 이야기는 달라진다. 시간이 촉박한 상황에서는 이동 수단, 소요 시간, 일정 조정 가능성 같은 실행가능성이 훨씬 중요해진다. 이 경우에는 A 공연보다 B 공연이 더 현실적인 선택으로 느껴질 가능성이 크다.

이제 이 논리를 "순간의 선택이 10년을 좌우합니다"라는 문구에 적용해보자. 이 문장은 소비자가 구매 시점의 조건만 보지 않고, 앞으로 오랫동안 제품을 사용하는 미래를 떠올리게 한다. 이렇게 먼 미래를 상상하게 되면 당장의 가격이나 배송 같은 실행가능성보다는 오랫동안 고장 없이 사용할 수 있는지, 성능은 충분한지 같은 바람직성에 더 주목하게 된다.

따라서 품질을 강점으로 삼는 기업이라면 소비자가 현재보다 미래를 떠올리도록 해야 한다. 반대로 가격 경쟁력이 중요한 기업이라면 지금 이 순간의 부담이 적다는 점을 강조하는 편이 더 적확한 설계다. 어느 쪽이 옳다기보다는 제품이 가진 강점에 따라 소비자가 바라보는 시간의 방향을 어떻게 설정하느냐가 달라지는 것이다. 예를 들어, 명품을 취급하는 매장이나 고가의 자동차를 판매하는 대리점의 경우, 오랫동안 그 제품을 사용하는 상황을 소비자가 떠올릴 수 있게 유도하는 것이 좋은 전략이 될 수 있다. 금성사는 냉장고만 판 게 아니었다. 10년 후의 안심을 팔았다.

반대로 기업의 경쟁력이 가격에 있다면 마케터는 지금, 이 순간, 현재에 집중하게 할 필요가 있다. 대표적으로 다이소와 같이 가성비 제품을 판매하는 기업은 먼 훗날보다는 지금 당장, 현재 구매 상황에 집중하게 하여 소비자가 부담 없는 가격에 제품을 구매할 수 있다는 점을 강조하는 것이 좋은 전략이다.

> **해석수준이론**
>
> 먼 미래의 일은 추상적인 이상으로 다가오지만, 당장의 일은 구체적인 현실로 우리를 압박한다. 시간이 판단의 관점을 바꾸듯 지금 내가 바라보는 시점이 어디인지에 따라 선택의 무게도 달라진다.

19

기다림을 프리미엄으로
바꾸는 마법

사전 예약은 신제품을 출시할 때 자주 활용되는 판매 전략이다. 삼성 전자의 갤럭시 S25는 국내 사전 예약 기간 동안 130만 대가 판매되며 역대 최고 사전 판매 기록을 세웠다. 그보다 앞서 사전 예약 판매를 진행한 아이폰 16은 국내에서 기대보다는 다소 낮은 성과를 보였지만 전 세계적으로는 약 3,700만 대가 사전 예약된 것으로 추정된다.

사전 예약 판매는 스마트폰을 넘어 다양한 제품과 서비스로 확산되고 있다. 최근 눈길을 끈 사례로는 2025년 3월 진행된 스프라이트 제로 칠(Chill) 사전 예약 이벤트가 있다. 온라인 채널을 통해 사전 예약한 소비자에게 아이돌 그룹 에스파 멤버 카리나의 포토카드를 선착순으로 제공하면서 큰 주목을 받았다. 사전 예약은 이제 특정 산업에 국한된 이벤트가 아니라 신제품 출시 과정에서 널리 활용되는 전략이

됐다.

사전 예약 판매의 효과를 가장 극적으로 보여준 사례로는 테슬라 모델 3를 빼놓기 어렵다. 테슬라의 사전 예약은 단순한 마케팅 이벤트를 넘어 자동차 산업의 흐름을 바꾼 사건으로 평가된다. 때는 2016년 3월 말, 캘리포니아에 있는 테슬라 매장 앞에는 수백 명의 사람들이 줄을 섰다. 이들이 기다린 것은 이미 생산된 차량이 아니라, 아직 생산조차 시작되지 않은 모델 3의 구매 예약이었다. 모델 3 구매 시작 가격은 3만 5,000달러로, 이전 테슬라가 출시한 럭셔리 모델들과 비교할 때 상대적으로 저렴해 큰 관심을 모았다.

예약 방식은 매우 단순했다. 온라인이나 오프라인 매장에서 1,000달러의 보증금만 내면 끝. 모델 3에 대한 대중의 관심은 상상 그 이상이었다. 사전 예약 시작 후 24시간 만에 18만 대, 36시간 만에 27만 대, 일주일 만에 32만 5,000대가 예약됐다. 이는 자동차 산업 역사상 가장 짧은 시간 안에 가장 많은 주문을 확보한 사례다. 테슬라는 사전 예약만으로 약 5억 달러에 달하는 현금을 확보했다. 생산을 위한 자금이 필요했던 테슬라 입장에서는 이자를 지급하지 않아도 되는 현금을 미리 손에 쥐게 된 것이다.

이후 생산 지연으로 인해 출고까지 오랜 시간이 걸리면서 일부 고객이 예약을 취소하기도 했지만, 테슬라는 사전 예약을 통해 충분한 수요를 확인했고 동시에 생산 자금과 막대한 홍보 효과까지 얻는 성과를 거두었다. 이 사례만 보더라도 사전 예약 판매를 어떻게 설계하느냐에 따라 판매 전략 이상의 의미를 갖는다는 점을 알 수 있다.

사전 예약 판매가 가진 이점에 대해서는 전성률, 김경호, 박혜경이 2019년 발표한 논문 '사전 예약 전략이 소비자의 제품 선택에 미치는 영향(The effect of the preorder strategy on consumers' product choice)'을 보면 잘 정리되어 있다.[26]

연구에 따르면, 사전 예약 판매 전략이 기업에 제공하는 주요 이점은 크게 세 가지로 나뉜다.

첫째, 기업은 신제품 출시 이전에 수요를 예측할 수 있다. 사전 예약 건수는 미래 수요를 가늠할 수 있는 일종의 대리지표 역할을 한다. 이를 통해 기업은 원재료와 부품을 적정 수준으로 확보하고 생산 일정과 재고 계획을 보다 효율적으로 조정할 수 있다. 이는 신제품 출시 초기의 혼란을 줄이는 데 있어 매우 중요한 이점이다.

둘째, 사전 예약 판매는 가격 전략을 보다 유연하게 운용할 수 있게 해준다. 기업은 예약 단계에서 정상가보다 높은 초기 고가 전략을 택할 수도 있고, 반대로 할인된 가격으로 시장에 침투하는 전략을 쓸 수도 있다. 신제품을 남보다 먼저 구매하려는 소비자는 대체로 가격에 덜 민감하기 때문에 초기에 높은 가격을 적용한 뒤 점진적으로 낮추는 방식이 가능하다. 반면 초기 확산이 우선이라면 할인된 가격으로 진입한 뒤 정상가로 전환하는 방식도 유효하다.

셋째, 사전 예약 판매는 미래 가치가 불확실한 제품이나 서비스에서 고객을 미리 확보하는 데 도움이 된다. 공연 티켓이나 스포츠 관람권처럼 시간이 지나야 가치가 실현되는 상품의 경우, 사전 예약을 통해 수요를 안정적으로 확보할 수 있다.

연구자들은 여기에 더해 하나의 흥미로운 점을 추가로 제안했다. 사전 예약 판매를 통해 제품을 구매한 소비자는 출시 이후 구매한 소비자보다 상대적으로 더 비싸고 품질이 높은 대안을 선택할 가능성이 크다는 것이다. 이를 확인하기 위해 연구에서는 아이폰 3GS가 한국에 처음 출시됐을 당시 KT가 실제 판매한 자료를 분석했다.

아이폰 3GS	사전 예약 판매	출시 후 판매
16GB 모델, 가격: 814,000원	56.3%	67.4%
32GB 모델, 가격: 946,000원	43.7%	32.6%

사전 예약 판매 기간 동안 고가 모델인 32GB 모델을 선택한 소비자의 비율은 43.7%였던 반면, 출시 이후 즉시 구매 가능한 기간에는 그 비율이 32.6%로 낮아졌다. 같은 제품군에서도 사전 예약 기간에 고급 모델이 더 많이 선택된 것이다. 이러한 경향이 특정 사례에만 국한된 것인지 확인하기 위해 연구진은 추가 실험을 진행했다. 참가자들을 무작위로 사전 예약 판매 조건과 출시 후 판매 조건으로 나누고 각각 다른 문구를 제시했다.

사전 예약 판매 조건: 3달 뒤 출시될 새로운 맥북 에어를 사전 주문하세요!

이후 참가자들에게 맥북 프리미엄 모델과 기본 모델 중 하나를 선택하도록 했다. 결과는 앞선 아이폰 사례와 같았다. 사전 예약 조건에서는 약 62%가 프리미엄 모델을 선택한 반면 출시 후 조건에서는 그 비율이 42%에 그쳤다. 왜 이런 차이가 나타날까? 그 이유는 앞서 살펴본 LG전자 사례에서 등장했던 '시간의 간격'과 관련이 있다. 사전 예약 판매에서는 주문 시점과 실제 제품을 받는 시점 사이에 시간적 간격이 존재한다. 소비자는 지금 결제하지만 제품을 사용하는 장면은 미래에 떠올리게 된다. 이때 소비자의 판단 기준은 자연스럽게 달라진다. 가까운 시점의 선택에서는 가격이나 당장의 부담 같은 현실적인 요소가 중요하지만 미래를 상상할수록 성능이나 품질처럼 바람직성에 해당하는 요소가 더 크게 부각된다. 반대로 출시 후 구매처럼 주문과 사용 시점이 일치하는 경우에는 가격과 같은 실행가능성이 상대적으로 더 중요해진다.

사전 예약 판매의 핵심은 소비자의 선택 시점을 '지금'에서 '조금 뒤'로 옮기는 데 있다. 주문은 지금 하지만 실제로 제품을 사용하는 장면은 미래에 그려보게 만든다. 이때 소비자는 '얼마나 싼가'보다 '얼마나 좋은가'를 더 따지게 된다.

그래서 사전 예약 판매는 단순히 판매량을 미리 확보하는 수단에 그치지 않는다. 수요를 확인하고 자금을 확보하는 동시에 소비자가 더 높은 사양의 제품을 선택하도록 만드는 마케팅 장치가 된다. 기다리는 시간이 생기면 사람들은 가격보다 가치를 더 생각하게 된다.

사전 예약 판매에서 중요한 것은 할인율이 아니다. 소비자가 기꺼이 기다릴 수 있다고 느끼는 이유, 그리고 그 기다림이 어떤 기대를 만들어내느냐가 성패를 가른다.

희소성 마케팅

기다림은 불편함이 아니라 기대감이다. 지금 당장 살 수 없다는 사실이 오히려 그 제품을 더 갖고 싶게 만든다. 줄을 서는 순간, 사람들은 이미 그 제품의 가치를 스스로 높이기 시작한다.

20

아이폰이 64GB 모델을 출시하지 않는 이유

#타협 효과

아이폰은 2008년 첫 모델인 아이폰 3G를 시작으로 2026년 1월 기준 아이폰 16까지 출시됐다. 아이폰 첫 모델은 저장 용량에 따라 8GB 모델과 16GB 모델로 출시했는데, 이후에는 용량 차이를 둔 세 가지 모델로 판매되고 있다. 아이폰 16 역시 128GB, 256GB, 512GB의 세 가지 저장 용량 옵션으로 구성되어 소비자에게 선택지를 제공하고 있다.

그런데 아이폰의 라인업을 보면 한 가지 의문이 든다. 저장 공간이 그다지 많이 필요하지 않은 소비자도 꽤 있을 텐데 64GB 모델을 출시하지 않는 이유는 뭘까? 물론 스마트폰의 성능이 향상되면서 요구하는 저장 공간의 크기가 커졌기 때문일 수 있다. 하지만 모든 소비자가 많은 사진과 영상, 애플리케이션을 저장하고 다니는 것은 아니다. 작은 저장 용량의 휴대폰을 원하는 소비자도 분명 있다. 저장 용량이 커지면 가격이 높아진다는 것을 고려하면 64GB 모델은 나름 경쟁력이 있어 보인다. 하지만 애플은 아이폰 12를 마지막으로 더는 64GB 모델은 판매하지 않고 있다.

물론 스마트폰의 성능이 향상되면서 과거에 비해 전반적으로 더 큰 저장 공간이 요구된다. 애플은 이를 따져보고 더 이상 64GB 모델을 출시하지 않았을 가능성이 크다. 그런데 만약 적은 용량만으로도 만족하는 소비자를 위해 64GB 모델을 함께 출시했다면 어땠을까? 판매량을 떠나서 의외의 문제가 일어날 가능성이 있다.

저장용량에 따른 아이폰 라인업을 다시 살펴보자. 128GB, 256GB, 512GB. 당신은 어떤 모델이 가장 매력적인가? 사람마다 선호가 다르기에 어떤 것이 가장 매력적이라고 단정하기는 어렵다. 하지만 왠지 모르게 안정적인 대안 하나가 눈에 띈다. 가운데에 있는 256GB 모델이다.

128GB 모델은 왠지 부족해 보이고, 512GB 모델은 너무 비싸 보인다. 중간에 위치한 256GB 모델이 꽤 매력적으로 보이지 않는가! 실제로 아이폰 16의 모델 판매량을 보면 근소한 차이이긴 하지만 256GB의 판매량이 42%를 차지했다. 그런데 64GB 모델이 추가되면 어떨까? 64GB 모델이 추가된 아이폰의 라인업은 64GB, 128GB, 256GB, 512GB 등 네 가지 모델로 구성되게 된다. 어떤 대안이 매력적이라 생각되는가? 여전히 256GB 모델일까? 물론 그럴 수 있다. 여전히 256GB 모델은 너무 비싸지도, 그리고 너무 용량이 부족하지도

    4장. 맥락 : 거절할 수 없는 판을 짜는 사람들

않아 보인다.

그런데 세 가지 대안만으로 구성된 현재의 아이폰 모델 라인업에서 64GB가 추가되면 128GB 모델에 대한 소비자의 인식은 어떻게 변하게 될까? 소비자는 128GB 모델에 대해 저장 용량이 크게 부족한 모델이라는 생각을 더 이상 갖지 않을 수 있다. 더 적은 용량의 64GB 모델이 있기 때문이다. 앞선 세 개의 대안 상황과 비교할 때 소비자는 128GB 모델에 대해 더 매력적이라 인식하고, 구매 가능성은 커질 수 있다.

따라서 64GB 모델이 추가되면 애플은 중간에 위치한 256GB 모델을 구매할 소비자를 128GB 모델로 빼앗길 수 있다. 어차피 애플 제품을 구매하는 것인데 뭐가 문제냐고? 당연히 문제가 된다. 128GB 모델의 가격이 더 저렴하니까 말이다. 애플 입장에서는 더 많은 매출을 기록할 수 있는 기회를 놓치게 된다.

지금까지 살펴본 아이폰의 판매 시나리오는 상상에 불과할까? 소비자 행동에서 유명한 이론 중 하나인 타협 효과(compromise effect)를 통해 이를 설명할 수 있다.

이타마 사이먼슨(Itamar Simonson)은 1989년 '이유에 기반한 선택: 매력 효과와 타협 효과의 사례(Choice Based on Reasons: The Case of Attraction and Compromise Effects)'라는 연구를 발표했다.[27] 타협 효과는 세 개의 대안 중 하나를 선택할 때 소비자가 극단적 대안이 아니라 중간에 위치한 안을 선호하는 경향을 보이는 현상을 말한다. 같은 와이너리에서 생산된 세 종류의 A, B, C라는 와인이 있다고 가정해

보자. 와인 품평회에서 세 종류의 와인은 각기 다른 평가를 받았다. A
는 95점, B는 90점, C는 85점이다. 가격 역시 차이가 난다. A는 10만
원, B는 7만 원, C는 4만 원에 판매된다. A, B, C 중 하나를 선택한다
면 어떤 대안이 많이 선택될까? 타협 효과에 따르면 B가 많이 선택된
다. 극단적 대안인 A(품질은 뛰어나지만 가격이 높음)와 C(가격은 저렴하지만
품질이 낮음)보다 품질과 가격 모두 어느 정도 괜찮은 타협적인 대안인
B를 선택한다는 것이다. 와인 선택 실험 외에 타협 효과를 다룬 대표적
인 실험을 하나 더 알아보자.

사이먼슨과 트버스키는 1992년 '맥락 속의 선택: 트레이드
오프 대비와 극단 회피(Choice in Context: Tradeoff Contrast and
Extremeness Aversion)'라는 연구를 발표했다.[28] 이 논문에는 타협 효
과를 증명하는 실험이 등장한다. 연구지들은 미놀타(Minolta)의 카메라
를 이용해 실험을 진행했는데, 세 가지 모델을 다음과 같이 제시했다.

[대안 A] Minolta X-370

가격: $169.99

특징: 35mm SLR 카메라 바디. 콤팩트한 쿼츠 제어 조리개 우선
모드. 완전 자동/수동 측광 기능. LED 뷰파인더 디스플레이. 셔터
속도: 1/1000초부터 4초까지. 미놀타 2년 제한 보증. 셀프 타이머.
안전 필름 로드 신호. 3파운드(약 1.36kg)

[대안 B] Minolta MAXXUM 3000i

가격: $239.99

특징: 35mm SLR 카메라 바디. 예측 자동 초점 카메라. 고속 프로그램 모드. 통합 듀얼 영역 측광. 고급 자동 멀티 프로그램 선택. 미놀타 2년 제한 보증. 1파운드(약 0.45kg)

[대안 C] Minolta MAXXUM 7000i

가격: $469.99

특징: 35mm SLR 카메라 바디. 예측 자동 초점 기능이 촬영 순간까지 움직이는 피사체에 맞춰 조정. 자동 필름 처리 및 초당 최대 3프레임의 자동 초점 제어. 1파운드(약 0.45kg)

대안 A, B, C는 가격과 성능에서 차이가 나도록 설계됐다. A는 저렴하지만 성능이 제한적이고, C는 성능이 뛰어난 대신 가격이 높다. B는 그 중간에 자리한다. 참가자들은 어떤 선택을 했을까?

먼저 A와 B만 놓고 선택하게 했을 때 106명의 참가자는 두 대안을 50%씩 선택했다. 두 대안의 매력이 비슷한 수준임을 확인할 수 있다. 그런데 C가 추가되자 선택은 달라졌다. 115명에게 A, B, C 세 가지를 제시했을 때 A는 22%, B는 57%, C는 21%가 선택됐다. B의 선택 비율이 압도적으로 높았다.

주목할 점은 B의 선택 비율 변화다. A와 B만 있을 때 두 대안의 선택 비율은 1:1이었다. 그런데 C가 추가되자 A와 B의 비율은

1:2.59로 벌어졌다. C 하나가 추가됐을 뿐인데, B가 A보다 선택될 확률이 2.59배로 높아진 것이다.

타협 효과는 왜 나타날까? 두 가지 이유로 설명할 수 있다. 먼저 극단회피 성향. 소비자는 관련 지식이 충분하지 않은 경우 극단적인 대안(가격이 가장 높거나 품질이 가장 좋지 않은 대안)을 꺼리는 성향이 있다. 그래서 양극단에 있는 대안보다 중앙에 위치한 타협 대안을 선택하게 된다. 다른 설명은 소비자의 선택 방법 중 하나인 '이유에 근거한 선택' 때문에 타협 효과가 발생한다는 것이다. 뭘 골라야 할지 모를 때, 사람은 나중에 "이래서 골랐어"라고 말할 수 있는 쪽을 선택한다. 와인을 잘 모르는 소비자는 '유명한 와인', '추천받은 와인' 등 정당화 가능한 이유를 제시하는 와인을 선택할 가능성이 높다. 이러한 이유로 타협 효과가 발생할 수 있는데, 세 가지 선택지 중 가운데 위치한 대안은 '너무 비싸지도 않고', '너무 품질이 나쁘지도 않은' 꽤 그럴듯한 대안으로 인식될 수 있기 때문에 선택을 정당화하기 쉽다.

저장용량에 따른 아이폰의 세 가지 모델(128GB, 256GB, 512GB)은 256GB 모델을 정당화하기 쉬운 타협 대안으로 느껴진다. 그러나 64GB 모델이 추가되면 상황이 달라진다. 64GB, 128GB, 256GB, 512GB 등 네 가지 모델을 놓고 비교하는 소비자는 양 극단에 있는 64GB와 512GB를 극단적인 대안으로 인식하는 반면, 중앙에 위치한 128GB, 256GB 두 모델을 타협 대안으로 인식할 수 있다. 정당화하기 쉬운 대안이 기존에는 256GB 하나였지만, 64GB 모델이 추가되면 128GB 모델 역시 타협 대안으로 인기 있는 모델이 될 수 있다는 것이다. 애플 입장에서는 더 비싼 모델을 팔 수 있는 기회를 잃게 되어 그다지 마음에 드는 상황이 아닐 것이다. 굳이 64GB 모델을 출시할 이유가 없다.

우리 주변에서도 비슷한 사례를 발견할 수 있다. 넷플릭스, 티빙, 웨이브 등 다수의 OTT 업체들은 요금제를 크게 세 가지로 제안하고 있다. 가장 저렴한 광고형 요금제는 만원 미만으로 저렴한 대신 콘텐츠 시청 중 광고를 봐야 한다. 스탠다드 요금제는 광고형 요금제보다 비싸지만 광고 없이 콘텐츠를 시청할 수 있다. 가장 비싼 프리미엄 요금제는 가격이 높은 대신 고화질 영상을 제공하고, 동시에 재생할 수 있는 기기의 수를 더 많이 허용하는 이점이 있다. 이런 OTT 업체의 가격 전략은 소비자가 스탠다드 요금제를 선택하도록 유도한다. 가장 비싸지도 않으면서 광고를 볼 필요도 없는 그야말로 딱 괜찮아 보이는 요금제로 보일 수 있도록 구성을 해놨다. 실제로 상당수 소비자는 스탠다드 요금제를 선택하고 있다.

마케터는 소비자의 선택 옵션을 구성할 때 자사가 많이 판매하고 싶은 대안을 상대적으로 중앙에 위치하도록 구성하는 전략을 써보길 바란다. 극단적인 대안에 대해 소비자는 회피하려는 성향을 보일 수 있으며, 가운데 위치한 타협 대안을 정당화하기 쉬운 꽤 안정적인 대안이라 인식할 수 있기 때문이다.

단, 주의할 점이 있다. 우리 제품들 사이의 타협 효과만 만들어지는 것은 아니다. 소비자는 다양한 기업의 제품들을 비교하면서 그 제품 간 위치에서 타협 대안을 찾을 수도 있다. 우리 제품으로만 타협 효과를 기대하며 대안들을 구성하는 것은 위험하다. 경쟁 관계를 함께 고려할 필요가 있다. 중간 옵션은 소비자의 선택이 아니다. 마케터가 미리 골라둔 모범 답안이다.

타협 효과

선택이 어려울수록 인간은 극단을 피한다. 가장 싼 것도, 가장 비싼 것도 아닌 가운데에 놓인 대안이 가장 안전해 보인다. 때로 선택은 취향이 아니라 정당화 가능성으로 결정된다.

21

선택지가 많으면 행복할까?

유제품 제조사와 마케팅 관련 프로젝트를 수행하면서 알게 된 의외의 사실이 하나 있다. 딸기우유, 초코우유 등 가공우유는 돈이 별로 되지 않는다. 아니, 오히려 팔수록 손해인 제품도 있다. 단 예외는 있다. 빙그레 바나나맛 우유는 2024년 기준으로 매출이 3,000억 원에 육박하면서 빙그레 전체 매출의 약 20%를 차지하고 있다. 잠깐 다른 이야기를 하자면 바나나맛 우유에는 바나나가 전혀 들어가지 않는다. 그래서 바나나 우유가 아니라 '바나나맛' 우유라는 이름을 갖고 있다. 어쨌든 바나나맛 우유와 같이 가공우유지만 엄청난 매출을 기록하며 큰 수익을 가져다주는 제품도 있지만, 대다수 가공우유는 기업 입장에서 재미를 못 보는 제품군이다.

가공우유로 수익을 내지 못한다면, 왜 가공우유를 판매할까? 수익성이 낮은 제품이라면 굳이 생산할 이유가 없다. 수익이 잘 나는 제품에 역량을 집중하는 편이 더 효율적이다. 그럼에도 불구하고 대부분의 유제품 제조사는 가공우유를 계속 생산하고 있다. 이 선택의 배경은 무엇일까?

유제품 제조사에서 가공우유를 만드는 이유는 간단하다. 매장에서 원하기 때문이다. 만약 가공우유를 만들지 않고 흰 우유만 공급하려 한다면, 매장에서 흰 우유까지 받으려 하지 않는다는 것이다. 여기에는 이유가 있다. 매장에 흰 우유만 진열되어 있을 경우, 소비자가 우유의 선택지가 제한적이라고 생각해 유제품 코너 전체의 매력을 낮게 평가하기 때문이다. 소비자가 다양성을 원하니 매장도 가공우유를 원한다. 유제품 제조사 입장에선 큰돈이 안 돼도 안 만들기가 어렵다. 고추장 시장도 비슷하다. 고추장 제품은 맵기를 조절한 네다섯 개의 제품으로 구분되는데 주로 판매되는 제품은 보통 맵기 수준의 고추장이다. 다른 맵기의 제품들은 판매되더라도 큰 수익을 가져다주지 못한다. 하지만 소비자가 다양한 맵기를 원하기 때문에 기업은 관련 제품을 생산하고 있다.

이런 사례는 또 있다. 라면 코너에 가보면 정말 다양한 라면이 판매되고 있다. 신라면, 짜파게티, 진라면, 불닭볶음면, 육개장 등 이름을 열거하기 힘들 정도다. 여기에 신라면 블랙, 신라면 툼바, 신라면 건면처럼 브랜드별로 여러 가지 맛의 제품 라인이 있다. 아이스크림도 다양한 제품으로 유명하다. 도매 유통업체에서 판매되고 있는 아이스크림의 종류는 거의 400개 정도나 된다. 소비자의 취향이 다양하다고 할 수 있지만, 무려 400개에 가까운 아이스크림이 만들어진 이유는 무엇일까? 이렇게 다양한 제품이 모두 판매가 될까? 월드콘이나 투게더, 붕어싸만코와 같이 잘 팔리는 아이스크림 브랜드까지 다양한 맛의 제품으로 라인 확장을 하는 이유는 무엇일까?

기업이 다양한 제품을 출시하는 것은 결국 소비자가 원하기 때문이다. 신제품을 출시하는 것은 신제품의 개발, 시험, 생산 공정 설계, 유통망 확보 등 모든 측면에서 비용이 되기 때문에 수요가 없는 제품은 출시하기 어렵다. 시장에 많은 종류의 제품이 있다는 것은 소비자의 수요가 그만큼 다양하다는 것을 의미한다. 그렇다면, 소비자가 선호하는 특정 브랜드가 저렇게나 다양할까?

사실 인기 있는 제품은 몇 개 되지 않는다. 그렇다면, 소비자가 진짜 선호하는 제품 몇 개를 빼고 나머지는 왜 팔릴까? 이 질문에 대한 실마리는 이타마 사이먼슨의 연구에서 찾을 수 있다. 그는 1990년에 발표한 논문에서 소비자가 언제 그리고 왜 다양한 선택을 하려는지를 체계적으로 분석했다.

사이먼슨은 소비자가 여러 번의 소비를 예상하고 한 번에 구매하는 상황에서 의사결정이 어떻게 이루어지는지에 관심을 가졌다. 다시 말해, 매일 한 개의 라면을 먹는 소비자가 그날그날 라면을 하나씩 사는 경우와 일주일 치 라면을 한 번에 구매하는 경우에 선택 방식이 어떻게 달라지는지를 확인하고자 했다. 이를 위해 사이먼슨은 소비 시점마다 하나씩 구매하는 경우와 미래의 여러 소비를 위해 동시에 구매하는 경우를 비교하는 실험을 설계했다. 핵심 관심사는 소비자가 미래의 자신의 선호를 명확히 알지 못하는 상황에서 여러 제품을 선택해야 할 때 어떤 의사결정 전략을 사용하는지였다.

실험에는 67명이 참여했다. 참가자들은 슈퍼마켓에서 필요한 물건을 구매하는 상황을 떠올리도록 요청받았다. 요구르트, 빵, 탄산음료, 통조림 채소, 과자, 과일, 수프 등 7가지 품목에 대해 선택을 했다. 각 품목마다 여러 대안 제품이 제시되었으며 참가자들은 두 집단으로 나뉘어 다음과 같은 선택 과정을 거쳤다.

첫째, 순차적 선택 조건. 참가자들은 매일 쇼핑을 한다고 가정한 뒤, 하루에 각 품목별로 하나의 제품만 선택하도록 지시받았다. 선택이 끝나면 해당 제품을 그날 바로 소비했다고 가정하고 다음 날 다시 같은 방식으로 제품을 선택했다. 이 과정을 사흘간 반복했다.

둘째, 동시 선택 후 순차적 소비 조건. 참가자들은 앞으로 3일 동안 소비할 제품을 한 번에 구매하기 위해 슈퍼마켓에 간다고 상상한 뒤, 각 품목별로 3개씩의 제품을 한꺼번에 선택하도록 지시받았다.

이 실험의 핵심은 그날 먹을 것을 그날 구매하는 경우와 여러 날에 걸쳐 먹을 것을 한 번에 구매하는 경우에 소비자의 선택 패턴, 특히 다양성 수준이 달라지는지를 확인하는 데 있었다. 실험 결과, 순차적 선택 조건에서는 한 품목에서 같은 제품을 3개 선택한 비율이 26%, 같은 제품 2개와 다른 제품 1개를 선택한 비율이 36%, 모두 다른 제품을 선택한 비율이 38%로 나타났다. 반면, 동시 선택 후 순차적 소비 조건에서는 선택의 양상이 뚜렷하게 달라졌다. 같은 제품 3개를 선택한 비율은 9%에 그쳤고, 같은 제품 2개와 다른 제품 1개를 선택한 비율은

29%였다. 모두 다른 제품을 선택한 비율은 62%로 크게 증가했다.

이 결과는 미래의 소비를 위해 여러 개의 제품을 한 번에 구매할 때 소비자의 다양성 추구 성향(variety seeking)이 강화된다는 것을 보여준다. 그렇다면 왜 이런 현상이 나타나는 것일까?

사이먼슨은 그 이유를 미래 선호에 대한 불확실성에서 찾는다. 소비자는 지금 자신이 무엇을 원하는지는 비교적 잘 알지만, 며칠 뒤에 무엇을 먹고 싶을지는 확신하기 어렵다. 이런 상황에서 다양성을 선택하는 것은 나름의 합리적인 전략이다. 라면을 먹고 싶을 때마다 편의점에 가는 소비자라면 그날그날 가장 당기는 라면을 고르면 그만이다. 하지만 여러 개를 한 번에 사야 하는 상황에서는 내일과 모레의 기분까지 고려해야 하기 때문에 한 가지 제품에 몰아가기보다는 여러 종류를 섞어 담을 가능성이 커진다.

이 논리는 아이스크림 시장을 이해하는 데도 중요한 단서가 된다. 아이스크림이 유난히 다양한 이유에 대해 사이먼슨은 여러 개를 동시에 구매하는 소비자는 자연스럽게 여러 종류의 아이스크림을 원하기 때문이라고 설명한다.[29] 실제로 대형 마트에서는 '아이스크림 10개 골라 5천 원'과 같은 판촉 행사를 자주 볼 수 있는데 이때 소비자들은 특정 제품만 고르기보다 다양한 제품을 쇼핑백에 담는다.

기업 입장에서는 이러한 소비자의 다양성 추구 성향에 맞춰 제품 라인업을 확대하게 된다. 개별 제품만 놓고 보면 수익성이 낮아 보일 수 있다. 하지만 다양한 제품을 보유함으로써 소비자의 선택을 자사 브랜드 안에서 충족할 수 있어 타사 제품으로의 이탈을 줄일 수 있다. 이는 다양한 제품 라인을 통해 소비자의 다양성 욕구를 내부에서 흡수함으로써 시장 점유율과 매출을 동시에 방어하려는 전략이라 볼 수 있다.

다만 한 가지 주의할 점이 있다. 기업의 궁극적인 목표는 시장 점유율 자체가 아니라 이익의 극대화다. 점유율 확대에만 집착할 경우 오히려 수익성을 훼손할 수 있다. 이 균형을 어떻게 맞출 것인가는 항상 고민해야 한다. 소비자는 400가지 아이스크림이 필요한 게 아니다. 고를 수 있다는 느낌이 필요할 뿐이다.

다양성 추구

우리는 미래의 내 취향을 확신하지 못하기에 무의식적으로 여러 가능성을 열어두려 한다. 당장 쓰지 않을 대안이라도 곁에 두는 것만으로도 사람은 풍요로움과 자유를 느낀다. 선택지가 주는 가치는 단순히 쓰임새에만 있지 않다.

   4장. 맥락 : 거절할 수 없는 판을 짜는 사람들

22

큐레이션이
돈이 되는 시대

우리나라의 대표적인 서점, 교보문고는 1980년 교보생명 창립자인 고 ㈜ 신용호 회장이 설립했다. 광화문에 있는 교보생명 빌딩 지하 1층에 있는 서점이 첫 매장이다. 교보문고와 관련해서 여러 가지 흥미로운 이야기가 있는데, 몇 가지 정리하면 다음과 같다.

신용호 회장은 '책을 읽는 젊은이들이 나라의 미래'라는 신념을 바탕으로 교보문고를 설립하면서 몇 가지 원칙을 세웠다고 한다. 서점에서 책을 사지 않고 오래 보더라도 말리지 말고 그대로 둘 것, 책을 노트에 베끼더라도 제지하지 말 것. 이런 원칙들을 통해 신 회장은 서점을 책을 파는 상업 공간이 아닌 지식과 문화의 광장으로 만들고 싶었다고 한다. 그는 '교보문고가 적자를 보더라도 끝까지 지원하라'는 유지를 남겼고 교보생명은 적자를 보더라도 교보문고를 계속해서 운영하고 있다.

우리나라에 교보문고가 있다면 일본의 대표 서점은 츠타야(TSUTAYA)다. 1983년 첫 번째 서점을 개장한 후 급격하게 성장하던 츠타야 서점은 2012년 일본에서 가장 매출이 큰 서점에 등극한다. 츠타야 서점을 일본 최고의 서점으로 만든 것은 그들이 지향하는 서점의 모습이 기존의 서점과 차별적이기 때문이다. 츠타야 서점은 책을 분야나 출판사 중심으로 진열하지 않는다. 대신에 '라이프스타일'이나 '테마' 중심으로 진열하여 고객이 삶의 특별한 장면 속에서 책을 발견할 수 있도록 구성했다. '아침을 즐기는 법'이라는 주제로 아침식사 요리책, 아침 루틴 관련 자기계발서, 커피 관련 에세이 등을 함께 진열하는 식이다. 또 다른 예로 '아이와 함께하는 주말' 코너는 육아, 가족여행, 아이와 함께 즐길 수 있는 레저, 교육 등 아이와 관련된 책들을 발견할 수 있다.

츠타야 서점이 책을 진열하는 방식은 기존 서점의 고정관념을 완전히 깨버렸다. 서점에 방문하는 고객은 으레 경영, 예술 등 카테고리로 구분된 코너를 찾게 된다. 하지만 츠타야 서점은 책을 특정 카테고리로 묶기보다는 고객의 라이프스타일에 맞는 책을 제안하는 적극적인 방식으로 책을 진열한다. 덕분에 고객은 뜻밖의 발견을 하는 즐거움을 경험할 수 있다. 이러한 진열 방식은 고객의 재방문을 유도하였고, 일본 최고의 서점으로 성장하게 했다.

츠타야 서점이 진열하는 방식과 상당히 유사한 방법을 따르는 기업이 있다. 바로 스웨덴 가구회사 이케아(IKEA)이다. 츠타야 서점과 마찬가지로 이케아 역시 가구를 카테고리 중심으로 진열하기보다는 방의 콘셉트에 따라 진열하여 고객의 삶에 가치를 제안한다. 이케아는 침대, 식탁 같이 카테고리에 따라 가구를 진열하지 않는다. 그것보다는 '아이와 함께 쓰는 거실', '20대 싱글 남성의 원룸'과 같이 라이프스타일에 맞게 적절한 가구들을 배치하고 있다. 이를 통해 고객이 생활 속에서 실제 사용하는 상황을 상상할 수 있게 돕는다. 비록 다루는 품목은 다르지만, 두 기업 모두 '물건이 아닌 경험'을 파는 큐레이터라는 점에서 본질적인 궤를 같이한다.

츠타야 서점에서 취급하는 책의 수는 방대하다. 대형 판매장을 운영하는 이케아 역시 엄청난 수의 가구 라인업을 보유하고 있다. 이렇게 많은 종류의 제품을 소비자에게 제안하는 것은 소비자가 원하는 것을 찾을 가능성을 높여준다는 측면에서 긍정적일 수 있다. 하지만 대안의 수가 많다는 것이 항상 좋은 것은 아니다. 너무 많은 대안 중 하나를 선택하게 하면 소비자가 때로 혼란스러워할 수 있기 때문이다.

제안하는 제품의 다양성이 소비자에게 긍정적이냐 부정적이냐에 대한 논란은 학문의 세계에서도 존재한다. 소비자의 취향은 이질적이고 본래 다양성을 추구하는 성향이 있기 때문에 다양한 선택지를 제공하는 것이 소비자의 선호를 더 잘 충족시킬 수 있다는 의견이 있다. 그러나 이에 대한 반론도 만만치 않다. 하나의 대안만 제시되던 상황에서 두 번째로 매력적인 대안이 추가되면 오히려 선택을 보류하는 현상이 증가한다는 것이다. 선택할 수 있는 대안이 늘어날수록 소비자는 '선택을 하지 않는 선택', 즉 노 초이스(no choice)를 택하게 될 수 있다.

그렇다고 해서 무조건 선택지를 줄이는 것이 해답은 아니다. 상황에 따라서는 다양한 대안을 제시하는 것이 분명히 필요한 경우도 있다. 문제는 대안의 가짓수가 많아질수록 선택의 폭은 넓어지지만 동시에 선택의 부담이 커져 소비자가 결정을 포기할 가능성 역시 높아진다는 점이다. 그렇다면 다양한 선택지를 제공하면서도 선택 장애를 줄일 방법은 없을까? 이에 대한 해답은 캐시 모길너(Cassie Mogilner), 타마르 러드닉(Tamar Rudnick), 그리고 쉬나 이옌가르(Sheena Iyengar)의 논문에서 실마리를 찾을 수 있다.[30]

그들의 연구에 따르면, 소비자는 선택해야 할 대안이 많을수록 오히려 선택을 어려워했다. 대안들 사이의 차이가 명확하지 않을 때 이런 현상은 더 강하게 나타난다. 선택지는 충분히 많은데 뭐가 더 좋은지 잘 모르겠다면, 선택 자체를 미루거나 아예 포기해 버릴 수도 있다. 흔히 말하는 '선택 장애'가 생기는 것이다.

이 문제에 대해 연구자들이 제시한 해결책 중 하나가 바로 범주화다. 수많은 대안을 아무런 구조 없이 한꺼번에 보여주면 소비자는 혼란에 빠진다. 반면, 대안들을 몇 개의 범주로 나누어 제시하면 상황이 달라진다. 선택지가 많다고 느끼면서도, 동시에 선택 과정이 한결 수월해졌다고 생각한다. 연구진은 이런 현상을 단순 범주화 효과(mere categorization effect)라고 불렀다. 대안을 잘 나누어 보여주기만 해도 "선택지가 충분히 다양하다"고 느끼고, 선택 결과에도 더 만족하게 된다는 것이다.

이 효과를 확인하기 위해 연구팀은 꽤 흥미로운 실험을 진행했다.

실험실에 무려 144종의 잡지를 진열해 놓고 실험 참가자들에게 그중 하나를 선택하도록 했다. 참가자들은 두 집단으로 나뉘었다. 한 집단은 '선호 형성자' 조건으로, 평소에 정기적으로 읽지 않는, 낯선 잡지를 하나 고르도록 지시받았다. 아직 자신이 어떤 잡지를 좋아하는지 잘 모르는 상황에서 선택을 해야 했던 셈이다. 다른 집단은 '선호 일치자' 조건으로, 평소에 자주 읽는, 익숙한 잡지를 고르도록 지시받았다. 이들은 이미 선호가 분명한 상태였다. 잡지를 고르는 진열대 역시 두 가지 형태로 나뉘어 있었다. 하나는 잡지를 남성용, 여성용, 일반용의 3개 카테고리로만 나눈 진열대였다. 다른 하나는 스포츠, 음식, 자동차, 경영, 여성 패션, 건강 등 18개 카테고리로 세분화한 진열대였다. 두 진열대 모두 잡지의 총수는 같고 분류 방식만 달랐다.

결과는 어땠을까? 낯선 잡지를 골라야 했던 선호 형성자들은 3개 카테고리 진열대보다 18개 카테고리 진열대에서 잡지를 선택했을 때 훨씬 더 만족감을 느꼈다. 카테고리가 세분화되어 있을수록 "선택지가 정말 많다"는 인상을 받았고, 그만큼 선택에 대한 만족도도 높았다. 반면, 이미 자신이 좋아하는 잡지가 분명했던 선호 일치자들은 카테고리가 많든 적든 만족도에 큰 차이를 보이지 않았다. 어차피 고를 잡지가 정해져 있었기 때문이다. 비슷한 결과는 다양성 인식에서도 나타났다. 선호 형성자들은 18개 카테고리 진열대를 훨씬 더 다양한 선택지가 제공된 공간으로 인식했다. 반대로 선호 일치자들은 카테고리 수가 달라져도 "다양하다"는 느낌을 크게 받지 않았다.

이 결과를 일상적인 상황에 대입해 보면 이해가 쉽다. 내가 잘 아는 영역이라면 선택지가 조금만 있어도 충분하다. 하지만 익숙하지 않은 영역에서는 선택지가 많아 보이는 것이 오히려 안심이 된다. 다만, 그 선택지가 아무런 기준 없이 나열되어 있으면 부담이 커진다. 이때 카테고리가 있다면 상황이 달라진다. 먼저 큰 갈래에서 한 번 고르고, 그 안에서 다시 선택하면 되기 때문이다. 이때 선택은 단계적으로 이루어지고, 정보 처리 부담은 줄어든다. 그래서 많은 식당이나 카페의 메뉴판을 보면 메뉴를 그냥 나열하기보다는 음식 종류별로 나누어 보여준다. 메뉴 수는 많아도 막상 고르기는 그리 어렵지 않은 이유다.

이런 맥락에서 보면 요즘 온라인 쇼핑몰이 왜 추천 알고리즘에 그렇게 공을 들이는지도 이해할 수 있다. 쿠팡이나 무신사처럼 수많은 상품을 취급하는 곳에서 모든 제품을 그대로 보여준다면 소비자는 금세 지쳐버릴 것이다. 대신 연령, 성별, 취향, 구매 이력 등을 기준으로 "당신이 좋아할 만한 상품"을 보여주면 훨씬 편하게 쇼핑할 수 있다. 선택지는 여전히 많지만 그중 일부만 먼저 제시되기 때문에 부담이 줄어드는 것이다.

우리는 선택지가 많기를 바라지만, 선택 과정이 복잡해지는 것은 원하지 않는다. 마케터의 역할은 선택지를 줄이는 것이 아니라 복잡한 다양성 속에 '탐색의 지도(카테고리)'를 그려주어 고객이 즐겁게 길을 찾도록 돕는 데 있다. 단순 범주화 효과는 바로 이 지점을 정확히 짚어준다. 선택을 어렵게 만드는 것은 대안의 수가 아니라, 대안을 정리하지 않은 방식이다. 츠타야가 책이 아니라 라이프스타일을 파는 것처럼, 좋은 카테고리는 물건이 아니라 방향을 판다.

범주화 효과

선택지가 너무 많으면 뇌는 피로를 느끼고 포기해 버린다.

하지만 그것을 의미 있는 묶음으로 나누어 보여주면 많아 보

여도 복잡하지 않게 느끼며 즐거운 탐색을 시작한다.

23

고르다 지쳐
포기하지 않도록

#선택의 역설 —

괌으로 여름 휴가를 가려고 준비했을 때다. 숙소, 비행기, 렌터카 등 여행에 꼭 필요한 예약을 확정하고 추가로 추억을 만들기 위한 활동을 찾아보았다.

이런저런 정보를 탐색하던 끝에 '돌핀 크루즈'를 발견했다. 돌핀 크루즈는 요트를 타고 돌고래가 자주 출몰하는 바다에 나가서 돌고래와 함께 바다를 질주하는 상품이다. 돌고래가 요트를 따라다니는 모습을 보니 아마도 요트에서 먹이를 주고 있는 게 아닐까 싶었다. 돌고래와 함께 바다를 달린 후 맑고 잔잔한 바다에 정박해 스노클링을 하며 열대어를 구경하는 시간을 갖는다. 스노클링이 별로라면 배 위에서 낚시를 할 수도 있었다. 마지막으로 돌아오는 배 안에서 참치와 연어 등을 즐길 수 있다.

두 아이를 데리고 가는 여행인 만큼 요트를 타고 돌고래도 보고, 바다에서 스노클링도 즐기고, 낚시까지 할 수 있다니 더할 나위 없는 프로그램이었다. 그런데 막상 예약하려니 쉽지 않았다. 꽤 오랜 시간이 걸렸다. 평소 선택 앞에서 크게 고민하는 편이 아닌 나로서는 의외였다. 돌핀 크루즈 상품이 여러 개였는데, 저마다 비슷하면서도 조금씩 달랐기 때문이다. 어떤 상품은 가격이 약간 비싼 대신 한국인 가이드가 동행해 믿음직했다. 다른 상품은 시간이 조금 짧은 대신 원하는 시간대를 고를 수 있었다. 또 다른 상품은 가격이 저렴했다.

사실 차이라고 해봤자 별것 아닌 수준이었다. 가격은 1인당 2~3천 원 차이였고, 시간도 몇 분이 전부였다. 그럼에도 나는 여러 상품을 펼쳐놓고 그 차이를 꼼꼼히 따지기 시작했다. 비교를 거듭할수록 머리만 복잡해졌고, 결국 일단 선택을 보류했다. 물론 여행 일정이 다가오면서 결국 눈에 잘 띄는 상품 하나를 대충 골라 끝냈지만, 그 과정에서 보여준 내 모습은 평소와는 사뭇 달랐다.

나만 그럴까? 아니다. 우리는 이러한 행동을 자주 한다. 그 증거가 있다. 당신이 즐겨 이용하는 온라인 쇼핑몰에 접속해서 장바구니를 한번 살펴보자. 장바구니에는 꽤 높은 확률로 비슷하지만 약간 다른 제품들이 들어있을 것이다.

약간 차이가 나는 제품 중 무엇을 고를까 고민하다 선택을 유보한 것들 말이다. 앞서 내 경우와 같이 제품들의 차이는 크지 않을 것이다. 그러나 이 작은 차이가 소비자의 선택을 멈추게 만든다. 소비자는 하나를 선택하면 다른 제품이 가진 뭔가를 포기해야 하는데, 이것이 소비자를 머뭇거리게 만든다.

2002년 개봉한 영화 〈결혼은 미친 짓이다〉에 등장하는 여자 주인공은 다섯 남자를 놓고 결혼을 고민한다. 다소 못생기고 시댁 식구들의 높은 콧대를 견뎌야 하는 의사, 별것 없지만 귀여운 연하의 샐러리맨, 일류대 출신에다 분양받은 아파트가 있으나 고지식한 샐러리맨, 전원주택과 고상한 취미를 가진 편모슬하의 연구원, 솔직하고 호남형이며 잠자리에 뛰어나지만 셋방살이를 해야 할 것 같은 대학 강사가 그 다섯이다. 여자 주인공은 다섯 남자를 놓고 왜 고민할까? 그 이유는 하나를 선택하면 나머지 넷이 가진 장점을 포기해야 하기 때문이다. 이 장면이 흥미로운 이유는 여주인공이 다섯 명 중 누구도 완벽하지 않다는 사실을 알고 있기 때문이다.

문제는 선택지가 부족해서가 아니라 선택지가 너무 많다는 데 있다. 하나를 고르는 순간 나머지 네 명이 가진 장점을 모두 포기해야 한다는 사실이 결정을 어렵게 만든다. 이처럼 완벽한 선택지가 없는 상황에서 인간은 선택 그 자체보다 선택으로 인해 사라질 가능성을 더 힘들어한다.

지금까지 나눈 이야기들은 모두 선택과 관련된 것들이다. 하나를 선택하면 나머지가 가진 장점은 포기해야 한다는 것인데, 이것이 말처럼 쉽지 않다. 이에 대해 신지웅과 댄 애리얼리는 2004년 통찰력 있는 연구를 발표했다.[31] '문 열어두기: 선택지의 소멸 가능성이 옵션을 유지하려는 동기에 미치는 영향(Keeping Doors Open: The Effect of Unavailability on Incentives to Keep Options Viable)'이 그것이다. 이 논문에서 연구자들은 소비자가 그럴듯해 보이는 선택지를 유지하려는 성향이 있다고 제안하고, 이를 확인하기 위해 굉장히 특이한 실험을 구상했다.

연구자들은 세 개의 문이 있는 간단한 컴퓨터 게임을 만들었다. 화면에는 빨간색, 파란색, 녹색 문이 하나씩 놓여 있고, 참가자는 마우스로 문을 클릭해 방에 들어갈 수 있었다. 방에 들어간 뒤에는 방 안을 계속 클릭하며 보상을 받을 수 있었고, 원하면 다른 문을 클릭해 방을 옮길 수도 있었다.

각 방에서는 클릭할 때마다 일정한 확률로 금전적 보상이 주어졌다. 예를 들어 평균 3센트의 보상이 설정된 방이라면 클릭할 때마다 받는 금액은 달라지지만, 여러 번 클릭할수록 클릭당 평균 3센트에 수렴하는 구조였다. 참가자는 클릭으로 쌓인 보상 총액을 실제 실험 보상으로 받을 수 있었다. 중요한 점은 보상이 어떤 문을 여느냐가 아니라, 한 방에 얼마나 오래 머무느냐에 달려 있다는 것이다.

참가자에게는 총 100번의 클릭 기회가 주어졌다. 이 클릭은 문을 여는 데도, 방 안에서 보상을 얻는 데도 쓸 수 있었다. 단 한 가지 중요한 제약이 있었다. 15번의 클릭 동안 한 번도 선택되지 않은 문은 자동으로 사라진다는 규칙이었다. 예를 들어 빨간 문에 들어가 14번 연속으로 클릭하는 동안 파란 문과 녹색 문을 한 번도 선택하지 않으면, 그 두 문은 화면에서 사라진다. 한 방에 오래 머물수록 다른 선택지가 점점 줄어드는 구조였다.

참가자들은 매 순간 두 가지 선택 앞에 놓였다. 지금 있는 방에 머물며 보상을 계속 쌓을 것인지, 아니면 클릭 1회를 소모하는 전환 비용을 감수하고 다른 방을 탐색할 것인지였다. 동시에 15번 안에 선택하지 않으면 문이 사라진다는 규칙 때문에, 선택지를 유지하기 위해 굳이 다른 문을 눌러야 할지도 판단해야 했다.

그런데 이 게임에는 중요한 숨은 조건이 있었다. 모든 방의 평균 보상이 클릭당 3센트로 동일하게 설계되어 있었다는 점이다. 방을 이동할 때마다 클릭 1회를 소모해야 하는 점까지 고려하면, 문이 사라지든 말든 전환을 최소화하고 한 방에 머물며 클릭을 최대한 쌓는 것이 가장 유리한 전략이었다.

그럼에도 참가자들은 그렇게 행동하지 않았다. 방을 전환한 횟수는 평균 16.7회에 달했다. 불필요한 전환을 줄이는 것이 합리적임에도, 선택지를 잃을지 모른다는 불안 속에서 반복적으로 다른 방을 탐색했다.

반면 문이 사라질 위험이 없는 조건으로 진행한 실험에서는 전환 횟수가 평균 7.47회로 절반 이하로 줄었다. 이 차이는 무엇을 의미할까? 참가자들은 보상을 극대화하는 전략이 무엇인지 알고 있었다고 볼 수 있다. 이 실험은 MIT 학생들을 대상으로 진행됐다. 세계에서 숫자에 대해서는 가장 똑똑하다고 평가받는 학생들이 이 정도의 규칙을 이해하지 못했을 가능성은 크지 않다.

연구자들은 다른 해석을 제시했다. 참가자들이 싫어한 것은 규칙이 아니라 앞으로 선택할 수 있었을지도 모를 선택지가 사라지는 상황 그 자체였다는 것이다.

    4장. 맥락 : 거절할 수 없는 판을 짜는 사람들

문이 사라지지 않는 조건에서 참가자들은 평균 7.47회 방을 전환하며 약 8%의 보상 손해를 감수했다. 게임 구조를 파악하기 위한 최소한의 학습 비용으로 볼 수 있다. 반면 문이 사라지는 조건에서는 16.7회나 전환하며 보상의 약 14%를 잃었다. 약 6%의 추가 손해를 감수하면서까지 선택지가 사라지는 상황을 피하려 한 셈이다.

이러한 경향은 방을 이동할 때마다 3센트를 차감하는 조건을 추가했을 때도 달라지지 않았다. 눈에 보이는 비용보다 선택지를 잃는 데서 오는 불편함이 더 크게 작용했던 것이다.

이 실험이 시사하는 바는 비교적 분명하다. 소비자는 현재 선택한 옵션이 충분히 괜찮더라도 자신이 선택할 수 있는 다른 옵션 자체가 사라지는 것을 원치 않는다. 아직 선택하지 않은 대안 어딘가에 더 나은 선택지가 있을지도 모른다는 가능성을 쉽게 포기하지 못한다. 그 결과 큰 차이가 없는 대안들 사이에서 사소한 장단점을 비교하느라 많은 시간과 노력을 들이게 된다. 돌핀 크루즈 상품을 두고 며칠 동안 고민했던 나처럼 말이다.

며칠간 상품을 놓고 고민하는 것이 별것 아니라고 느껴질 수도 있다. 하지만 이 과정에는 분명 내 시간과 노력이 투입된다. 기회비용이 발생하고 있는 것이다. 모든 가능성을 열어둔 채 결정을 미루는 것은 지금 당장 누릴 수 있는 혜택을 계속 뒤로 미루는 결과로 이어진다. 가능성만 붙들고 선택을 미루는 것, 그 자체가 이미 손해일 수 있다.

마케터는 소비자의 이러한 성향을 잘 이해할 필요가 있다. 이 연구는 소비자의 심리를 설명하는 데서 그치지만 마케터는 이를 적극적으로 활용할 수 있다.

소비자는 큰 차이가 없는 제품들 사이에서 조금이라도 더 나은 선택을 하겠다는 이유로 의사결정을 미루곤 한다. 장바구니에 여러 대안을 담아두고 결국 아무것도 구매하지 못하는 상황이 바로 그것이다. 하나를 선택하려는 순간, 다른 대안의 작은 장점이 최종 결정을 방해한다. 마케터는 소비자가 빠르게 최종 결정을 내리도록 구조를 설계해야 한다. 예를 들어 네이버쇼핑에서 여러 상품을 장바구니에 담아둔 채 구매를 망설이고 있는 소비자가 있다면, 네이버쇼핑은 장바구니 속 상품 중 하나를 선택하도록 유도하는 프로모션을 진행할 수 있다. 장바구니 할인 행사를 제공하거나, 담아둔 대안 중 하나의 가격을 낮춰 소비자에게 '이 선택이 합리적이다'라는 정당성을 부여하는 방식도 가능하다.

이처럼 주저하는 소비자에게 현재 선택한 대안이 충분히 괜찮다는 신호를 주는 것이 중요하다. 사실 대부분의 대안은 생각보다 큰 차이가 없다. 내가 선택 장애에 빠졌던 돌핀 크루즈처럼.

선택의 역설

나쁜 선택을 두려워하기보다 다른 가능성을 잃는 것을 더 싫어하는 것이 사람의 마음이다. 결정을 미루게 만드는 것은 정보의 부족이 아니라, 하나를 택함으로써 포기해야 할 것들에 대한 미련이다.

믿음

브랜드와
사랑에 빠진
뇌

The Revenue
Engine
*****
Date   :   23/03/2024
Order No.:   000000210
Card   :   VISA
No.   : xxxx xxxx xxxx xxxx
Exp.   :   30/03/2024
Total   @ $1.000.000.5
Tax   0
30/03/2024   10:45
eTx ID: 123456789O
THANK YOU

24

기능보다 서사를 팔아라

PPL이라는 단어는 한 번쯤 들어봤을 것이다. PPL은 Product Placement의 약자로, 본래는 영화나 드라마 제작 과정에서 소품 담당자가 극 중에서 사용될 제품을 배치하는 업무를 의미했다. 그러나 현재는 극 중에 자연스럽게 등장하는 간접광고를 가리키는 용어로 사용되고 있다. 오늘날 영화나 드라마에서 PPL은 거의 빠지지 않고 등장한다.

왜 제작진은 굳이 PPL을 극 중에 포함할까? 제작비 때문이다. 영화나 드라마 제작에는 막대한 예산이 투입되는데, 그중 일부를 광고비 형태로 지원받을 수 있다면 제직자 입장에서는 반길 만하다. 기업 역시 자사 제품이 많은 소비자에게 노출되기를 바라기 때문에 PPL이 인지도 제고에 도움이 될 것이라 기대한다.

개인적으로 좋아하는 영화가 하나 있다. 〈아이언맨〉이다. 마블 시
리즈 중에서도 아이언맨은 독보적인 캐릭터라 생각한다. 이 영화에도
다양한 PPL이 등장한다. 주인공 토니 스타크가 타는 아우디 R8, 손목
에 찬 불가리 시계, 애플 컴퓨터까지 곳곳에 브랜드가 배치되어 있다.
그런데 여러 PPL 중에서도 특히 인상적인 제품이 하나 있다. 바로 버
거킹 아메리칸 치즈버거.

〈아이언맨〉 1편에서 토니 스타크는 아프가니스탄에서 피랍됐다가
탈출해 미국으로 돌아온다. 그때 그는 이렇게 말한다.

"필요한 건 단 두 개, 아메리칸 치즈버거, 그리고 기자회견."

곧이어 버거킹 봉지가 등장하고, 토니 스타크가 치즈버거를 먹는
장면이 화면을 채운다. 이 장면은 많은 사람의 기억에 강하게 남았고,
모방 행동으로 이어질 가능성도 크다. 이 장면이 강하게 각인된 이유는
버거킹이라는 브랜드가 이야기의 흐름을 끊지 않고 오히려 감정의 전
환점에 함께 등장했기 때문이다. 버거킹의 치즈버거는 광고처럼 튀어
나오지 않고, 주인공의 상태와 서사 속 맥락 안에 자연스럽게 녹아 있
다. 흥미롭게도 이 장면에는 배우 로버트 다우니 주니어의 개인적 사
연이 얽혀 있다. 그는 심각한 마약 중독을 겪던 시절, 마약을 가득 싣고
고속도로를 달리다 휴게소의 버거킹에서 치즈버거를 주문했다고 한다.
그런데 버거를 먹으며 아무런 맛도 느끼지 못했다. 자신이 좋아하던 치
즈버거의 맛조차 느끼지 못할 만큼 자신이 망가졌다는 사실을 깨닫고,

그날을 계기로 마약을 끊기로 결심했다고 한다. 이후 그는 아이언맨으로 화려하게 재기했다. 아이언맨 시리즈에 버거킹이 반복적으로 등장하는 이유를 그는 일종의 보은이라고 설명한다.

이처럼 PPL이 스토리와 자연스럽게 어우러지면 소비자의 기억에 강렬하게 남을 수 있다. 하지만 모든 PPL이 이렇게 성공적인 것은 아니다. 너무 노골적이고 억지스러운 PPL은 시청자의 몰입을 방해하고 반감을 사기도 한다.

대표적인 에로 드라마 〈도깨비〉를 들 수 있다. 극 중 주인공 김신은 느닷없이 자살을 시도하려는 남자의 집에 나타나 서브웨이 샌드위치를 건넨다. 이후 딸이 등장해 배고프다고 말하며 장면을 연결하려 했지만, 아무래도 어색하다. 또 다른 장면에서는 김신이 과거를 회상하며 숙취 해소제를 판매하고 직접 마신다. 이를 두고 설정 자체가 지나치게 과장되어 스토리를 해친다는 비판이 뒤따랐다. 당시 언론에서는 〈도깨비〉에 노출된 숙취 해소제인 홍삼정 에브리타임이 간접광고 효과로 매출이 크게 증가했다는 기사를 보도했다. 그러나 실제로 그 노출이 긍정적인 브랜드 이미지를 형성했는지는 의문이다. 문제는 노출의 양이 아니라 그 노출이 이야기의 흐름을 방해했느냐는 점이다. 스토리를 멈추게 만드는 PPL은 브랜드를 기억하게 만들 수는 있어도 호감까지 이끌어내기는 어렵다. 스토리를 방해하는 PPL은 브랜드에 부정적인 인상을 남길 수도 있다.

이러한 논란은 〈도깨비〉만의 문제가 아니다. 많은 영화와 드라마에서 TPO(Time, Place, Occasion)에 어울리지 않는 제품 노출이 반복되어 비판을 받아왔다. 최근에는 차라리 이를 숨기지 않고 대놓고 PPL 임을 드러내는 방식을 선택하는 경우도 늘고 있다. 오히려 시청자 입장 에서는 "제작비가 필요했겠구나" 하고 받아들이며 더 관대해질 수도 있기 때문이다.

그렇다면 다시 질문해보자. 시간, 장소, 상황에 맞지 않는 어색한 PPL은 과연 광고 효과가 있을까? 이 질문에 대한 해답이 담긴 연구가 있다. 나탈리 덴스(Nathalie Dens)와 동료 연구자들의 2012년 논문 '당신은 당신이 알아보는 것을 좋아하는가?(Do You Like What You Recognize? The Effects of Brand Placement Prominence and Movie Plot Connection on Brand Attitude as Mediated by Recognition)'를 살펴보자.[32] 이 연구의 결론은 명확하다. 스토리와 잘 연결된 PPL은 브랜드 기억과 태도를 모두 긍정적으로 바꿀 수 있지만, 그렇지 않은 경우에는 부정적인 효과를 낳을 수 있다는 것이다.

연구자들은 PPL 효과를 결정하는 핵심 요인으로 두 가지를 제시했다. 하나는 스토리 연결성(plot connection)이고, 다른 하나는 브랜드 현저성(prominence)이다. 브랜드 현저성은 말 그대로 화면에서 브랜드가 얼마나 눈에 띄는지를 의미한다. 실험 결과, 브랜드가 눈에 띄게 노출될수록 기억은 잘 되었지만, 브랜드 태도는 반드시 좋아지지는 않았다. 오히려 너무 노골적인 노출은 거부감을 유발했다. 반면, 스토리와 자연스럽게 연결되면서도 과하지 않게 노출된 브랜드는 기억과 태도 모두에서 긍정적인 효과를 보였다. 정리하면 이렇다.

– 기억을 남기고 싶다면 눈에 띄게 노출하라.

– 호감을 얻고 싶다면 스토리에 자연스럽게 녹여라.

이 기준으로 다시 〈도깨비〉의 PPL을 떠올려보면 스토리와의 연결성이 부족한 데다 지나치게 눈에 띄는 노출은 브랜드를 기억하게 만들 수는 있어도 긍정적인 태도를 형성하기는 어렵다. 오히려 부정적인 이미지로 각인될 위험이 크다. PPL은 단순히 많이 보여준다고 성공하지 않는다. 어떻게, 어디에, 어떤 맥락으로 등장하느냐가 중요하다.

스토리 연결성과 브랜드 현저성

광고는 얼마나 자주 보이느냐보다 어떤 맥락에서 등장하느냐가 더 중요하다. 이야기의 흐름 속에 자연스럽게 녹아든 브랜드는 저항 없이 받아들여지지만 흐름을 끊는 노출은 방어 대상이 될 뿐이다.

25

설득할 수 있다는 착각

우리나라 사람들은 대체로 조미료의 대표 성분인 MSG(모노소듐 글루타메이트, Monosodium Glutamate)에 대해 부정적인 인식을 갖고 있다. 한국인이 MSG를 나쁘게 인식하는 이유 중 하나는 MSG가 흔히 '화학조미료'로 불려왔기 때문이다.

조미료를 만드는 식품회사와 함께 일한 적이 있었는데, 마케팅 담당자와 식사하면서 MSG에 대한 이야기를 나눌 기회가 있었다. 그 자리에서 MSG에 대해 꽤 흥미로운 설명을 들을 수 있었다. 소비자들이 MSG를 화학조미료로 인식하고 있는 것과 달리 MSG는 사탕수수 등 자연 원료를 발효해 만들어진 성분이라는 것이다. 처음 이 이야기를 들었을 때는 황당했다. 자연 물질을 발효해 얻은 성분을 왜 화학조미료라 부르게 되었을까?

이를 이해하려면 1956년 MSG가 처음 국내에 들어왔던 시대적 배경을 살펴볼 필요가 있다. MSG는 우리나라에서 공장에서 대량 생산된 최초의 조미료였다. 당시 우리 사회에서 공장에서 과학적으로 만들어진 식품은 '인공적'이라기보다는 오히려 첨단 기술의 산물로 인식되어 위생적이며 신뢰할 수 있는 제품으로 받아들여졌다. 1960~70년대 광고 문구를 보면 MSG에 대해 "정밀한 공정으로 만든 감칠맛"과 같은 표현이 사용되는 등 과학성과 청결함이 적극적으로 강조됐다. 화학조미료라는 표현은 초창기에는 기술로 만든 조미료라는 긍정적인 의미를 담고 있었던 것이다.

그러나 1980년대 이후 '화학'이라는 단어가 갖는 이미지는 크게 달라졌다. 화학물질로 인한 환경오염과 산업재해, 건강 문제가 사회적으로 부각되면서 최소한 식품에서 화학은 인공적이고 위험하다는 인식이 확산됐다. MSG 역시 부정적인 이미지를 얻게 된다. 특히 MSG 섭취와 관련해 두통이나 신경계 문제 등이 국내외에서 알려지면서 화학조미료라는 표현은 의심과 경계의 대상이 되고 만다. 그 결과 MSG는 먹으면 몸에 좋지 않은 물질이라는 낙인이 찍혔다.

그렇다면 이렇게 부정적인 인식이 형성된 이후 MSG의 판매량은 줄어들었을까? 결과는 정반대다. MSG가 포함된 조미료 시장의 규모를 보면 2019년 1,599억 원에서 2023년 3,196억 원으로 지속적으로 성장하고 있다. 조미료 광고를 자주 접하기 어렵다는 점을 고려하면 이러한 성장이 적극적인 마케팅 활동의 결과라고 보기도 어렵다. 그렇다면 과연 누가 이 제품들을 구매하고 있는 것일까? 소비자들은 MSG를 부정적으로 보고 있고, 광고도 많이 하지 않는데 조미료 시장은 계속 성장하고 있으니 의문이 생긴다.

MSG를 생산하는 기업의 마케팅 담당자에 따르면, 조미료의 최대 수요처는 가정이 아니라 식당이다. 대부분의 식당에서는 MSG를 사용하고 있다고 한다. MSG 없이 소비자가 맛있다고 느낄 만한 음식을 만들기 위해서는 맛을 내는 다양한 재료를 사용해야 하는데, 음식 가격을 고려하면 이는 쉽지 않은 선택이다. 그래서 MSG를 활용해 감칠맛을 낸다는 것이다. 조미료를 사용하지 않는 집에서 먹는 밥이 유독 심심하게 느껴지는 이유 역시 우리가 식당에서 먹는 MSG의 감칠맛에 이미 익숙해졌기 때문일 것이다. 어쨌든 인식과는 별개로 우리는 일상에서 MSG를 상당량 섭취하고 있다.

그렇다면 우리가 먹고 있는 MSG는 정말로 몸에 나쁜 물질일까? 미국 식품의약국(FDA)은 MSG를 일반적으로 안전한 식품첨가물(Generally Recognized As Safe, GRAS)로 분류하고 있다. FDA는 1959년부터 MSG를 GRAS 목록에 포함해왔으며, 이후 제기된 문제 제기를 재검토한 끝에도 MSG가 안전하다는 결론을 유지했다. 세계보건기구(WHO)와 유럽식품안전청(EFSA) 역시 일반적인 섭취 수준에서 MSG는 안전한 식품첨가물이라는 입장을 취하고 있다. MSG는 제도적·과학적 판단에서 유해성이 확인된 성분은 아니다.

그럼에도 불구하고, 특히 연령대가 높은 소비자들은 여전히 MSG를 몸에 좋지 않은 물질로 인식한다. 심지어 FDA나 WHO의 안전성 평가 결과를 설명해도 이를 받아들이지 않으려 한다. 본인들 역시 식당에서 MSG가 들어간 음식을 맛있게 먹으면서도 MSG를 사용하는 것 자체는 좋지 않게 바라보는 경향이 있다. 왜 전문가의 판단보다 자신의 믿음을 더 신뢰하게 되는 것일까?

이 질문에 대한 단서는 확인의 편향(confirmation bias)에서 찾을 수 있다. 이 개념은 찰스 로드(Charles G. Lord)와 리 로스(Lee Ross), 마크 레퍼(Mark R. Lepper)가 1979년에 발표한 연구에 잘 설명되어 있다.[33]

연구자들은 181명의 학부생을 대상으로 사형제도에 관한 설문을 실시한 뒤, 그중 사형제도를 찬성하는 학생 24명과 반대하는 학생 24명을 선별해 실험을 진행했다. 실험 참가자들은 사형제도의 범죄 억제 효과를 지지하는 연구와 반대하는 연구를 모두 읽었다. 이후에도 찬반이 섞인 연구 요약본을 추가로 읽었다. 참가자들은 자신의 기존 입장과 일치하는 정보와 그렇지 않은 정보를 동시에 접했다. 일반적으로는 찬성과 반대 의견을 모두 접하면 중도적인 입장으로 수렴할 것이라 기대할 수 있다. 그러나 그렇지 않았다. 사형제도를 찬성하던 참가자는 찬성 연구를 더 설득력 있다고 평가했고, 반대하던 참가자는 반대 연구를 더 신뢰했다. 더 나아가 실험 이후에는 각자의 기존 태도가 더 강화되었다고 보고했다.

이 결과는 사람들이 정보를 객관적으로 평가하기보다 자신의 기존 신념을 확인하고 강화하는 방향으로 정보를 해석하는 경향이 있음을 보여준다. MSG에 대한 평가 역시 마찬가지다. 이미 "MSG는 몸에 나쁘다"는 신념이 형성된 소비자는 FDA나 WHO의 안전성 평가보다

"MSG를 먹고 메스꺼웠다", "두통이 있었다"는 주변의 경험담을 훨씬 쉽게 받아들인다. 그 결과 부정적 인식은 오히려 더 단단해진다. 그래서 MSG 생산 기업이 아무리 많은 과학적 근거를 내놓아도 기존 소비자의 인식을 바꾸기는 쉽지 않다. 이미 굳어진 생각은 새로운 정보만으로 쉽게 흔들리지 않는다. 차라리 아직 MSG에 대한 인식이 형성되지 않은 젊은 소비자층을 대상으로 MSG가 지닌 긍정적인 효용을 자연스럽게 알리는 편이 더 현실적인 전략일 수 있다. MSG는 적은 재료로도 음식의 맛을 풍부하게 만들어주고 고기를 사용하지 않아도 감칠맛을 구현할 수 있어 채식을 선호하는 소비자에게도 충분히 매력적인 선택지가 될 수 있다.

이런 현상은 MSG 시장에만 국한되지 않는다. 이미 강한 신념이 자리 잡은 시장이라면 비슷한 반응이 반복해서 나타난다. 예를 들어 "갤럭시는 나이가 많은 사람이 쓰는 스마트폰"이라는 이미지를 가진 젊은 소비자에게 갤럭시의 장점을 아무리 설명해도 그 메시지가 쉽게 받아들여지지는 않는다. 반대로 그런 인식을 뒷받침하는 정보에는 더 민감하게 반응할 가능성이 크다.

한번 형성된 신념은 쉽게 바뀌지 않는다. 그래서 마케터에게 중요한 과제는 이미 만들어진 인식을 논리로 뒤집는 일이 아니다. 그보다 아직 판단이 굳어지지 않은 소비자들이 무엇을 기준으로 제품을 바라보고 선택하게 될지를 설계해야 한다. 마케터의 싸움터는 '이미 굳은 신념'이 아니다. 아직 아무것도 찍히지 않은 빈 칸이다. MSG가 억울한 건 그 빈 칸에 '화학'이라는 단어가 먼저 들어와 버렸기 때문이다.

확인의 편향

우리는 사실을 보고 믿음을 만드는 게 아니라 이미 믿고 있는 것을 지키기 위해 사실을 고른다. 한번 형성된 인식은 새로운 정보로 수정되기보다 자신의 믿음을 강화하는 방향으로 해석된다.

26

슈퍼손, 슈퍼콘,
슈퍼 슈퍼 콘콘

#정교화 가능성 모델

기업들과 마케팅 협업을 하다 보면, 마케터들이 소비자에게 전하고 싶은 말이 참 많다는 것을 알게 된다. 제품의 개발부터 판매까지 전 과정에 관여하며 누구보다 제품을 잘 알고 있는 사람이 마케터이니, 자식과도 같은 제품을 조금이라도 더 자랑하고 싶어지는 마음은 어쩌면 당연하다. 그래서 마케터들은 자신이 담당한 제품의 특징을 하나라도 더 알리기 위해 광고에 많은 정보를 담고 싶어 한다.

그렇다면 정보가 많을수록 소비자는 더 쉽게 설득될까? 마케터가 열심히 설명한 만큼 소비자도 더 진지하게 생각해줄까? 만약 그렇다면 모든 광고는 장문의 메시지를 담고 있어야 한다. 그러나 현실에서 우리가 접하는 광고들은 의외로 단순한 경우가 많다. 왜 그럴까? 많은 정보를 제공하는 것이 항상 설득에 유리한 것은 아닐지도 모른다. 이와 관련해 내용은 거의 없지만 유독 기억에 남는 광고가 하나 떠오른다. 손흥민 선수가 등장했던 빙그레 슈퍼콘 광고다. 광고에서 손흥민은 슈퍼콘을 들고 어색한 춤을 추며 이렇게 외친다.

슈퍼손, 슈퍼콘, 슈퍼 슈퍼 손손,
슈퍼손, 슈퍼콘, 슈퍼 슈퍼 콘콘

처음 이 광고를 봤을 때는 솔직히 의문이 들었다. 왜 세계적인 축구 스타를 저렇게 사용했을까? 저 멋있는 선수가 굳이 어색한 춤을 춰야 했을까? 광고 제작진에게 더 '그럴듯한' 선택지는 없었을까? 처음에는 이해하기 어려운 광고였다. 그런데 시간이 지나 다시 생각해보니 이 광고는 분명한 효과가 있었다. 지금도 여전히 이 광고가 내 머릿속에 또렷이 남아 있으니까. 광고의 목적은 결국 소비자에게 기억되고, 나아가 구매로 이어지게 하는 것이다. 아무리 잘 만든 광고라도 기억되지 않거나 구매로 연결되지 않는다면 좋은 광고라 하기 어렵다.

이런 관점에서 보면, 손흥민의 춤은 결코 의미 없는 몸짓이 아니었다. 오히려 '슈퍼손 = 슈퍼콘'이라는 단순한 연결을 통해 2018년 출시된 신제품 슈퍼콘을 빠르게 각인시키는 데 성공했다. 인지도 제고 측면에서는 매우 효과적인 광고였다고 평가할 수 있다. 그렇다면 여기서 한 가지 질문이 생긴다. 소비자기 슈퍼손이 슈퍼콘이라는 사실을 인지했다고 해서, 정말로 슈퍼콘은 잘 팔릴까? 답은 '그렇다'이다.

이 질문에 대한 이론적 설명은 리처드 E. 페티(Richard E. Petty)

와 존 T. 카시오포(John T. Cacioppo), 그리고 데이비드 슈만(David Schumann)의 연구에서 찾을 수 있다.[34]

많은 사람들은 소비자를 설득하려면 제품의 성능이나 장점을 자세히 설명해야 한다고 생각한다. 이 말은 절반만 맞다. 어떤 경우에는 그런 설명이 효과적이지만, 항상 그렇지는 않다.

연구진은 소비자가 광고에 설득되는 방식을 크게 두 가지로 나눴다. 하나는 광고 내용을 꼼꼼히 따져보며 판단하는 방식이고, 다른 하나는 광고의 분위기나 주변 요소를 보고 직관적으로 판단하는 방식이다. 이 두 가지를 함께 설명하는 이론이 바로 정교화 가능성 모델(Elaboration Likelihood Model, ELM)이다. 이 이론에 대해 살펴보자.

이 이론에 따르면, 소비자가 광고를 진지하게 받아들일 동기와 그 내용을 이해할 능력을 모두 갖추고 있을 때는 광고 메시지의 내용 자체가 중요해진다. 성능이 얼마나 좋은지, 왜 이 제품이 합리적인 선택인지와 같은 정보가 설득의 핵심이 된다. 이를 중심 경로에 의한 설득이라고 부른다.

반대로 소비자가 광고에 큰 관심이 없거나, 굳이 깊이 생각할 필요를 느끼지 못하는 상황에서는 이야기가 달라진다. 이때 소비자는 내용보다는 모델이 누구인지, 음악이 어떤지, 색감이나 분위기가 어떤지를 보고 판단한다. 이런 방식을 주변 경로에 의한 설득이라고 한다.

연구진은 이런 차이를 '관여도'라는 개념으로 설명했다. 관여도가 높은 소비자는 더 많은 정보를 찾고, 신중하게 비교하려는 경향이 있다. 반면 관여도가 낮은 소비자는 판단을 최대한 단순하게 하려 한다. 이를 확인하기 위해 연구진은 160명의 참가자를 대상으로 실험을 진행했다. 참가자들은 관여도(높음/낮음), 광고 메시지의 설득력(강함/약함), 광고 모델(유명인/일반인)이 서로 다른 여덟 가지 조건 중 하나에 배정됐다. 광고 대상은 '에지'라는 가상의 면도기였다.

유명인 모델의 효과는 관여도가 낮은 상황에서만 의미 있게 나타났다. 반면 광고 메시지의 내용이 얼마나 설득력 있는지는 관여도와 관계없이 중요했지만, 특히 관여도가 높은 상황에서 훨씬 더 큰 영향을 미쳤다.

이 결과는 왜 아이스크림처럼 비교적 가볍게 선택하는 제품 광고에 손흥민과 같은 슈퍼스타가 등장하는지를 잘 설명해준다. 소비자는 아이스크림을 고를 때 성분이나 제조 공정을 따지기보다, 익숙하고 호감 가는 얼굴을 보고 빠르게 선택한다. 이런 상황에서는 '무엇을 얼마나 자세히 설명하느냐'보다 '누가 등장하느냐'가 더 중요하다. 결국 중요한 것은 정보의 양이 아니다. 어떤 상황에 있는 소비자를 설득하려는 것인지, 그 소비자가 깊이 생각할 준비가 되어 있는지부터 판단하는 것이 핵심이다.

마케터는 자신의 제품이 고관여 제품인지, 저관여 제품인지부터 명확히 이해해야 한다. 관여도에 따라 소비자를 설득하는 방법은 완전히 달라진다. 많은 정보를 제공하는 것이 항상 정답은 아니다.

아이스크림처럼 구매 결정이 빠르고 반복적인 저관여 제품의 경우, 소비자는 제품의 세부 성분이나 제조 공정보다 익숙한 얼굴, 반복되는 리듬, 단순한 연결 고리를 통해 판단을 내린다. 이런 상황에서는 복잡한 설명이 오히려 부담으로 작용할 수 있다.

반대로 자동차나 보험, 가전처럼 구매에 시간과 비용이 많이 드는 고관여 제품에서는 양상이 달라진다. 이때 소비자는 감각적인 이미지나 유명인보다 성능, 가격, 조건과 같은 구체적인 정보에 더 민감하게 반응한다. 같은 광고 전략을 모든 제품에 적용할 수 없는 이유가 여기에 있다. 소비자의 관여도에 따라 설득의 경로도 달라져야 한다.

전달하고 싶은 말이 많다는 이유로 저관여 제품에도 지나치게 많은 정보를 담거나, 반대로 고관여 제품을 지나치게 감각적인 이미지로만 포장하려 해서는 안 된다. 설득은 메시지의 양이 아니라 맥락의 적합성에서 결정된다. 소비자가 깊이 생각하지 않는 상황에서 강한 논리를 제시해도 효과는 제한적이고 반대로 충분히 고민하는 상황에서 가벼운 이미지에만 의존하면 신뢰를 얻기 어렵다.

좋은 광고란 많이 설명하는 광고가 아니라 소비자가 어떤 상태로 광고를 보게 되는지를 정확히 읽어낸 광고다. 손흥민의 춤이 효과적이었던 이유는 그 장면이 많은 정보를 담고 있어서가 아니라 아이스크림을 고르는 소비자의 판단 방식에 정확히 맞아떨어졌기 때문이다. 마케터에게 중요한 질문은 "무엇을 더 말할 것인가"가 아니라 "지금 이 소비자는 얼마나 생각하려 하는가"다. 이 질문에 대한 답이 설득의 방향을 결정한다.

정교화 가능성 모델

우리는 항상 따져보고 선택하지 않는다. 관여도가 낮을 때는
정보를 처리하기보다 신호를 보고 판단한다.
상황에 따라 논리로 설득할지, 이미지로 각인시킬지를 먼저
결정해야 한다.

27

한 권 빠진 전집은
왜 쌀까?

#부정성 편향

당신 근처의 직거래 장터, 당근마켓

2024년 기준, 누적 가입자 약 4,300만 명, 월 이용자 수 약 2,000만 명에 달하는 중고거래 플랫폼, 당근은 우리나라 사람이라면 한 번쯤 들어봤을 스타트업이다. 2023년부터는 당근마켓에서 당근으로 이름을 변경했고, '당신 근처의 직거래 장터'라는 슬로건을 '당신 근처의 지역 생활 커뮤니티'로 변경하여 스스로 확장된 역할을 제안하고 있다.

당근은 처음에는 스타트업이 모여 있는 판교테크노밸리에서 기업 대상 물품 교환이나 직거래 서비스를 제공하는 앱으로 시작했다. 그래서 처음 이름은 판교장터였다. 이후 기업 대상 서비스에서 지역 기반 중고거래로 사업을 전환하고, 이름을 당근마켓으로 변경한 후 현재에

5장. 믿음 : 브랜드와 사랑에 빠진 뇌

이르게 됐다.

당근은 어쩌면 굉장히 단순한 서비스를 제공한다. 아니, 이미 이전에 있었던 서비스인 중고거래 플랫폼 역할을 한다. 이런 서비스의 대표 주자가 중고나라였다. 그런데 중고나라는 나날이 인기가 줄어들지만, 당근의 인기는 계속 올라가고 있다. 왜 그럴까? 당근이 제공하는 차별점 때문이다. 당근은 GPS 인증을 기반으로 사용자의 지역을 특정하고, 그 지역에서만 중고거래를 할 수 있게 허용한다. 이러한 시스템으로 사용자는 대부분 동네에서 직거래를 하는데, 중고거래 특성상 발생할 수 있는 사기를 예방할 수 있다는 장점이 있다. 내 제자 중 한 명은 중고나라를 통해 아이패드를 구매했다가 뉴스에서만 봤던 벽돌을 실제로 받아본 경험이 있다. 이러한 문제를 예방할 수 있다는 것이 당근의 인기 비결이다.

나도 종종 당근에서 제품을 검색하는데 주로 막내 아이가 사용할 제품을 많이 찾아본다. 어린아이가 사용하는 제품들은 보통 오래 쓰지 않기 때문에 중고 제품의 상태가 좋은 경우가 많다. 가격도 합리적이라 꽤 훌륭한 거래를 할 수 있다. 아직 초등학교에 입학하지 않은 아이가 읽을 만한 책을 찾다 보니 특이점을 발견했다. 아이들의 책은 주로 전집으로 판매되고 있었다. 그런데 신기하게도 전집 도서이지만 그 중 한 권이 빠진 경우에는 매우 저렴한 가격에 판매되고 있었다. 경제학에서 가정하는 합리적 인간이라면 전집 판매가격에서 한 권만큼의 가격만 빼고 팔면 될 것 같지만, 그렇게 거래되는 경우는 거의 없었다. 겨우 한 권을 분실한 것인데 왜 전집은 한 권 가격이 아니라 절반, 혹은 그 이상으로 낮은 가격으로 거래될까?

　이는 부정성 편향(negativity bias)으로 설명할 수 있다. 부정성 편향은 2001년 발표된 폴 로진(Paul Rozin)과 에드워드 B. 로이즈만(Edward B. Royzman)의 연구인 '부정성 편향, 부정성 지배, 그리고 부정의 전이(Negativity bias, negativity dominance, and contagion)'에서 과거 진행된 다양한 관련 연구를 모아 구체적으로 정리한 개념이다.[35] 이들의 연구에 따르면 사람이 가진 부정성 편향을 네 가지로 정리할 수 있다.

　첫째, 사람은 부정적 강도(Negative Potency)에 관한 편향이 있다. 사람들은 객관적으로 같은 크기를 가진 부정적 사건과 긍정적 사건이 있을 때, 부정적 사건을 주관적으로 더 강하게 인식하고 주목한다. 우리가 1만 원을 길에서 주웠을 때와 1만 원을 잃어버렸을 때 언제 더 강하게 인식하는지를 생각해보면 우리들에게 부정적 강도에 관한 편향이 있음을 알 수 있다. 개인뿐만 아니라 사회적으로도 비슷하다. 미국 대통령 선거에서 단기적인 경제 상황이 나빠지면 여당에 대한 투표가 감소하지만, 경제 상황이 호전될 때는 거의 영향이 없었다. 경제 하락에 대해서는 사람들이 주목하고 강력하게 인식하여 부정적인 태도를 형성할 수 있지만, 경제 상승에 대해서는 크게 관심을 두지 않는다는 것이다.

　둘째, 부정적 기울기의 가파름(Greater Steepness of Negative Gradients)에 관한 편향이다. 부정적인 사건에서 사람들이 느끼는 부정적 가치는 긍정적인 사건에서보다 더 빠르게 증가한다. 부정적인 면

이 한 단위 증가할 때 느끼는 부정적 가치는 긍정적인 면이 한 단위 증가할 때 느끼는 긍정적 가치보다 더 크다. 이는 가치의 증가 속도가 부정적인 측면에서 훨씬 빠르다는 것을 의미한다. 예를 들어, 주식 투자를 하는 사람이 100만 원의 손해를 봤는데, 추가로 100만 원을 더 잃게 될 때 느끼는 부정적 가치의 증가폭은 100만 원의 이익을 본 사람이 추가로 100만 원을 더 얻었을 때 느낄 수 있는 긍정적 가치의 증가폭보다 더 크다. 즉 부정적인 것일수록 추가로 늘어날 때 그 가치가 더 빠르게 증가한다.

셋째, 부정성 우세(Negativity Dominance) 편향이다. 이는 긍정적인 일과 부정적인 일이 동시에 일어났을 때, 사람들은 두 가지를 각각 따로 평가한 뒤 평균을 내리듯 판단하지 않는다는 뜻이다. 오히려 부정적인 사건이 전체 평가를 압도해 실제보다 훨씬 더 나쁜 인상을 남긴다. 다시 말해, 좋은 일이 있었음에도 불구하고 나쁜 일이 함께 발생하면, 사람들은 "결국 안 좋았다"고 느끼는 경향이 강하다. 긍정적인 사건의 가치가 +10이고, 부정적인 사건이 주는 가치가 −8이라고 할 때, 산술적 합은 +2가 되어야 하지만, 실제 사람들이 인식하는 가치는 +2가 아니라 더 부정적인 가치(예: −2)로 인식될 수 있다. 단순히 긍정적인 사건과 부정적인 사건의 합을 산술적으로 계산하는 것은 의미가 없으며, 부정적인 쪽으로 가치 인식이 될 가능성이 크다.

넷째, 부정적 차별화(Negative Differentiation) 편향이다. 이는 사람들이 긍정적인 자극보다 부정적인 자극을 훨씬 더 세밀하고 복잡하게 인식하고 해석한다는 경향을 뜻한다. 좋은 일보다 나쁜 일에 대해 우리는 더 많은 생각을 하고, 더 구체적으로 구분하며, 더 오래 기억한다는 것이다. 기존 연구에 따르면 사람들이 부정적인 상황을 설명할 때 사용하는 어휘는 긍정적인 상황을 설명할 때보다 훨씬 다양하고 풍부하다. 부정적인 사건이 발생했을 때 우리의 인지는 더 정교하게 작동하며 작은 차이까지 구분하려는 방향으로 활성화된다.

이러한 경향은 감정에서도 확인된다. 일반적으로 사람들은 기쁨이나 만족 같은 긍정적 감정보다 불안, 분노, 두려움, 좌절처럼 부정적 감정을 더 많이, 더 세분화된 형태로 인식하고 구분한다. 이는 부정적 사건과 감정이 인간의 인지 체계에서 더 복잡하고 민감하게 처리된다는 사실을 시사한다.

두 교수는 다양한 영역에서 부정적 편향에 대한 증거를 수집했다. 사람의 부정적 편향이 발생할 수 있는 감각, 기억, 사람에 대한 인상, 도덕적 판단 등 다양한 영역에서의 부정적 편향 현상을 제안하고 있다. 여기에서는 모든 것을 제시할 수 없어 중요한 몇 개만 소개하려고 한다.

첫째, 주의와 도드라짐(attention and salience)에 관한 부정적 편향. 일반적으로 부정적인 정보는 긍정적인 정보보다 더 많은 주의를 끄는 경향이 있다. 사람들은 긍정적 자극보다 부정적 자극을 더 쉽게 식별하고, 더 빨리 찾는 등 부정적인 정보에 더 많은 주의를 기울이게 된다. 예를 들어, 같은 사람의 흑백 얼굴로 가득 찬 군중 속에서 다른 차이가 나는 얼굴을 식별하는 과제를 수행하면, 행복한 얼굴이나 중립적인 얼굴보다 분노한 얼굴을 더 빨리 찾을 수 있다.

둘째, 학습(learning)에 관한 부정적 편향. 사람을 포함한 동물은 보상보다 처벌을 더 강하게, 더 오래 기억하는 경향이 있다. 좋은 경험보다 나쁜 경험이 학습에 더 깊이 새겨진다는 것이다.

셋째, 기분(Mood)에 관한 부정적 편향. 부정적 사건과 긍정적 사건이 기분에 미치는 영향력을 검토한 결과, 부정적 사건에 대한 기대가 기분에 가장 큰 영향을 미치는 결정 요소가 된다는 것을 확인할 수 있었다. 동일한 수준의 긍정적 사건과 부정적 사건이 동시에 제시된 경우 부정적 효과가 여전히 기분에 더 큰 영향을 미친다.

넷째, 의사결정(decision making)에 관한 부정적 편향. 우리가 앞서 다뤘던 프로스펙트 이론에서 잘 확인할 수 있듯이, 사람은 손실을 이득보다 더 부정적이라고 느낀다. 이러한 성향은 사람들의 손실 회피 성향으로 나타나는데, 앞에서 살펴봤던 보유 효과를 통해 잘 이해할 수 있다. 사람은 자신이 가진 것을 내어 주는 것에 대해 매우 큰 부정적 가치를 인식하며, 반대로 자신이 얻을 수 있는 것에는 상대적으로 적은 가치를 인식하기 때문에 빼앗기는 것을 상당히 싫어한다.

지금까지 부정적 편향에 대해 살펴봤다. 부정적 편향에 관한 다양한 연구들이 제안하는 바는 명확하다. 사람은 긍정적인 것보다 부정적인 것에 훨씬 더 예민하게 반응한다. 한 권이 빠진 도서 전집 이야기도 부정적 편향과 연결할 수 있다. 사람은 긍정적인 것보다 부정적인 것에 더 큰 영향을 받기 때문에 전집에 남아있는 책들보다 전집에서 없어진 한 권의 책의 가치를 더 크게 인식한다. 남아있는 책이 주는 긍정적인 가치는 물론 존재하지만 없어진 한 권의 책을 읽을 수 없다는 것이 도서 전집의 가치를 매우 낮게 평가하게 만든다. 막상 그 책이 없어도 나머지 책을 아주 즐겁게 읽을 수 있음에도 말이다.

마케터는 소비자가 부정적인 측면에 민감하게 반응하는 것을 이해하고 이를 이용해야 한다. 이와 관련된 마케팅 중 대표적인 방법으로는 소비자가 제품이나 서비스를 이용하지 않으면 손실을 경험할 것이라는 점을 강조하는 손실 회피(loss aversion) 마케팅이 있다. 호텔 예약 사이트는 '현재 이 방은 2개만 남아있습니다'와 같은 메시지를 통해 이 방을 예약하지 못했을 때의 부정적인 상황을 떠올리게 만들어 선택을 촉구한다. 공포 소구(fear appeal) 마케팅도 참고할 만하다. 우리나라는 2016년부터 법으로 담뱃갑에 구강암 등 암에 걸린 사람의 끔찍한 모습을 이미지로 표기하도록 강제하고 있는데, 이는 담배의 부정적인 측면인 건강의 문제를 강조함으로써 담배를 구매하지 않게 만들려는 디마케팅(de-marketing) 전략이라 할 수 있다.

기억하자. 부정적인 요소에 더 민감하게 반응하는 심리를 이용하면 마케터가 원하는 내용이 더 강하게 전달될 가능성이 크다는 것을. 여기서 중요한 것은 부정을 만들어내는 것이 아니라, 이미 존재하는 부정을 어떻게 해석하고 구조화해 전달하느냐다.

부정성 편향

완성도는 단 하나의 오점으로 무너지고, 긍정적인 열 개보다 부정적인 한 개가 더 강렬하게 기억된다. 우리는 얻는 것보다 잃는 것에 훨씬 더 예민하기에 사소한 흠집 하나가 전체의 가치를 결정짓기도 한다. 정성을 들이는 것만큼이나 상처를 남기지 않는 것이 중요하다.

고객에게 주도권을
넘겨주는 척하라

가끔 방문하는 용인의 어느 동네에는 자동차 줄이 아주 길게 늘어선 매장이 하나 있다. 처음 그 장면을 봤을 땐 스타벅스 드라이브스루 매장에 들어가려는 차들이 기다리는 줄이라고 생각했다. '사람이 몰릴 시간인가 보다'라고 생각하며 대기 줄을 지나치는데 스타벅스에 들어가려는 차들이 아니었다. 어떤 줄이었을까? 바로 '로또'를 판매하는 매장에 들어가려는 차들의 행렬이었다. 로또를 사려고 줄을 저렇게나 선다고? 잘 이해가 되지 않았다. 로또를 어디서 사든지 결국 확률 게임이었기 때문에 로또 구매장소는 중요하지 않다고 생각했기 때문이다. 역시 나는 극단적인 T다(나는 MBTI에서 T가 100%였다).

　　로또는 총 45개의 숫자 중 6개의 숫자를 선택해서 모두 일치하면 1등에 당첨되는 복권이다. 45개의 숫자 중 6개를 올바르게 선택할 확률은 약 814만 분의 1이다. 정확하게는 8,145,060분의 1이다. 퍼센트로 환산하면 0.0000123%이다. 특정 가게에서 숫자 6개를 고른다고 해서 확률이 바뀔까? 그럴 리가 없다. 그런데 왜 사람들은 특정 가게를 '로또 성지'처럼 생각하며 그 가게에서 로또를 사려고 애쓸까? 보통 '로또 성지'로 불리는 매장에는 다음과 같은 식의 문구가 크게 붙어 있다.

로또 1등 25번, 2등 88번 당첨

이 문구는 실제로 용인의 로또 매장에 붙어 있는 현수막에 적혀 있었다. 로또 1등 당첨자가 무려 25번 나온 매장. 꽤 솔깃하다. 앞에서 확률 게임이라 했지만, 한 매장에서 25번이나 나왔다면 진짜 로또 1등이 자주 나오는 좋은 기운을 가진 매장이라 볼 수 있지 않을까? 실제 줄을 서서 이 매장에 들어가려던 사람들은 '25번이나 1등을 배출한 로또 성지에서 로또를 사면 나도 1등에 당첨될 것'이라는 큰 기대를 품고 시간과 노력을 들여 이 매장에서 로또를 사려고 했을 것이다. 이런 로또 성지는 전국에 몇 군데 있다. 로또 명당을 모아놓은 사이트에 따르면, 가장 많은 로또 1등이 당첨된 매장은 71회 당첨된 인터넷 복권 사이트였으며 서울 노원구의 한 매장이 45회 당첨되어 그 뒤를 이었다. 부산 동구의 매장에서는 43번 당첨되었고, 대구 달서구의 매장은 29회, 그리고 앞서 소개한 경기 용인시의 매장에서는 25회 1등이 당첨되었다.

8,145,060분의 1, 0.0000123% 확률의 로또 1등 당첨은 당첨되는 것이 거의 불가능에 가까운 낮은 확률이다. 그런데 71회, 45회,

43회, 29회, 25회나 한 매장에서 1등이 나왔다고? 그렇다면 진짜 성지 아닌가? 진짜 성지처럼 느껴지지만, 사실 여기에는 함정이 하나 숨어있다. 이 매장에서 1등이 많이 당첨된 것은 당첨 확률이 높아진 것이 아니고, 구매 표본이 커진 결과다. 1등 당첨 소식을 들은 수많은 사람이 이 매장에서 로또를 구매하게 되고, 이는 이 매장에서 당첨될 가능성이 증가하게 되는 것이다. 개인의 당첨 확률이 높아진 것이 아니라 판매가 늘어 표본이 많아진 매장의 당첨 확률이 높아진 것이다. 결국, 어디에서 로또를 사나 개인의 당첨 확률은 같다.

흥미로운 점은 또 있다. 1등 당첨자가 많이 나온 '로또 성지'에서 로또를 사면 1등이 될 가능성이 높아질 것이라 믿는 소비자처럼 로또 번호를 아주 신중하게 하나하나 잘 고르면 1등에 당첨될 수 있을 것이라 기대하는 소비자가 많다. 그래서 로또를 판매하는 매장에 가보면 아주 신중하게 숫자를 고르고 검정 사인펜으로 색칠하는 사람들을 자주 만날 수 있다. 그들은 자신의 간절한 선택이 1등으로 이어질 것이라 기대한다. 이러한 간절한 선택은 진짜 당첨될 숫자를 선택하는데 도움이 될까?

계속해서 말하지만, 로또 1등에 당첨될 확률은 8,145,060분의 1, 0.0000123%이다. 45개의 번호 중 어떤 번호가 나올지는 아무도 모른다. 내가 번호를 선택하든 인터넷에 떠도는 좋은 번호를 가져오든, 꿈에 등장한 산신령이 알려준 번호이든, '랜덤'을 선택해서 무작위로 번호를 받든 1등에 당첨될 확률은 여전히 약 814만 분의 1이다. 번호에 대한 어떠한 '통제'도 실제 당첨 확률을 바꿀 수는 없다.

그런데 로또 번호 선택과 같은 통제에 대한 착각은 다양한 곳에서 나타난다. 오래된 연구 한 편에서 사람들이 얼마나 자신의 통제력을 과대평가하는지 확인할 수 있다. E. 랭거(E. Langer)는 1975년에 논문 한 편을 발표했다.[36] 이 논문에서 랭거는 사람들이 자신이 통제할 수 있는 상황에서 자신이 더 나은 결과를 이끌어낼 수 있을 것이라 착각하는 현상이 있는데, 이를 통제의 환상(The Illusion of Control)이라고 이름 붙였다. 랭거는 몇 가지 실험을 통해 통제의 환상을 증명했다. 실험을 살펴보면 다음과 같다.

랭거는 36명의 예일대학교 학생을 대상으로 실험을 진행했다. 학생들은 18명씩 두 집단으로 할당되었는데, 한 집단은 멋쟁이 조건이었고, 다른 집단은 얼간이 조건이었다. 참가자들은 한 사람과 카드 게임을 했는데, 상대방은 미리 섭외한 배우였다. 이 배우는 각 조건에 맞게 옷을 차려입고 특정 행동을 했다. 우선 멋쟁이 조건에 투입될 때 이 배우는 자신감 있고 외향적인 모습을 보였으며, 잘 맞는 스포츠 코트를 입고 있었다. 반면 얼간이 조건에 투입될 때 이 배우는 다소 수줍어 보였고, 어색하게 행동했으며, 신경질적인 떨림이 있었고, 작은 스포츠 코트를 입고 있었다. 같은 사람이지만, 입고 있는 옷이나 행동으로 매력적인 사람 혹은 어설픈 사람처럼 보이도록 조작한 것이다.

이후 참가자들은 이 사람과 카드 게임을 하게 된다. 카드 게임은 순전히 운에 의해 승부가 결정되는 게임이었는데, 참가자들은 상대보다 높은 카드를 뽑으면 승리하는 방식이었다. 실험 참가자들은 각 라운드 당 0~25센트를 베팅할 수 있었다. 결과는 어땠을까?

얼간이 조건의 실험 참가자들은 멋쟁이 조건의 참가자들보다 훨씬 더 많은 돈을 베팅했다. 얼간이 조건의 실험 참가자들은 평균 16.25센트를 베팅한 반면, 멋쟁이 조건의 참가자들은 평균 11.04센트를 베팅했다. 앞서 말한 것처럼 이 게임은 상대방이 누구인지가 중요하지 않은 순전히 운에 의존하여 승부를 겨루는 게임이었다. 그럼에도 불구하고 참가자들은 상대방의 모습에 따라 승부에 대한 확신을 달리 가졌다. 상대방이 어설픈 사람으로 보이는 경우 자신이 승리할 수 있을 것으로 믿는 경향이 커졌는데, 이는 결국 자신이 게임을 통제할 수 있을 것이라 착각하는 통제의 환상이라 할 수 있다.

랭거는 추가적인 실험을 통해 통제의 착각을 더 확고하게 증명했다. 실험은 50달러의 상금이 걸려있는 복권을 1달러에 구매하는 방식으로 진행되었다. 총 53명을 대상으로 진행되었는데, 이들은 두 집단으로 구분됐다. 한 집단은 복권을 직접 선택할 수 있는 조건(선택 조건)이었고, 다른 집단은 임의의 복권을 배정받는 조건(비선택 조건)이었다. 실험 대상자들은 복권을 받은 후 복권을 다른 사람이 사고 싶어 한다는 말을 듣고, 얼마에 팔겠냐는 질문을 받았다.

결과는 흥미로웠다. 직접 복권을 고른 집단은 자신의 복권을 팔려면 평균 8.67달러는 받아야 한다고 했다. 반면 임의로 복권을 받은 집단은 평균 1.96달러에 팔겠다고 했다. 두 집단이 가진 복권의 당첨 확률은 동일한데도 직접 고른 쪽이 네 배 이상 높은 가격을 요구한 것이다. 복권 당첨은 전적으로 운에 달려 있다. 그럼에도 직접 복권을 고른 참가자들은 자신이 선택했다는 사실만으로 당첨 가능성을 더 높게 봤다. 선택할 수 있다는 것 자체가 통제력을 갖고 있다는 착각을 만들어 낸 것이다.

로또 번호를 직접 선택하는 것은 큰 의미가 없다. 어차피 너무나도 낮은 확률의 번호 조합을 선택해야 하므로 내가 직접 선택하든 자동으로 무작위 선택을 하든 큰 의미는 없다. 그러나 많은 사람이 자신의 번호 선택이 당첨의 확률을 높일 것이라 기대한다. 더 나아가 좋은 꿈을 꾸면 그 확률이 더 높을 것으로 생각하기도 한다. 우리는 이런 모습을 다른 상황에서도 목격할 수 있다. 예를 들어, 주사위 게임을 할 때 좋은 숫자를 얻기 위해 주사위를 손에 넣고 기도하듯 주문을 외운다거나 고스톱을 치면서 좋은 패를 받기 위해 천천히 패를 뒤집어 보는 등의 행동은 전형적인 통제의 착각이 만들어내는 모습이다.

기업은 통제의 착각을 활용해 소비자의 의사결정에 영향을 미칠 수 있다. 소비자의 선택이나 행동이 결과에 거의 영향을 미치지 않는 상황이라 하더라도 소비자가 스스로 통제하고 있다고 느끼게 만들어 더 좋은 결과를 기대하게 할 수 있다. 예를 들어 온라인 이벤트에서 사은품을 제공할 때, 그냥 자동으로 지급하지 않고 룰렛을 돌리거나 숫자를 맞히는 게임 형태로 참여하게 만드는 경우가 있다. 이런 방식은 결과가 사실상 정해져 있음에도 불구하고, 소비자에게는 "내가 직접 선택했다"는 인상을 남긴다. 그 결과 소비자는 스스로의 행동을 통해 더 좋은 보상을 얻었다고 착각하게 된다. 여기서 중요한 것은 실제 통제가 아니라 통제하고 있다는 느낌이다. 이 감각을 자극함으로써 소비자의 기대를 높이고 같은 보상이라도 더 긍정적으로 받아들이게 만들 수 있다.

　그리고 보니, 아이와 같이 방문했던 식당 앞에 있던 사탕 자판기도 비슷한 방식을 활용하고 있었다. 500원을 넣고 버튼을 누르면 룰렛이 돌면서 사탕이 몇 개 나올지 숫자가 나타나는 방식이었다. 대부분 정해진 개수의 사탕을 받게 되겠지만, 버튼을 누르는 모습이 사뭇 진지했던 아이의 모습이 기억난다. 별것 아니지만 이러한 통제 가능성은 소비자에게 나름 더 좋은 것을 얻을 수 있다는 착각을 만들어내며, 결과적으로 더 만족스러운 경험을 할 수 있게 만든다. 통제력을 소비자가 가지고 있다고 믿게 만드는 마케팅 활동은 나름 효과적일 수 있다.

통제의 환상

결과를 마음대로 할 수 없더라도 과정에 개입할 수 있다면 사람은 안심한다. 내 손이 닿은 것에 더 큰 기대를 거는 마음은 우연조차 내 의지로 다스리고 싶어 하는 본능의 발현이다. 상대에게 주도권을 넘겨주는 것만으로도 깊은 신뢰를 얻을 수 있다.

29

자꾸 봐야 정든다

#단순 노출 효과

2016년, 애플은 신제품 하나를 발표했다. 무선 이어폰 에어팟(AirPods). 기존 유선 이어폰에서 선만 딱 잘라버린 듯한 모습의 에어팟은 출시 초기 온갖 조롱을 받았다.

> 귀에서 콩나물이 자랐다
>
> 칫솔모 같다
>
> 귀 양쪽에 담배를 꽂은 것 같다

이러한 반응은 SNS에서 에어팟을 조롱하는 밈(meme)이 되기도 했다. 에어팟 케이스에 콩나물을 넣어둔 사진이 게시되거나 귀에 콩나물을 꽂고 음악을 듣는 모습을 연출하기도 했다. 에어팟이 처음 출시됐을 때만 해도 소비자들은 에어팟의 디자인이 이상하다고 느꼈던 것이다. 그런데 지금은 어떠한가? 에어팟은 이상한 디자인이 아닌 패션 아이콘으로 자리 잡았다. 사람들의 취향이 그사이 바뀌기라도 한 것일까?

사실 이는 매우 흔한 현상이다. 대표적인 사례가 프랑스 파리에 있는 에펠탑이다. 오늘날 에펠탑은 파리의 상징이자 세계적으로 사랑받는 랜드마크다. 그러나 에펠탑이 처음 건설됐을 때만 해도 파리 시민들의 반응은 지금과 완전히 달랐다. 1889년 파리 만국박람회를 위해 완공된 에펠탑은 당대의 많은 예술가와 시민으로부터 '쇳덩이 흉물'이라는 비난을 받았다. 에밀 졸라와 모파상은 '파리의 수치'라는 표현을 쓰며 신문에 에펠탑 건설을 반대하는 글을 기고하기도 했다. 이런 비판을 받았던 에펠탑은 이제 전 세계 사람들이 사랑하는 파리의 상징으로 그 위상이 크게 달라졌다. 어떻게 파리의 수치에서 파리의 상징으로 변할 수 있었을까?

정답은 잦은 노출이다. 사람은 반복적으로 노출된 대상에 대해 더 긍정적으로 느끼는 성향을 보인다. 인간이 그렇게 단순하다고? 그렇다. 아주 오래된 연구에서 그 사실을 확인할 수 있다. 1968년 한 편의 논문이 발표됐다.[37] 심리학자 자이언스(R. Zajonc)의 '단순 노출의 태도적 효과(Attitudinal Effects of Mere Exposure)'라는 논문이다. 이 연구는 단순 노출 효과를 실험으로 증명했다.

단순 노출 효과(mere exposure effect)란 어떤 대상에 노출되는 횟수가 증가할수록 그 대상에 대한 호의도가 높아지는 현상을 말한다. 그렇다면 사람들은 왜 단순히 자주 본다는 이유만으로 대상을 더 좋게 평가하게 될까? 자이언스는 노출 빈도가 높아질수록 대상에 대한 친근감이 증가하고, 친근한 대상은 낯선 대상보다 호감을 느끼기 쉽기 때문이라고 설명한다. 그는 이를 여러 실험을 통해 증명했다.

그 중 미국의 한 대학에서 실시한 실험을 살펴보자. 자이언스는 중국어처럼 보이는 문자를 실험 자극으로 사용했다. 실제 한자라 하더라도 미국 학생들이 그 의미를 알 가능성은 거의 없었지만, 실험의 엄밀성을 위해 한자처럼 보이지만 실제 의미는 없는 임의의 문자를 만들어 사용했다. 다음 그림은 실험에서 사용된 문자 일부다.

실험 참가자들은 이 문자들을 보게 되었는데, 조건에 따라 어떤 문자는 여러 번 노출되고 어떤 문자는 한 번만 제시됐다. 이후 참가자들은 각 문자가 얼마나 '선한 의미'를 가졌을 것 같은지를 평가했다. 그 결과, 실제 의미를 전혀 알지 못함에도 불구하고 자주 노출된 문자를 더 '선하다'고 평가했다(12개 중 1개를 제외한 대부분의 문자에서 같은 결과가 나타났다). 의미를 알 수 없는 문자일지라도 노출 횟수가 늘어날수록 사람들은 점차 긍정적인 인상을 갖게 된다.

자이언스는 또 다른 실험에서 사람의 얼굴을 사용해 단순 노출 효과를 검증했다. 그는 미시간주립대학교의 졸업 앨범에서 무작위로 남성 얼굴 사진을 선정해 실험에 활용했다. 각 사진은 서로 다른 횟수로

2초씩 제시되었고 실험 참가자들은 사진 속 남자를 얼마나 좋아할 것 같은지를 7점 척도로 평가했다. 총 12명의 사진 중 9명에서 단순 노출 효과가 확인됐는데 노출 횟수를 0회에서 25회까지 조작한 결과, 노출 빈도가 높아질수록 호감도 역시 꾸준히 증가했다.

이러한 연구를 바탕으로 자이언스는 단순 노출 효과가 처음에는 낯설거나 심지어 거부감을 주던 대상에 대해서도 호감을 형성할 수 있다고 설명했다. 반복적으로 접하다 보면 대상에 익숙해지고, 그 익숙함이 긍정적인 감정으로 전환된다는 것이다. 에펠탑의 인식 변화 역시 같은 맥락에서 이해할 수 있다. 처음 건설되었을 당시 에펠탑은 파리 시민들에게 파격적이고 거슬리는 구조물로 여겨졌다. 그러나 시간이 지나며 일상적인 풍경으로 반복적으로 노출되었고, 그 과정에서 심리적 친숙함을 얻게 되었다. 결국 에펠탑은 파리를 상징하는 랜드마크로 자리 잡았다. 이러한 변화를 에펠탑 효과(Eiffel Tower effect)라고 부른다.

처음 등장했을 때 에어팟은 선이 잘린 어색한 디자인으로 '콩나물'이라는 놀림을 받았다. 그러나 많은 아이폰 사용자가 에어팟을 착용하면서 사람들은 일상에서 에어팟을 반복적으로 접하게 됐다. 그 결과, 낯설던 디자인은 점점 익숙해졌고, 결국 호감의 대상이 됐다.

마케터가 기억해야 할 사실은 단순하다. 우리는 어떤 대상을 자주 보는 것만으로도 호감을 갖게 된다. 처음 봤을 때의 인상이 반복 노출 이후 달라지는 이유가 바로 여기에 있다. 실제로 많은 기업이 이 효과를 마케팅에 적극 활용하고 있다. 광고를 통해 노출 빈도를 높이고, 매장에서 눈에 잘 띄는 위치에 진열하며, 드라마 속 PPL로 제품을 반복

적으로 등장시킨다. 소비자에게 자주 노출될수록 제품에 대한 호감도
가 높아진다는 사실을 잘 알고 있기 때문이다.

　조금 농담처럼 들릴지 모르지만, 만약 누군가에게 호감을 얻고 싶
다면 한 가지 방법은 분명하다. 그 사람의 시야에 자주 등장할 것. 단순
히, 그러나 꾸준히.

30

당신이 다이어트에
실패하는 이유

#자기 통제 가설

매년 영국 런던에서는 지속 가능한 소재 관련 글로벌 컨퍼런스인 〈리싱킹 머티리얼즈 서밋(Rethinking Materials Summit)〉이 열린다. 이 컨퍼런스는 지속가능성과 순환경제를 중심으로 한 혁신적인 소재 개발 및 상용화 전략을 논의하는 국제적인 컨퍼런스다. 이제는 패키징, 식음료, 소비재, 섬유 산업에서 지속 가능한 소재 전환을 주도하는 기업과 스타트업, 투자자, 정책입안자들이 모이는 중요한 플랫폼으로 자리 잡았다. 이 컨퍼런스에 중요한 참여 기업 중 한 곳이 바로 글로벌 식품회사인 크래프트 하인즈(Kraft Heinz)다.

크래프트 하인즈는 컨퍼런스의 주요 프로그램 중 하나인 크래프트 하인즈 챌린지(Kraft Heinz Challenge)를 운영하고 있다. 이 챌린지는 전 세계의 스타트업, 학계, 기업가들을 대상으로 재활용 가능하거나 산업용 퇴비화가 가능한 유연 포장재를 개발하는 혁신적인 아이디어를 모집하는 공모전이다. 여기서 발굴된 기술은 크래프트 하인즈의 ESG 경영에 기여할 수 있는 포장재 개발에 도움을 주고 있다. 크래프트 하인즈가 포장재에 관심을 두는 이유는 무엇일까?

크래프트 하인즈는 케첩을 비롯한 소스류, 치즈, 간편식, 음료, 스낵 등 다양한 식품을 생산한다. 2024년 기준 매출은 258억 5,000만 달러로, 전 세계 식품회사 가운데 매출 기준 5위에 오를 정도로 규모가 크다. 대형 식품회사는 수많은 제품을 대량으로 판매하기 때문에 각 제품에 적합한 포장재를 선택하는 일이 매우 중요한 과제다. 특히 식품의 안전성과 신선도를 유지하기 위한 포장재의 기능은 필수적이다. 여기에 더해, ESG 경영이 중요해지면서 친환경 소재를 활용한 포장재에 대한 요구도 커지고 있다. 동시에 포장재 비용을 낮출 수 있는 신소재 개발은 수익성 측면에서도 큰 의미를 갖는다.

크래프트 하인즈의 대표 제품인 하인즈 케첩만 보더라도 그 영향력을 쉽게 이해할 수 있다. 하인즈 케첩은 매년 약 6억 5,000만 병이 판매되며, 외식용을 포함한 일회용 케첩 패키지는 연간 110억 개나 유통된다. 이렇게 막대한 수량이 판매되는 제품의 포장재를 조금이라도 더 저렴하게 만들 수 있다면 크래프트 하인즈가 절감할 수 있는 비용은 매우 클 것이다. 예를 들어, 하인즈 케첩 병 하나에 사용되는 포장재 비용을 10원 절감할 수 있다면 연간 약 65억 원의 비용을 줄일 수 있다. 크래프트 하인즈와 같은 거대 식품 기업이 포장재와 소재 혁신에 지속적으로 관심을 기울이는 이유가 바로 여기에 있다.

많은 식품회사는 새로운 포장재뿐 아니라 포장 방식, 포장 단위, 포장 크기까지 다양한 변화를 시도하고 있다. 그중에서도 소비자가 가장 직관적으로 체감할 수 있는 변화는 포장 크기의 조정이다. 색다른 사례가 팔도의 '점보 도시락'이다. 팔도는 기존 컵라면보다 훨씬 큰 8인분 사이즈의 제품을 출시했는데 먹방 유튜버들의 도전 콘텐츠가 이어지면서 쉽게 구하기 어려울 정도로 큰 인기를 끌었다. 이 성공은 다른 라면 브랜드들의 라지 사이즈 제품 출시로 이어지며 한동안 하나의 유행처럼 확산되기도 했다.

작은 사이즈의 포장 역시 다양한 제품에 적용됐다. 새우깡 미니, 포카칩 미니, 미니 멘토스, 프링글스 미니, 미니 츄파춥스, 하리보 미니 등 과자와 사탕류는 물론 190밀리리터 코카콜라 미니캔, 300밀리리터 칠성사이다 미니 페트병, 200밀리리터 생수처럼 음료 역시 작은 포장 단위로 출시되고 있다. 그런데 포장 크기와 관련해 한 가지 의문이 생겼다.

어린 시절 좋아하던 초콜릿 바 중 하나가 트윅스다. 그런데 어느 순간부터 트윅스 미니라는 작은 사이즈 제품이 눈에 띄기 시작했다. 작은 사이즈 제품은 아마도 오리지널 트윅스를 한 번에 먹기 부담스러워 하는 소비자를 위해 출시된 것으로 보인다. 그런데 제약이 없다면 사람들은 총량 기준으로 일반 트윅스를 더 많이 먹을까, 아니면 트윅스 미니를 더 많이 먹을까? 참고로 트윅스 미니를 5개 이상 먹게 되면 일반 트윅스 1개보다 더 많은 양과 더 높은 칼로리를 섭취하게 된다.

이처럼 사소해 보이는 질문을 실제로 연구한 사람들이 있다. 모라 L. 스콧(Maura L. Scott)과 동료 연구자들은 2008년 '식품 및 포장 크기의 축소가 절제 식이자와 비절제 식이자의 소비 행동에 미치는 영향(The Effects of Reduced Food Size and Package Size on the Consumption Behavior of Restrained and Unrestrained Eaters)'에서 포장 사이즈에 따라 소비자의 섭취량이 어떻게 달라지는지를 분석했다.[38]

이 연구 이전의 다수 연구는 포장 사이즈가 클수록 더 많이 먹는다는 결론을 제시해 왔다. 그러나 이번 연구에서는 식단조절을 하는 소비자와 그렇지 않은 소비자는 다르게 행동할 것이라는 가설을 세웠다. 연구자들은 식단조절을 하지 않는 소비자는 기존 연구와 같이 큰 포장일수록 더 많이 먹을 것으로 예상했다. 반면, 식단조절을 하는 소비자는 오히려 작은 포장 사이즈일 때 더 많이 먹을 것이라고 보았다.

이를 검증하기 위해 실험을 진행했다. 한 집단에는 200킬로칼로리의 M&M 초콜릿을 하나의 큰 봉지에 담아 제공했고, 다른 집단에는 같은 양을 네 개의 작은 봉지에 나누어 제공했다. 참가자들은 실험이 진행되는 동안 초콜릿을 자유롭게 먹을 수 있었지만, 실험 종료 후에는 가져갈 수 없었다. 40분간 실험이 진행된 뒤 남은 초콜릿을 회수해 섭취량을 측정했다. 결과는 가설과 일치했다. 식단조절을 하는 참가자는 큰 포장으로 제공됐을 때(평균 88.08킬로칼로리)보다 작은 포장으로 제공됐을 때(평균 100.39킬로칼토리) 더 많은 칼로리를 섭취했다. 반면 식단조절을 하지 않는 참가자는 큰 포장(평균 129.73킬로칼로리)일 때가 작은 포장(평균 81.09킬로칼로리)일 때보다 더 많이 섭취했다.

연구자들은 이러한 현상이 식단조절 중인 소비자의 자기 통제 자원 고갈과 관련되어 있다고 설명한다. 식단을 조절하는 행위 자체가 상당한 자기 통제를 요구하는데, 작은 포장 사이즈의 음식은 '허용 가능한 다이어트 식품'으로 인식되기 쉽다. 하지만 일단 먹기 시작하면 통제력이 무너지면서 오히려 더 많은 양을 섭취하게 된다.

이는 추가 실험에서도 확인됐다. 총 240킬로칼로리의 쿠키를 제공하되, 한 집단에는 큰 봉지 하나에 큰 쿠키 4개를, 다른 집단에는 작은 봉지 네 개에 작은 쿠키 8개를 제공했다. 실험 후 섭취량을 비교한 결과, 식단조절을 하는 소비자 중 작은 봉지의 쿠키를 받은 경우 18.18%가 쿠키를 모두 먹은 반면, 큰 봉지를 받은 경우는 4.35%에 그쳤다. 반대로 식단조절을 하지 않는 소비자는 큰 봉지에서 모두 섭취한 비율이 더 높았다. 이 연구는 우리 주변의 작은 포장 식품이 반드시 적게 먹게 만드는 것은 아니라는 점을 보여준다. 특히 식단조절을 하는 소비자에게 작은 포장은 다이어트에 적합해 보이는 유혹이 될 수 있지만, 실제로는 오히려 섭취량을 늘릴 위험도 있다.

이는 식품업체 입장에서는 꽤 매력적인 시사점을 제공한다. 작은 사이즈 제품은 용량 대비 단가가 높은 경우가 많고, 동시에 소비량을 늘릴 가능성도 있다. 소포장은 다이어트에 민감한 소비자가 많은 우리나라 시장에서는 더욱 유효한 전략이 될 수 있다. 작은 포장은 소비자의 첫 선택을 자연스럽게 이끌고, 그 선택은 생각보다 쉽게 반복된다. 다이어트 중인 소비자에게 작은 포장은 스스로에게 내리는 허락처럼 느껴지지만, 그 허락이 절제를 무너뜨리는 첫 단추가 될 수 있다.

자기 통제 가설

절제는 의지가 아니라 자원이다. 한 번 쓰면 줄어들고, 계속 쓰면 고갈된다. 그래서 참고 있다는 감각은 위험하다. 작은 선택은 안전해 보이지만 그 안전함이 경계를 무너뜨린다. "이 정도는 괜찮아"라는 말은 통제의 신호가 아니라 해제의 신호다.

시선

타인의 눈이
선택을
바꾼다

The Revenue
Engine
*****
Date   :   23/03/2024
Order No.:   000000210
Card   :   VISA
No.   : **** **** **** ****
Exp.   :   30/03/2024
Total $ 21,000,000.00
Tax   0
30/03/2024   10:45
eTx ID: 1234567890
THANK YOU

31

브랜드가 곧 나다

스마트폰의 양대 산맥은 삼성과 애플이다. 2025년 3분기 기준 세계 스마트폰 시장의 규모는 약 1,200억 달러로 추정된다. 이 중 삼성전자와 애플의 매출이 전체 시장 중 약 65% 이상을 차지하고 있다. 같은 기간 애플의 매출 점유율은 약 48%로 역대 최고 수준이었고 삼성전자는 약 17%를 기록했다. 두 기업의 점유율은 신제품에 대한 소비자 반응에 따라 해마다 달라지지만, 글로벌 시장에서 이들의 영향력이 크다는 사실만큼은 변함이 없다.

우리나라 시장에서는 이 구도가 더욱 선명하게 나타난다. 삼성이 태어난 나라임을 증명하듯 우리나라 스마트폰 시장에서의 최강자는 삼성이다. 2025년 국내 스마트폰 판매량 기준 점유율은 삼성이 71%, 애플이 28%로 두 기업이 전체 시장의 99%를 차지하고 있다. 판매량에서는 삼성이 앞서지만, 매출액 기준으로 보면 두 기업의 비중은 비슷한 수준이다. 우리나라 스마트폰 시장은 삼성과 애플 두 기업의 경쟁 무대라 해도 지나친 표현이 아니다. 흥미로운 점은 이 경쟁이 기업 간 경쟁에 그치지 않는다는 것이다. 기업 말고 누가 경쟁한다는 것일까?

바로 소비자끼리 경쟁을 하고 있다. 마케팅의 핵심 목표가 고객과의 강한 관계를 구축하는 데 있다 보니 브랜드를 지지하는 소비자 집단이 자연스럽게 형성된다. 이러한 관계는 마케팅에서 '충성도'라는 개념으로 설명할 수 있다. 충성도란 특정 제품을 구매할 때 한 브랜드를 반복적으로 선택하는 경향을 말한다. 예컨대 스마트폰을 바꿀 때마다 갤럭시를 선택한다면 그 소비자는 삼성에 대한 충성도가 높다고 볼 수 있다. 충성 고객을 많이 확보한 기업은 여러 면에서 유리하다. 신제품이 출시됐을 때 빠르게 받아들여지고, 상대적으로 높은 가격을 유지할 수 있으며, 위기 상황에서도 일정한 방어막을 기대할 수 있다.

우리나라 스마트폰 시장은 삼성과 애플이 양분하고 있다. 이 말은 곧 삼성과 애플의 충성고객이 많다는 것을 의미한다. 두 기업에 대한 지지 세력이 강력하다 보니 새로운 기업의 시장 진입이 쉽지 않다. 우리나라 소비자들 사이에서 삼성과 애플에 대한 충성도는 어느 정도 일까? 삼성과 애플을 지지하는 일부 소비자 집단은 서로를 조롱하는 표현을 사용하며 감정적인 공방을 벌이기도 한다. 애플을 과도하게 추종하는 집단을 '앱등이', 삼성을 맹목적으로 지지하는 집단을 '삼엽충'이나 '갤빠'라고 부르는 식이다. 이러한 표현은 상대 브랜드를 낮춰보려는 감정의 산물에 가깝다.

애플을 과도하게 추종하는 집단을 부르는 '앱등이'는 '애플 + 꼽등이'의 합성어로, 애플에 대한 필요 이상의 추종을 하는 소비자들을 비하하는 표현으로 사용되고 있다. 삼성에 대해 맹목적인 충성을 하는 집단은 '삼엽충'으로 불린다. 삼성전자의 제품 중 갤럭시 브랜드에 대해서 과한 충성을 보이는 집단을 따로 '갤빠'라 부르기도 한다.

이런 조롱과 비하는 실제 사건에서도 확인할 수 있다. 2016년 삼성의 갤럭시 노트7 제품이 폭발하는 사고가 발생했을 때 애플 추종자들은 갤럭시 노트7을 '노트 세Bomb(폭탄)'이라 부르기도 했다. 2023년에 출시된 애플의 아이폰15 프로는 발열 문제로 곤욕을 겪었는데 삼성 추종자들은 아이폰15 프로를 '250만 원짜리 손난로'라 불렀다. 이런 싸움은 삼성과 애플 사이에서만 벌어지는 일이 아니다. 전 세계적으로 특정 브랜드에 대한 과한 충성을 보이는 소비자가 존재한다. 이들은 팬보이(fanboy)라 불린다(애플의 과한 충성고객은 애플 팬보이로 불린다). 심한 경우 살인으로 이어지기도 하는데 2016년 러시아에서는 에이엠디(AMD)와 엔비디아(NVIDIA) 팬보이 간 다툼이 살인 사건으로 번지기도 했다.

앱등이와 삼엽충과 같은 기업의 충성고객 집단은 지지하는 기업을 칭송하기도 하지만, 앞서 본 것처럼 서로를 비난하고 조롱하기도 한다. 특히 상대방 기업에 문제가 생겼을 때 이를 집요하게 파고들기도 한다. 여기서 궁금한 점이 하나 생긴다.

그렇다면 이런 공격과 비난은 실제로 소비자의 마음을 바꾸는 데 효과가 있을까? 연구 결과는 그렇지 않다고 말한다. 벤카테시 스와미나단(Venkatesh Swaminathan), 페이지 켈리(Page K. Page), 자이넵 귀

르한-잔르(Zeynep Gürhan-Canli)는 2007년 연구에서 소비자가 특정 브랜드와 강한 긍정적 관계를 맺고 있을수록 그 브랜드에 대한 부정적 정보를 무시하거나 반박하려는 경향이 강해진다고 밝혔다.[39] 그들의 실험을 살펴보자.

먼저 연구진은 실험 참가자들을 미국 국적을 가진 학생들로만 구성했다. 이후 실제 존재하는 두 브랜드를 이용해 실험을 진행했는데, 하나는 한국의 삼성이고 다른 하나는 미국의 델이었다. 이는 실험 참가자와 국적이 같은 브랜드와 그렇지 않은 브랜드로 구분하기 위한 목적이 있었다. 참가자들은 두 집단으로 구분되어 삼성 혹은 델에 대한 설문을 진행했다. 이때 집단에 따라 각각 삼성과 델에서 출시한 신형 TV에 관해 다음과 같은 부정적인 기사를 읽게 했다.

> 삼성(델)이 새로 출시한 TV에 대한 귀하의 평가를 받고자 합니다. 아래는 독립적인 제품 테스트 기관에서 평가한 삼성(델)의 새 34인치 슈퍼 파인 모델 WS34V1에 대한 평가입니다. 이 제품은 최근 시장에 출시되었습니다. 삼성(델)이 새로 출시한 TV와 경쟁 제품의 평가를 주의 깊게 읽고, 질문에 답해 주시기 바랍니다.
>
> 가상의 평가 점수(1=매우 높음, 7=매우 낮음)에서 삼성(델) TV는 화질에서 7점, 음질에서 7점, 무게에서 무거움이라는 평가를 받았습니다. 반면, 소니 TV는 화질에서 2점, 음질에서 2점, 무게에서 가벼움이라는 평가를 받았고, GE TV는 화질에서 4점, 음질에서 4점, 무게에서 가벼움이라는 평가를 받았습니다.

이후 실험 참가자들은 삼성 혹은 델에 대한 브랜드 태도를 평가했다. 동시에 연구자들은 참가자들을 두 가지 자아 유형으로 구분했다. 하나는 '독립적 자아'가 강조된 집단이고 다른 하나는 '상호의존적 자아'가 강조된 집단이다. 이 구분에 따라 브랜드에 대한 반응에는 뚜렷한 차이가 나타났다.

독립적 자아가 강조된 사람은 '내가 무엇을 좋아하는가', '내 기준에서 무엇이 중요한가'를 중심으로 판단하고 의사결정을 내리는 경향이 있다. 반면 상호의존적 자아가 강조된 사람은 '우리는 어떻게 생각하는가', '우리가 속한 집단의 기준은 무엇인가'를 더 중요하게 여긴다. 다시 말해 판단의 기준이 '나'에 있는지, 아니면 '우리'에 있는지에 따라 반응이 달라지는 것이다.

실험 결과를 보면, '내'가 중요한 독립적 자아 집단에서는 평소 좋은 관계를 맺고 있다고 느끼는 브랜드에 대해 부정적인 정보를 접하더라도 이를 쉽게 받아들이지 않는 경향이 나타났다. 그 결과 해당 브랜드에 대한 전반적인 평가는 비교적 긍정적으로 유지됐다.

반대로 자신과의 관계가 약하다고 느끼는 브랜드에 대해서는 부정적 정보가 제공되자 브랜드 태도가 크게 나빠졌다. 이러한 경향은 삼성과 델 모두에서 동일하게 나타났다. 다시 말해 좋아하는 브랜드에 대한 부정적인 이야기는 무시하거나 반박하려는 심리가 작동했고, 그만큼 브랜드에 대한 평가도 쉽게 나빠지지 않았다.

더 흥미로운 결과는 '우리'가 중요한 상호의존적 자아가 강조된 집단에서 나타났다. 이들은 자신이 '우리'라고 느끼는 대상에 대해 전반적으로 더 호의적인 평가를 내리는 경향을 보였다. 앞에서 밝힌 대로 이 실험은 미국 국적의 참가자들만을 대상으로 진행했다. 이들에게 '우리'라는 범주는 한국 기업인 삼성보다는 미국 기업인 델을 포함할 가능성이 크다. 연구자들은 이러한 점을 고려할 때 상호의존적 자아가 강조된 집단에서는 델에 대한 부정적 정보가 제시되더라도 이를 무시하거나 반박하는 경향이 더 강하게 나타날 것이라고 예상했다.

결과는 예상과 일치했다. 상호의존적 자아가 강조된 집단에서는 델에 대해 긍정적인 정보이든 부정적인 정보이든 관계없이 부정적 정보로 인해 델에 대한 태도가 크게 악화되는 현상은 관찰되지 않았다. '우리'로 인식되는 브랜드에 대해서는 비판적인 정보가 들어와도 태도가 쉽게 흔들리지 않았던 것이다.

소비자는 자신이 좋아하는 브랜드에 대해 타인이 부정적인 말을 하더라도 이를 잘 받아들이지 않는다. 내가 좋아하는 대상이기 때문에 용서할 수 있다는 것이다. 삼성과 애플의 충성고객이 서로를 아무리 공격해 봤자 서로에게 큰 영향을 주지 못하는 것도 이러한 이유 때문이다. 또한 상호의존적 자아를 가진 소비자는 '우리'를 중요하게 생각하며 '우리'로 묶일 수 있는 '우리나라'의 브랜드에 대해 긍정적인 평가를 내릴 수 있다. 더 나아가 부정적인 정보가 제공되어도 이를 무시할 가능성이 크다.

기업은 언제 어떤 위기 상황에 봉착할지 모른다. 위기에서 벗어나는 방법은 기본적으로 '신속하게, 그리고 진실되게'의 원칙을 지키는 것

   6장. 시선 : 타인의 눈이 선택을 바꾼다

이다. 신속한 대처와 진실된 노력은 소비자가 위기 상황의 기업을 용서하는 계기가 될 수 있다. 많은 기업이 이 원칙을 지키지 못하면서 큰 문제로 확산되는 경우를 볼 수 있다. 이러한 사후적 대책과 더불어 기업은 평소에 충성고객을 많이 확보하는 것이 위기관리에 도움이 된다. 충성고객은 자신이 좋아하는 기업의 부정적인 정보를 잘 수용하지 않고 호의적으로 평가하는 경향이 있기 때문이다. 충성고객이 많은 기업은 위기 상황에서 든든한 지원군을 보유하고 있다고 볼 수 있다. 단순히 단기적 판매를 늘리는 것보다 충성고객과의 관계를 공고하게 만들어가는 것은 이래저래 좋은 전략이라 하겠다.

여기서도 주의할 점이 있다. 소비자에게 성실하고 진실된 이미지로 인식되는 브랜드일수록 소비자를 기만하는 행위를 할 경우 브랜드 관계는 매우 심각하게 손상될 수 있다. 평상시 나에게 진실된 친구인척 하던 사람이 뒤에서 내 욕을 하고 다녔다는 것을 알게 되면 더 큰 배신감을 느끼게 되는 것과 마찬가지다. 소비자에게 진실된 모습으로 기억되는 브랜드는 위기 상황에서 단순히 충성고객의 용서를 기대하기보다는 신속하고 진실된 대응방안을 제시할 필요가 있다. 이 글을 쓰다 보니 최근 쿠팡의 정보 유출에 대한 대응방식이 한심하게 느껴진다. 충성고객을 자처하며 쿠팡의 편리함을 믿었던 이들에게 이번 사고는 정보 유출을 넘어 '믿었던 관계의 붕괴'라는 정서적 타격을 주었다. 브랜드가 평소 쌓아온 신뢰의 무게만큼이나 진정성 없는 사후 대응은 사람들에게 '편리함의 대가로 배신감을 산 꼴'이라는 뼈아픈 교훈을 남기고 있다.

자기해석 이론

선택은 곧 정체성이 되고, 내가 고른 브랜드는 나 자신과 동일시된다. 비판이 들어오면 해석은 방어적으로 변하는데 이는 제품의 문제가 아니라 나에 대한 평가가 걸려 있다고 느끼기 때문이다.

32

왜 대치동 엄마들은
몽클레어를 벗었을까

코미디언 이수지는 다양한 캐릭터의 특성을 포착하여 기가 막히게 따라 하는 것으로 유명하다. 보이스피싱을 일삼는 중국 동포부터 유학생 제니, 가수 싸이, 북한의 김정은까지 표정과 행동은 물론 말투와 목소리까지 절묘하게 흉내 내며 많은 웃음을 만들어 왔다. 그런데 최근 이수지는 또 하나의 캐릭터로 화제가 되었다. 바로 '대치동 도치맘'이다.

대치동 도치맘은 자녀 교육에 열정을 쏟는 대치동 어머니를 패러디한 캐릭터다. 포르쉐 카이엔을 타고 다니고, 몽클레어 패딩을 입은 채 고야드 명품백을 들고 학원가를 오가는 모습이 인상적으로 그려진다. 많은 사람에게는 유쾌한 웃음을 준 패러디였지만, 정작 그 패러디의 대상이 된 대치동 어머니들 모두가 웃었던 것은 아닌 듯하다. 이 캐릭터가 대중적으로 큰 반향을 일으키자, 대치동에서 흔히 볼 수 있었던 몽클레어 패딩이 눈에 띄게 사라졌다는 이야기가 들려왔다. 강남 대치동의 교육열 높은 엄마를 상징하던 몽클레어 패딩이 이수지의 패러디 영상으로 우스꽝스러운 이미지가 덧씌워지면서 회피의 대상이 되어버린 것이다. 한때는 '우리 편'이라는 소속감을 부여하던 상징이 순식간에 피하고 싶은 대상이 된 셈이다.

이 장면을 보며 한 가지 질문이 떠오른다. 강남의 열정맘들은 몽클레어 패딩의 '무엇' 때문에 이 브랜드를 너도나도 입고 다녔던 것일까? 디자인이 예뻐서였을까, 아니면 뛰어난 보온성과 기능성 때문이었을까? 아무래도 그보다는 '강남 엄마'라는 집단에 속해 있다는 소속감을 드러내는 데 더 큰 의미가 있었던 것은 아닐까?

사실 이런 현상은 처음이 아니다. 2000년대 후반, 고등학생들 사이에서 아웃도어 패딩이 폭발적으로 유행한 적이 있다. 바로 노스페이스 패딩이다. 처음에는 일부 학생들 사이에서 유행하는 패션 아이템 정도로 여겨졌다. 그러나 어느 순간, 이 유행은 사회적 문제로까지 번졌다. 노스페이스 패딩은 '등골 브레이커'라는 별명으로 불리기 시작했다. 고등학생들이 이 패딩을 입기 위해 부모를 압박하고 부모는 비싼 패딩을 사주느라 등골이 휘어진다는 웃픈 의미였다.

당시 고등학생들은 왜 그토록 노스페이스 패딩을 입으려 했을까? 아웃도어 브랜드답게 뛰어난 보온성 때문이었을까, 아니면 디자인이 유독 뛰어났기 때문이었을까? 물론 일부 학생에게는 그런 이유가 있었을 수도 있다. 하지만 다수의 학생에게는 다른 이유가 더 컸다. 당시 한 매체에서 노스페이스 패딩을 입고 다니는 학생들과 인터뷰를 진행했다.

"왜 노스페이스 패딩만 입어요?"

"이거 안 입고 다른 브랜드 입으면 무시당해요."

이 짧은 대화에는 많은 함의가 담겨 있다. 노스페이스 패딩을 입는 이유 중 하나는 바로 '무시당하지 않기 위해서'였던 것이다. 모두가 그런 것은 아니겠지만 또래 집단에서 배제되지 않기 위한 심리적 압박이 구매 결정에 영향을 미쳤다는 점은 부인하기 어렵다. 또래에게 무시당하고 집단에서 밀려난다는 것은 예민한 시기의 고등학생에게 매우 큰 두려움이다. 그 두려움을 피하기 위해 학생들은 부모를 설득했고 부모는 아이가 무시당할까 봐 비싼 패딩을 사주었을 것이다. 강의를 하던 중 문득 이 사례가 떠올라서 당시 수업을 듣던 학생들에게 이런 질문을 던진 적이 있다(당시 학생들이 딱 노스페이스 패딩 세대였다).

"요즘도 노스페이스 패딩 입어요?"

"아니요. 그거 입으면 고등학생으로 봐서 싫어요."

이 대화는 노스페이스 패딩의 소비 이유를 분명히 보여준다. 만약 학생들이 노스페이스 패딩의 보온성이나 디자인 자체를 좋아해서 구매했다면 고등학생이든 대학생이든 계속 입었을 것이다. 그러나 대학생이 된 지금, 그 패딩을 피하고 싶어 한다는 점은 노스페이스 패딩이 기능이나 취향의 문제가 아니라 '소속의 상징'이었음을 보여준다. 당시 많은 학생은 패딩을 통해 또래 집단에 속하고자 했던 것이다.

소속감은 매우 중요한 욕구다. 인간은 사회적 동물이어서 혼자 살아가기 어렵다. 그래서 어딘가에 속하고 싶어 하고 소속되지 못하면 불안과 스트레스를 받는다. 노스페이스 패딩 사례처럼 사람은 소속감을 위해 소비를 하기도 한다. 이러한 현상을 체계적으로 연구한 학자들이 있다.

니콜 L. 미드(Nicole L. Mead)와 동료 연구자들의 2011년 연구를 살펴보자. 이 연구는 사회적으로 배척당한 사람들이 소비와 지출을 어떻게 변화시키는지를 다루고 있다.[40] 연구자들은 사회적으로 배척당한 사람일수록 자신의 선호나 행복을 위한 소비보다는 소속되고 싶은 집단을 상징하는 제품이나 그 집단이 선호할 것 같은 대안을 전략적으로 선택한다고 가정했다. 이를 확인하기 위해 다음과 같은 실험을 진행했다.

실험 참가자들은 다른 사람과 함께 협력 과업을 수행하게 될 것이라는 안내를 받았다. 본격적인 과업에 앞서 참가자들은 짧은 자기소개 영상을 촬영했다. 영상에는 취미, 개인적인 목표, 경력 등 기본적인 정보가 담겼다.

이후 참가자들은 함께 과업을 수행할 예정이던 파트너가 실험을 포기해 더 이상 진행할 수 없게 되었다는 설명을 듣는다. 이때 연구자들은 파트너가 떠난 이유를 두 가지 방식으로 조작했다.

첫 번째는 사회적 배척 상황이다. 이 조건에서 참가자는 파트너가 자신의 자기소개 영상을 보고 "함께 일하고 싶지 않다"고 판단해 실험을 포기했다는 설명을 듣는다. 즉 개인적인 이유가 아니라 자신이 거부당했다는 메시지를 전달받는 상황이다.

두 번째는 사회적 비배척 상황이다. 이 경우 파트너는 개인적인 약속 때문에 어쩔 수 없이 실험을 떠났다는 설명을 듣는다. 이때는 참가자 자신과는 무관한 이유로 파트너가 떠난 것으로 제시된다.

이후 새로운 파트너를 구하는 동안 참가자들은 모의 상점에서 하나의 제품을 선택하도록 요청받았다. 상점에 진열된 제품은 세 가지 유형으로 구성돼 있었다. 첫째는 실용적인 제품, 둘째는 자신을 위한 선물, 셋째는 집단 소속을 상징하는 제품이었다.

결과는 분명했다. 사회적 배척을 경험한 참가자 가운데 절반이 넘는 53%가 자신의 대학을 상징하는 손목 밴드를 선택했다. 반면 배척되지 않은 참가자들 중에서는 단 13%만이 같은 제품을 선택했다. 이를 해석해보면, 거부를 경험한 사람들은 소속감과 충성심을 상징하는 제품을 선택할 가능성이 훨씬 높았다. 흥미롭게도 자신을 위한 선물이나 실용적인 제품에서는 이러한 차이가 나타나지 않았다. 이는 배척당한 사람들이 단순히 기분을 풀기 위해 소비를 늘린 것이 아니라 소속감을 회복하기 위한 목적을 가지고 선택을 했음을 보여준다.

연구자들은 여기서 한 걸음 더 나아가 추가 실험을 진행했다. 사회적으로 배척된 사람이 소속감을 회복하기 위해 소비한다면 아무 제품이나 고르는 것이 아니라 상대방의 성향에 맞춰 선택할 것이라는 가설을 세운 것이다.

이를 위해 참가자들을 다시 두 집단으로 나눴다. 한 집단에는 앞으로 만날 파트너가 '절약적인 성향'을 가졌다고 안내했고, 다른 집단에는 '사치적인 성향'을 가졌다고 안내했다. 이후 참가자들은 절약형 제품인 샘스 클럽 멤버십, 사치적인 제품인 럭셔리 시계, 그리고 중립적인 제품인 넷플릭스 멤버십에 대한 선호도를 평가했다.

결과는 연구자들의 가설과 일치했다. 사치적인 성향의 파트너를 만날 것이라고 안내받은 사회적 배척 조건의 참가자들은 럭셔리 시계에 대한 선호도가 높아졌고, 절약형 제품에 대한 선호도는 낮아졌다. 반대로 절약적인 성향의 파트너를 만날 것이라고 안내받은 참가자들은 절약형 제품을 더 선호했고, 사치적인 제품에 대해서는 선호도가 낮아졌다. 반면 중립적인 제품에 대해서는 집단 간 유의미한 차이가 나타나지 않았다.

이 결과는 사회적 배척을 경험한 소비자가 무작위로 소비를 늘리는 것이 아니라, 소속감을 회복하기 위해 상황에 맞는 선택을 전략적으로 하고 있음을 보여준다.

다시 처음 이야기로 돌아가자. 몽클레어 패딩을 입고 다녔던 대치동 엄마들이나 노스페이스 패딩을 고집했던 고등학생들은 그 옷 자체를 좋아한 것이 아니다. 그 옷이 상징하는 집단과 소속을 중요하게 여겼을 가능성이 크다. 이들에게 중요한 것은 '좋다, 나쁘다'나 '비싸다, 싸다'가 아니라, '어디에 속하느냐'였을 것이다.

소속감은 이처럼 강력한 힘을 가진다. 마케터가 자사 제품을 특정집단의 상징으로 만들 수 있다면 그 제품은 그 집단 안에서 매우 강력한 위치를 차지하게 된다. 실제로 과거 소주 브랜드 마케팅 프로젝트에서도 비슷한 현상을 확인할 수 있었다. 젊은 소비자들은 아버지 세대가 선호하는 소주 브랜드를 의도적으로 피하려는 경향을 보였다. 이유를 묻자, 기성세대와 동일시되는 것이 마음에 들지 않는다는 답이 돌아왔다. 대신 자신들만의 소속감을 상징하는 브랜드를 선호했다.

목표 집단에게 '우리의 상징'이 되는 제품을 제공할 수 있다면 그 집단의 소비자는 해당 제품을 강하게 선호할 가능성이 크다. 주의할 점도 있다. 집단의 상징이 되는 것이 항상 좋은 전략은 아니다. 만약 그 집단이 사회적으로 부정적인 이미지를 갖게 되면 제품 역시 기피 대상이 될 수 있다. 몽클레어 패딩 사례가 이를 잘 보여준다. 소속의 힘은 강력하다. 하지만 그 집단이 웃음거리가 되는 순간, 상징은 짐이 된다. 몽클레어는 바뀌지 않았다. 대치동 엄마라는 이미지가 바뀌었을 뿐이다.

소속감 마케팅

취향처럼 보이는 선택은 종종 특정 집단에서 배제되지 않으려는 신호에 가깝다. 소속의 상징은 안전할 때는 든든한 갑옷이 되지만, 조롱의 대상이 되는 순간 가장 먼저 버려지는 허물이 된다.

33

우리나라 사람들이
큰 차를 좋아하는 이유

#지위 욕구

현대자동차의 그랜저는 성공한 사람, 부유층, 상류층이 타는 차의 대명사였다. 1986년에 그랜저 한 대 가격은 출고가 기준 1,690만 원, 1987년 출고가는 2,890만 원이었다. 당시 대졸 초봉 월급이 30만 원 수준이었음을 고려하면 엄청나게 비싼 고급 자동차였던 셈이다. 그러다가 프리미엄 라인으로 제네시스 브랜드가 등장하면서 그랜저는 고급 자동차의 자리를 내려놓고 대중적인 대형 세단의 자리를 차지하게 됐다.

그랜저에 타보면 차가 정말 크다는 생각이 든다. 실제로 그랜저는 자동차 세분시장 중 E 세그먼트에 속하는 차로 가장 큰 대형차 세분시장인 F 세그먼트(벤츠 S클래스, BMW 7시리즈 등)를 제외하고 가장 큰 차량에 해당한다. E 세그먼트에는 그랜저를 포함해서 기아 K8, 벤츠 E

클래스, BMW 5시리즈 등이 있다. E 세그먼트에 속하는 차는 일반적으로 실내 공간이 넉넉한 편이다. 그런데 그랜저를 외국의 경쟁 브랜드와 비교해서도 실내가 유독 크다는 느낌을 받는다. 왜 그럴까?

벤츠 E클래스나 BMW 5시리즈는 후륜구동 방식으로 설계되어 있다. 그런데 우리나라에서 후륜구동은 '눈 오면 못 가는 차'로 알려져 단점이 많이 부각되지만, 주행 성능이 뛰어나기 때문에 고성능 자동차에 많이 적용되고 있다. 후륜구동의 또 다른 단점은 설계 이슈로 인해 실내 공간이 좁다는 것이다. 실제로 후륜구동 방식의 차를 타보면 외관 크기에 비해 실내가 유난히 좁다고 느껴진다. 반면, 현대자동차는 '실내 크기를 잘 뽑아내는 재주가 있는 회사'로 알려져 있다. 우리나라 사람들은 유난히 넓고 큰 것을 좋아하기 때문에 이 부분은 만족도가 상당히 크다고 볼 수 있다.

그런데 한국 사람들은 왜 큰 것을 좋아할까? 편견일 수도 있지만, 한국 사람들은 이왕이면 큰 것을 좋아하는 것 같다. 도로를 지나다니는 자동차는 그 나라의 특성을 반영한다. 유럽은 오래된 도시가 많아서 보통 도로가 좁다. 그래서 영국, 이탈리아, 프랑스의 자동차는 비교적 작고 아담한 자동차가 많다. 영국에서는 좁고 울퉁불퉁한 도로의 특성에 잘 맞는 '오스틴 미니'가 있으며, 이탈리아는 작지만 실용적인 '피아트 500'이 있었다. 프랑스는 르노·푸조, 독일은 폭스바겐의 비틀이 유럽 소형차를 대표한다. 물론 유럽에서도 대형 세단이 생산되고 판매되지만, 작은 차의 비중이 우리와 비교해보면 상당히 높다. 미국은 상황이 다르다. 미국 대륙은 엄청나게 넓고 광활하다. 자원이 풍부한 미국에서

기름은 상대적으로 저렴했고, 넓은 대륙을 오고 가기 위해서는 장거리 주행이 필요했다. 따라서 미국에서는 크고 오래 달릴 수 있는 자동차가 일반적으로 선호되어 왔다.

우리나라는 어떠한가? 우리나라의 영토 면적은 약 100,266㎢로 전 세계 국가 가운데 109위에 해당한다. 반면 인구는 약 5,174만 명으로 세계 29위 수준이다. 인구 대비 국토가 상당히 좁은 편이다. 흥미로운 점은 국토가 좁은 것과 달리 한국 소비자는 전반적으로 '큰 것'을 선호하는 경향을 보인다는 것이다. 자동차 시장만 봐도 그렇다. 과거에는 엔진 출력은 높지 않으면서 차체만 과도하게 큰 차량들이 다수 출시되곤 했다. 성능 대비 차체가 크다는 평가를 받았음에도 이런 차량이 등장할 수 있었던 이유는 결국 소비자의 선호가 그 방향을 요구했기 때문이다.

이러한 경향은 자동차에만 국한되지 않는다. 우리나라 소비자는 집도 넓은 것을 선호하고, 규모가 큰 기업에 신뢰를 느끼며, '가장 큰' 백화점이나 시설에 유독 많은 관심을 보인다. 크기는 단순한 물리적 속성을 넘어 한국 소비자에게 하나의 상징적 가치로 작동하고 있다고 볼 수 있다.

우리나라 사람들이 큰 것을 선호하는 경향에는 역사적·문화적 요인을 비롯해 다양한 배경이 작용했을 것이다. 그런데 소비자가 '큰 것'을 선호하는 이유를 다룬 연구를 살펴보면 한국 소비자가 왜 큰 것을 좋아하게 되었는지에 대한 일부 단서를 얻을 수 있다. 듀브아(Dubois, David), 러커(Rucker, Derek D.), 가린스키(Galinsky, Adam D.)가

2012년 발표한 연구가 그것이다.[41]

이 연구에 따르면, 지위(status)를 획득하고 이를 표현하려는 욕구는 인간의 중요한 동기 중 하나다. 지위에 대한 욕구는 타인으로부터 존경을 받고자 하는 욕구와도 밀접하게 연결된다. 사람들은 다양한 방식으로 자신의 지위를 표현하려 하는데 과시적 소비나 럭셔리 제품에 대한 선호 역시 이러한 지위 욕구와 깊이 연관되어 있다. 연구자들은 소비자가 자신의 지위를 표현하려는 욕구가 강할수록 '큰 것'을 선호하는 경향이 나타날 수 있다고 주장한다.

특히 주목할 점은 자신의 지위가 낮다고 인식할수록 크기가 큰 제품을 선호하는 경향이 더욱 강해진다는 것이다. 더 나아가 이러한 선호는 타인에게 자신의 선택이 노출될 때 더욱 뚜렷하게 나타난다. 지위 수준이 낮다고 느끼는 소비자는 자신의 지위를 보완하거나 높이기 위해 크기가 큰 제품을 선택하려 하며, 그 선택이 남들에게 보일수록 그 경향은 강화된다. 반대로 집에서 혼자 사용하는 제품처럼 타인의 시선과 무관한 상황에서는 굳이 큰 제품을 선택할 필요가 줄어든다.

연구자들은 이러한 주장을 검증하기 위해 실험을 진행했다. 실험 참가자들은 두 집단으로 나뉘었는데, 한 집단은 자신의 지위 수준을 높게 인식하도록 유도된 집단이었고, 다른 집단은 지위 수준을 낮게 인식하도록 유도된 집단이었다. 이를 위해 참가자들은 다음과 같은 시나리오를 읽고 글을 작성하도록 요청받았다.

[높은 지위 수준 조건]

타인에 대해 권력을 가졌던 특정 사건을 떠올려보세요. 여기서 권력이란 타인의 행동이나 평가를 통제할 수 있는 위치에 있었던 상황을 의미합니다. 그 상황에서 어떤 일이 있었고, 어떻게 느꼈는지를 묘사해 주세요.

[낮은 지위 수준 조건]

타인이 당신에 대해 권력을 가졌던 특정 사건을 떠올려 보세요. 여기서 권력이란 타인이 당신의 행동이나 평가를 통제할 수 있었던 상황을 의미합니다. 그 상황에서 어떤 일이 있었고, 어떻게 느꼈는지를 묘사해 주세요.

이후 실험 참가자들은 스무디를 하나 선택하도록 요청받았다. 스무디는 작은 컵, 중간 컵, 큰 컵의 세 가지 크기로 제시되었는데 사진을 통해 컵 크기의 차이가 명확히 인식되도록 설계됐다. 실험 결과, 지위 수준을 낮게 인식한 참가자들은 지위 수준을 높게 인식한 참가자들에 비해 큰 크기의 스무디를 선택하는 비율이 훨씬 높았다. 반면, 지위 수준이 높은 참가자들은 컵 크기에 따른 선택 차이가 거의 나타나지 않았다. 연구자들은 이어서 타인의 시선이 제품 크기 선택에 미치는 영향을 확인하기 위해 추가 실험을 진행했다. 앞선 실험과 마찬가지로 참가자들은 지위 수준에 따라 두 집단으로 나뉘었고, 다음과 같은 상황을 상상하도록 요청받았다.

이후 참가자들은 대·중·소 크기의 피자 중 하나를 선택했다. 실험 결과, 지위 수준이 낮다고 인식한 참가자들은 지위 수준이 높은 참가자들에 비해 큰 크기의 피자를 더 많이 선택했다. 그러나 집에서 혼자 피자를 주문하는 사적 조건에서는 이러한 경향이 크게 약화됐다. 이는 지위 수준이 낮은 소비자가 큰 제품을 선호하는 현상이 타인의 시선이 존재할 때 더욱 강하게 나타난다는 점을 분명히 보여준다.

이 연구를 통해 한국 소비자가 큰 자동차를 선호하는 이유를 이해할 수 있다. 한국 사회는 학력, 직업, 주거, 소비 전반에서 지위 비교가 일상화된 사회라는 점에서 이 연구의 조건과 잘 맞는다. 자동차는 일상에서 항상 타인의 시선에 노출되는, 사회적 지위를 드러내는 대표적인 소비재다. 사람들은 자신의 지위를 높게 보이고 싶을 때 고가의 자동차를 선택하고 싶어 하지만 현실적인 제약으로 인해 모두가 고급차를 구매할 수는 없다. 이 경우 차선책으로 차체 크기가 큰 자동차를 선택함으로써 지위를 간접적으로 표현하려 할 수 있다.

브랜드 로고의 크기 역시 같은 맥락에서 해석할 수 있다. 자신의 지위를 높이고 싶어 하는 소비자는 명품 가방이나 고가 브랜드 제품을 구매할 때, 브랜드 로고가 눈에 잘 띄는 디자인을 선호할 가능성이 크다. 반면, 집에서 혼자 사용하는 제품처럼 타인의 시선과 무관한 경우에는 이러한 선호가 약화되거나 사라진다. 따라서 마케터는 자사 제품이 어떤 유형의 제품인지, 그리고 소비자의 지위 인식과 어떤 방식으로 연결되는지를 면밀히 파악할 필요가 있다.

지위를 상징하거나 드러내는 역할을 하는 제품이라면 다른 사람의 눈에 잘 띄는 크기나 디자인이 유리할 수 있다. 반대로 지위를 낮게 인식하게 만들 가능성이 있는 경우라면 로고나 디자인 요소를 과도하게 드러내지 않는 것이 더 선호될 수 있다. 무조건 크다고 좋은 것은 아니다. 그랜저를 타는 이유가 넓은 실내 때문만은 아니다. 옆 차선 사람의 시선도 포함돼 있다.

34

나만 알고 싶은 브랜드

리바이스 501 청바지

이세이 미야케 검은색 터틀넥

루노 무테 클래식 안경

뉴밸런스 991 운동화

이들 패션 아이템의 공통점은 무엇일까? 정답은 애플 그 자체를 상징하는 스티브 잡스가 착용하던 옷과 신발, 그리고 안경이다. 잡스는 똑같은 옷을 매일 입는 것으로 유명했다. 매일 같은 옷을 입고, 같은 신발을 신고, 같은 안경을 착용했는데 이때 사용한 패션 아이템이 앞에 열거한 제품들이다. 스티브 잡스가 똑같은 옷만 입기 시작한 것은 1990년대 후반 애플로 복귀한 이후부터다. 그래서 그런지 일본인 디자이너 이세이 미야케가 디자인한 터틀넥을 집에 1백여 장 갖고 있었다는 소문이 있다. 왜 잡스는 같은 패션을 고수했을까? 그는 자신이 창업한 애플에서 1985년 쫓겨나다시피 떠났다가 12년 만인 1997년 복귀한다. 1998년부터는 같은 옷을 입고 다니기 시작했다. 애플로 복귀한 후 스티브 잡스가 뭔가 변했다는 것을 알 수 있다.

변화의 이유를 정확히 알 수 없지만, 추측은 가능하다. 그는 미니멀리즘 그 자체였다. 그가 애플에서 생산한 제품들을 떠올려보자. 맥킨토시 컴퓨터와 생쥐를 닮은 마우스, 아이팟, 아이폰, 아이패드 등 다양한 제품의 공통된 특징은 꼭 필요한 기능만 남겨놓은 미니멀리즘 디자인이다. 스티브 잡스는 제품 디자인처럼 자신의 패션에도 미니멀리즘을 적용한 게 아닐까 생각된다.

패션 아이템의 미니멀리즘은 결국 삶의 미니멀리즘과 연결된다. 잡스는 애플이라는 거대한 기업을 혁신으로 이끌기 위해 치열하게 살았는데, 뼛속까지 미니멀리스트였던 그는 복잡한 삶을 단순하게 만들 수 있는 방법을 원했다. 바로 그 방법 중 하나가 같은 옷을 입음으로써 무엇을 입을지 고민하지 않아도 되는 삶을 추구하는 것이었다. 이런 그의 선택은 메타(META)를 설립한 마크 저커버그에게도 영향을 미쳤다. 저커버그 역시 같은 옷을 매일 입는 것으로 유명하다. 그는 자신이 같은 옷을 입는 이유를 다음과 같이 설명한다.

"나는 내 삶을 최대한 간단하게 만들려고 노력합니다. 세상을 더 나은 곳으로 만들겠다는 것을 제외하고 다른 모든 결정은 최소한으로 하려고 합니다." 이처럼 옷은 자신을 표현하기 위해 사람들이 선택하는 상징적 아이템이 되기도 한다.

그런데 같은 옷을 다른 사람과 동시에 입고 있다면 어떨까? 내 아내는 예전에 트렌치코트를 입고 학교에 간 날, 똑같은 브랜드의 트렌치코트를 입고 온 동기를 만났다. 같은 옷을 입고 등장한 동기와 눈이 마주친 아내는 '뭐야~'라는 생각을 하며 동공이 흔들렸다고 한다. 당황한 두 사람은 서로 마주치지 않기 위해 하루 종일 서로를 피해다녔다. 훗날 같은 옷을 입었던 동기의 말에 의하면, 더는 같은 코트를 입고 싶지 않아서 그날 집에 가는 길에 코트를 환불했다고 한다. 사실, 그 동기는 트렌치코트를 살 때 엄청나게 고민하다가 정말 마음에 드는 것을 겨우 발견하여 샀다고 한다. 이렇게 힘들게 마음에 드는 코트를 샀음에도 불구하고 같은 옷을 입은 동기를 만나면서 좋았던 마음이 사라진 것이다. 왜 그럴까?

이에 대한 답은 캐서린 L. 화이트(Katherine L. White)와 제니퍼 L. 아르고(Jennifer L. Argo)의 2011년 연구에서 확인할 수 있다.[42] 이 연구에서 연구자들은 모방이 항상 긍정적인 결과로 이어지는 것은 아니며 특정 조건에서는 오히려 부정적인 반응을 유발할 수 있다고 주장한다. 그 핵심 조건 중 하나는 모방당한 사람이 자신이 모방되었다는 사실을 인지했을 때다. 소비자가 자신의 소유물이 다른 사람에 의해 모방되었음을 알아차리고 그 모방이 자신의 '독특성'을 훼손한다고 느끼는 순간, 부정적인 감정과 반응이 나타난다는 것이다.

이러한 상황에서 소비자는 자신의 독창성을 회복하기 위해 '이탈 반응'을 보일 수 있다. 예를 들어 소유물을 처분하거나 수정하거나 다른 제품으로 교체하는 행동을 한다. 앞서 언급한 트렌치코트 사례처럼 자신을 특별하게 만든다고 느꼈던 제품이 대중적으로 퍼졌다고 인식되는 순간, 소비자는 그 제품을 더 이상 '나를 대표하는 것'으로 받아들이지 않게 되고 반품이나 처분 같은 행동으로 이어질 수 있다는 설명이다.

이러한 주장을 검증하기 위해 연구자들은 일련의 실험을 진행했다. 먼저 독특성이 개인에게 얼마나 중요한지에 따라 소비자를 구분하기 위한 조작이 이뤄졌다. 심리학에서 자아를 어떻게 인식하는지를 기준으로 사람을 구분하는 개념인 자아해석을 활용해 실험 참가자들을 독립적 자아와 상호의존적 자아 성향으로 나눴다. 독립적 자아 성향의 소비자는 의사결정에서 자신을 중심에 두는 경향이 강하고 상호의존적 자아 성향의 소비자는 집단과의 관계를 더 중요하게 여긴다. 따라서 독립적 자아 성향의 소비자는 자신의 개별성과 차별성을 더 중시하는 반면 상호의존적 자아 성향의 소비자는 관계의 조화를 더 중요한 가치로 인식한다. 이렇게 참가자들을 구분한 뒤 연구자들은 다음과 같은 상황을 제시했다.

당신이 직장에서 복사실에 있는데, 한 동료가 당신이 사용하는 향수를 좋아한다고 말한다. 그는 당신이 그 향수를 쓰고 있다는 사실을 알고 있었고, 최근에 자신도 같은 향수를 구입했다고 말한다.

이후 이 동료가 누구인지는 조건에 따라 달리 제시되었다. 한 집단에게는 이 동료가 친한 친구라고 알려주었고, 다른 집단에게는 별로 좋아하지 않는 사람이라고 설명했다. 그런 다음 연구자들은 참가자들에게 해당 향수를 처분하고 싶은 의향이 있는지를 물었다. 독립적 자아 성향을 가진 참가자들은 상호의존적 자아 성향을 가진 참가자들보다 향수를 처분하고 싶다는 의도를 더 강하게 보였다. 특히 독립적 자아 성향의 참가자들은 자신과 유사한 사람(친한 친구)이 같은 향수를 사용했을 때, 유사하지 않은 사람(좋아하지 않는 사람)이 사용한 경우보다 처분 의도가 더 높았다. 반면 상호의존적 자아 성향의 참가자들은 모방한 사람이 누구인지에 따라 처분 의도의 차이가 거의 나타나지 않았다.

이 결과를 정리하면 다음과 같다. 자신만의 독특성을 중요하게 여기는 사람일수록, 다른 사람이 자신과 동일한 제품을 소유하는 상황을 불편하게 느끼고 이를 제거하려는 행동을 보인다. 특히 그 상대가 자신과 가깝고 유사하다고 인식되는 사람일수록 이러한 부정적 반응은 더 강해진다. 이미 유사하다고 느끼는 상대가 같은 제품까지 공유하게 되면 자신의 독특성이 더욱 희석된다고 느끼기 때문이다. 반대로 사회적 관계와 조화를 중시하는 사람들에게는 이러한 상황이 큰 문제가 되지 않는다. 이들에게는 독특성보다 관계 유지와 소속감이 더 중요하다. 동일한 제품을 소유하는 것이 자신을 훼손한다고 느끼지 않는다. 기업이나 단체에서 단체 티셔츠를 맞춰 입고 체육대회를 하는 장면을 떠올려 보자. 개인의 독특성은 거의 드러나지 않지만, 대부분의 사람은 이에 대해 큰 불만을 느끼지 않는다. 그 상황에서는 개인의 개별성보다 집단의 일체감이 더 중요한 가치이기 때문이다.

연구자들은 추가 실험을 통해 몇 가지 중요한 사실을 더 확인했다.

독특성 추구 욕구(need for uniqueness)가 높은 소비자일수록 상징성이 강한 제품이 모방되었을 때 훨씬 더 부정적으로 반응했다. 반대로 상징성이 낮은 제품의 경우에는 다른 사람이 같은 제품을 사용하더라도 크게 신경 쓰지 않았다. 이 역시 직관적으로 이해할 수 있는 결과다. 누구나 사용하는 비상징적 제품은 다른 사람이 동일한 제품을 사용하든 말든 신경 쓸 이유가 없다. 집에서 사용하는 수세미를 친구도 똑같이 사용한다고 해서 자신의 독특성이 훼손되었다고 느끼는 사람은 거의 없을 것이다. 그러나 자신이 애정하는 티셔츠를 친구가 입고 나타난다면 이야기는 달라진다. 그 순간 자신의 독특성이 사라졌다고 느끼며 그 티셔츠를 더 이상 입고 싶지 않게 될 수 있다. 즉 상징적 제품일수록 모방에 대한 부정적 반응은 더 강해진다.

마지막으로 연구자들은 '제품을 얻기까지 들인 노력'이 소비자의 반응에 어떤 영향을 미치는지도 살펴봤다. 실험에서 참가자들은 두 명씩 짝을 지어 과업을 수행한 뒤 샌들을 받게 되는 상황을 가정했다.

한 집단은 비교적 간단한 과업을 세 번 수행한 뒤 샌들을 받았고, 다른 집단은 무려 50번의 과업을 수행한 뒤 동일한 샌들을 받았다. 두 집단이 받은 제품은 같았지만 그 제품을 얻기까지 들인 노력의 수준은 크게 달랐다.

이후 참가자들은 샌들을 선택했고 함께 실험에 참여한 다른 사람(사실은 보조 실험자) 역시 동일한 샌들을 선택했다. 다시 말해 참가자들은 자신이 고른 제품이 다른 사람에 의해 '모방되는' 상황을 경험하게 된 것이다.

마지막 단계에서 참가자들에게는 훨씬 덜 매력적이고 선호도가 낮은 흰색 샌들로 제품을 교환할 수 있는 기회가 주어졌다. 참가자들은 '누군가 나와 같은 선택을 했다'는 이유만으로, 힘들게 얻은 샌들을 포기했을까?

결과는 역시 독립적 자아 성향의 참가자들이 더 많이 교환을 선택했다. 그런데 이 실험에서 더 흥미로운 점은 더 많은 노력을 들여 샌들을 획득한 집단에서 교환 비율이 훨씬 높았다는 것이다. 많은 노력을 들인 집단에서는 56%가 샌들을 교환한 반면, 적은 노력을 들인 집단에서는 20%만이 교환을 선택했다. 애써 얻은 제품일수록 더 큰 가치를 부여하게 되고, 그런 소중한 제품이 모방되었다고 느낄 때 소비자는 더 강한 부정적 반응을 보일 수 있다.

정리해보자. 나와 같은 제품을 사용하는 사람을 만났다고 해서 항상 불쾌함을 느끼는 것은 아니다. 문제는 그 제품이 나의 독특성을 표현하는 상징인지 여부다. 독특성이 중요한 소비자에게 있어서 자신을 특별하게 만들어줄 것이라 기대한 제품을 다른 사람과 공유하는 것은 불편한 경험이 될 수 있다. 결국 소비자는 '나'를 특별하게 만들어주는 제품을 '남'과 나누고 싶지 않은 것이다. 특별함은 혼자일 때만 유효하기 때문이다. 이런 맥락에서 최근 기업들이 적극적으로 도입하고 있는 맞춤형 제품(customization) 전략은 매우 의미가 크다. 특히 상징성이 강하고 개인의 정체성을 드러내는 제품일수록 개인화의 가치는 더욱 커진다. 이런 사람들에게는 추가 비용보다도 모방되지 않는다는 점이 더 중요한 가치일 수 있다.

35

2등을 좋아하는 사람들

어느 대기업의 브랜드 아이덴티티 개발 프로젝트에 참여했을 때의 일이다. 그 기업은 내부적 이슈 때문에 소비자들에게 이미지가 다소 좋지 않은 방향으로 형성되고 있었다. 여기에 발 빠르게 대처하기 위해 기업은 브랜드 아이덴티티를 재정의하고자 했다. 적절한 브랜드 아이덴티티를 설정하고 이를 브랜드 슬로건, 광고 등 소비자와 브랜드의 다양한 접점에 적용하는 작업을 수행했다.

다행히 결과는 꽤 성공적이었다. 여기서 강조하고 싶은 것이 있다. 브랜드 아이덴티티를 수립하는 작업보다 사실 더 어려운 것은 소비자가 브랜드 아이덴티티를 브랜드와의 접점에서 실제 경험하게 만드는 것이다. 어쨌든 이 기업은 브랜드 아이덴티티 재정립에 성공했고, 지금은 그때보다 더 성공적으로 사업을 영위하고 있다.

프로젝트를 진행하면서 다양한 조사를 할 수 있었는데, 그 중 한 가지 기억나는 조사가 있다. 당시 상위 11개의 대기업에 대한 인식을 살펴보았는데 크게 세 집단으로 분류할 수 있었다. 먼저 삼성, LG, SK, 현대차, 포스코는 소비자에게 1군 기업으로 인식됐다. 이들은 '선도기업', '진취적인', '잘나가는', '해외로 뻗어나가는', '가능성 있는' 등의 이미지로 묘사됐다. 롯데, GS, CJ는 내수 중심의 기업으로 인식되었는데, 이들 기업은 경영을 잘하는 기업이지만 특별히 두각을 나타내지 않는, 그리고 친근하지만 내수 중심의 사업을 영위하는 기업이라 인식되고 있었다. 마지막으로 소비자가 2군 기업이라 인식하는 기업들이 있었다. 한화, 두산, 금호가 바로 그 주인공이다. 2군 기업으로 분류된 한화, 두산, 금호는 당시 소비자에게 색깔이 별로 없다는 평가를 받았다. 2군 기업들은 나름 소비자와 접점이 많지 않은 사업 영역을 가지고 있었지만, 이와 유사한 포스코는 1군 기업으로 평가된 점을 고려하면 이 기업들이 소비자의 마음속에 긍정적인 이미지를 형성하지 못하고 있었다는 것을 알 수 있다. 2026년 현재, 2군 기업 중 유일하게 한화만이 10대 대기업의 자리를 유지하고 있으며, 두산과 금호는 그 자리를 다른 기업에 내주고 말았다.

일반적으로 사람은 1등을 선호하는 경향이 강하다. 다수가 좋아하는 대상을 함께 좋아하는 것이 우리 인간이 가진 심리다. 이러한 성향이 나타나는 이유는 다수가 좋아하는 것을 함께 공유하면 사회적으로 소속되기 쉽기 때문이다. 그러나 사람들이 항상 대세를 추종하는 것은 아니다. 때로는 소수나 약자에게 지지를 보내기도 한다. 이를 설명하는 대표적 이론이 언더독 효과(underdog effect)다. 언더독이란 두 마리의 개가 싸우고 있는 상황에서 아래쪽에 깔린 개란 의미로 사람들이 약자라 믿는 대상을 응원하게 되는 것을 뜻한다. 약자로 보이는 대상에 심리적 애착을 부여한 셈이다. 우리가 스포츠 경기를 관람할 때 상대적으로 약해 보이는 팀을 응원하게 되는 현상이 대표적 사례라 할 수 있다.

〈슬램덩크〉라는 만화를 기억하는가? 이노우에 다케히코가 1990년부터 1996년까지 연재한 만화로 한 시대를 풍미했던 농구 만화다. 총 31권으로 완결된 이 만화는 누적 판매부수가 1억 8,000만 부가 넘는다. 우리나라에서도 2018년 출간된 신장재편판만 100만 부 이상 판매됐다. 몇 해 전 수많은 40대 남성의 눈물을 흘리게 한 애니메이션 〈퍼스트 슬램덩크〉의 원작이 바로 이 만화다. 슬램덩크의 주인공은 강백호(원작 이름은 사쿠라기 하나미치)라는 농구 초짜이며, 강백호가 소속된 팀은 북산(쇼호쿠)으로 크게 주목받지 못하는 고등학교 농구부다. 주목받지 못하는 북산이 농구 초짜 강백호를 비롯해 나름의 사정이 있는 부원들과 함께 성장하며, 승리해가는 과정이 만화의 전체 스토리다. 슬램덩크가 왜 그토록 선풍적인 인기를 모았을까? 그야말로 언더독 효과의 결정체이기 때문이다. 초짜 농구 선수와 주목받지 못하는 고교 농구부의 성장 드라마. 응원할만하다.

그렇다면, 1등이 아닌 2등, 즉 언더독을 좋아하는 사람은 누구일까? 2012년에 발표된 한 연구에서 힌트를 찾을 수 있다. 왕 징(J. Wang), 주 루이(R. Zhu), 그리고 바바 쉬브(B. Shiv)가 발표한 '외로운 소비자: 고립된 단독자인가, 타인을 따르는 순응자인가(The Lonely

Consumer: Loner or Conformer)'에 그 단서가 있다.[43] 연구자들은 외로움이라는 감정에 주목한다.

미국에서 진행된 조사에 따르면, 사회적 관계 형성과 사람 간 상호작용을 촉진하는 소셜 네트워크가 과거에 비해 많아졌지만 사람들은 이전보다 더 많이 외로움을 느낀다고 응답했다. 외로움을 느끼는 비율은 1985년에 약 10%에서 2004년에는 24.6% 수준으로 증가했다. 이러한 상황에서 연구자들은 외로움이 소비자의 행동에 어떤 영향을 미치는지 알아보기로 했다. 일반적으로 대다수 소비자들은 '사회적 컨센서스 단서(social consensus cues)'에 의존해서 자신의 선호를 형성한다고 알려져 있다. 예를 들어, '70%의 소비자가 코카콜라를 선택한다'라는 내용이 알려지면, 소비자는 이를 사회적으로 의견이 일치하는 정보(사회적 컨센서스 단서)로 인식하여 자신도 코카콜라를 선호하게 된다는 것이다. 하지만 외로움을 느끼는 소비자는 다른 행동을 보인다고 연구자들은 주장한다. 구체적으로 연구자들은 외로움을 많이 느끼는 사람과 그렇지 않은 사람이 제품 선호에 있어 어떠한 차이가 있는지 실험으로 확인해 보았다. 연구에서 수행된 실험 하나를 살펴보자.

우선 실험 대상자들은 주말에 넷플릭스에서 혼자 볼 영화를 선택하는 장면을 상상했다(참고로, 이 연구가 진행되던 시절, 넷플릭스는 현재처럼 온라인으로 영화를 제공하는 방식이 아니라 DVD를 대여하는 방식으로 운영됐다). 이때 제시된 영화는 평점이 다르게 표시되어 있었는데, 2.5개의 별점을 받은 영화(소수 지지 조건)와 3.5개의 별점을 받은 영화(다수 지지 조건)로 구분됐다. 실험 대상자들은 자신이 볼 영화를 선택했고, 이후 외로움의 정도를 측정했다. 실험 결과, 외로운 참가자는 덜 외로운 참가자보다 다수가 지지한 영화에 대해 상대적으로 덜 긍정적인 평가를 했고 소수가 지지한 영화에 대해서는 더 긍정적으로 평가했다. 외로운 사람일수록 다수가 좋아하는 영화보다는 소수가 좋아하는 영화를 더 선호했다.

그러나 외로운 사람이라고 해서 소수가 지지하는 선택을 언제나 선호하는 것은 아니었다. 연구자들은 이를 확인하기 위해 또 다른 실험을 진행했다. 이 실험의 목적은 선택이 타인에게 평가되는 상황에서 외로운 사람의 선호가 어떻게 달라지는지를 살펴보는 것이었다.

실험 참가자들은 벽에 걸 미술 작품을 하나 선택하는 상황을 가정했고 두 가지 조건 중 하나에 배정됐다. 한 집단은 선택한 미술 작품을 침실에 걸어둘 것이라는 안내를 받았다. 침실은 사적인 공간으로 선택 결과가 타인에게 노출되거나 평가될 가능성이 거의 없다. 다른 집단은 선택한 미술 작품을 사람들이 자주 드나드는 회의실에 걸어둘 것이라는 설명을 들었다. 회의실은 공적인 공간으로 타인이 작품을 보고 평가할 수 있는 환경이다.

이때 참가자들에게는 미술 작품의 작가에 대한 정보가 함께 제공됐다. 한 작품은 전체 참가자의 20%만이 추천한 작가의 작품으로 소개됐다. 반면 다른 작품은 참가자의 80%가 지지하는 작가의 작품으로 제시됐다. 즉 참가자들은 소수의 지지를 받는 선택과 다수의 지지를 받는 선택 가운데 하나를 고르는 상황에 놓이게 된 것이다.

실험 결과는 어땠을까? 외로움이 큰 사람은 침실에 걸어놓는 상황에서는 20%가 추천하는 작가의 작품을 선호한 반면, 회의실 벽에 걸어 놓는 상황에서는 80%가 추천하는 작가의 작품을 선호했다. 정리하자면, 남에게 평가받지 않는 상황이라면 외로움을 느끼는 사람은 자신의 외로움과 잘 연결되는 소수의 추천 작품을 선호했지만, 남들이 평가할 수 있는 상황에서는 타인의 시선을 염두에 두고 다수가 추천하는 작품을 선호했다.

실험의 결과는 명확하다. 외로움을 많이 느끼는 소비자는 자신과 닮았다고 생각되는 '소수의 지지를 받는' 제품을 선호한다. 남들이 좋아하지 않는 브랜드, 상대적으로 인기가 낮은 캐릭터, 아이돌 그룹에서 눈에 잘 띄지 않는 멤버 등 언더독을 자신이 외롭다고 느끼는 소비자가 좋아해 주는 것이다. 이런 모습을 떠올려 보니 동병상련(同病相憐)이라는 사자성어가 떠오른다. 동병상련은 같은 병을 앓는 사람끼리 서로 가엾게 여긴다는 말로, 어려운 처지에 있는 사람끼리 서로 동정하고 도움을 주는 것을 의미한다. 외로운 처지의 소비자가 소외된 제품을 좋아하는 상황에 딱 어울린다.

이 발견은 마케터에게 중요한 시사점을 준다. 기업은 다수의 소비자의 지지를 받는, 즉 탑독(Top dog)이 되려고 한다. 당연하다. 다수의 소비자가 좋아하는 제품은 그만큼 많이 판매되어 매출이 커진다. 이윤을 추구하는 기업에게는 너무나도 당연한 희망사항이다. 그런데 모든 기업이 탑독이 될 수는 없다. 1등 하는 기업이 있으면 꼴등 하는 기업도 있다. 모든 기업이 탑독 위치만을 바라보고 나아갈 수는 없다. 소수의 지지를 받는 언더독이 되는 것도 하나의 돌파구가 될 수 있다. 언더독으로 인식된 제품은 스스로 외롭다고 느끼는 소비자에게 선호될 수 있다. 특히 외로움을 느끼는 사람이 많아지는 이 시대에는 꽤 괜찮은 대안이 될 수도 있다.

실제 사례도 있다. 스웨덴의 주목받는 기업 중 하나인 오틀리(Oatly)는 귀리를 이용한 대체 우유를 만드는 스타트업이다. 이 기업은 전통 유제품 업계를 향한 도전자 이미지를 내세웠다. 유제품에 민감한 창업자가 작은 연구실에서 시작한 회사라는 브랜드 서사를 강조하며, "우리는 낙농 거인들과 싸우는 약자"라는 프레임을 적극적으로 활용했다. 전통적인 유제품 산업의 거인과 싸우는 약한 도전자라는 점을 강조하며, 언더독 효과를 기대하는 마케팅을 전개한 것이다. 이 마케팅은 제대로 적중해 2024년 현재 오틀리의 시가총액은 6억 8,432만 달러, 우리 돈으로 1조 원에 달하는 거대한 기업으로 성장했다.

주의할 점이 있다. 언더독 전략이 통하지 않는 영역도 있다. 예를 들어, 평상시 몸에 지니고 다니는 제품같이 많은 사람에게 노출되는 제품은 외로운 소비자의 지지를 받기 어렵다. 타인의 눈을 신경 쓰기 때문이다. 남에게 평가된다고 생각하는 소비자는 외롭더라도 소수가 지지하는 제품보다는 다수가 지지하는 제품을 선호하게 된다. 이를 확장해보면, '특정 제품 = 외로운 사람'이라는 이미지가 형성되는 것은 피해야 한다. 외로운 사람이라는 이미지를 주는 제품을 진짜 외로운 사람이 좋아할 리 만무하다. 외로운 사람이 쓰는 것이 아니라 '소수'의 지시사가 있는 제품으로 인식되는 것이 중요하다.

당신의 가격은 정당한가?

2021년 10월 1일 자 〈한겨레신문〉에는 한 권의 책이 소개된다. 박권일의 《한국의 능력주의》다. 이 책을 소개하는 기사에서 한국인의 '불평등'에 대한 가치관을 다음과 같이 언급한다.

'불평등'은 최근 몇 년 사이 한국 사회의 문제점을 논의할 때마다 빠지지 않고 등장하는 핵심 키워드다. 많은 사람이 "불평등이 큰 문제"라고 말하며 우려와 분노를 표한다. 하지만 이러한 인식과는 다소 다른 조사 결과도 존재한다. 1981년부터 2020년까지 약 40년간, 전 세계 사회과학자들이 참여해 4~5년마다 결과를 발표해온 '세계 가치관조사(World Values Survey)'에서는 다음과 같은 질문을 던진다. "소득은 평등해야 한다고 생각하는가, 아니면 노력 등에 따라 더 다음 글도 함께 보자.

> 6차 조사(2010~2014년) 결과를 보면 한국의 경우 평등에 찬성한 비율은 23.5%, 불평등에 찬성한 비율은 58.7%였다. 독일은 각각 57.7%와 14.6%, 미국은 29.6%와 36.2%, 중국은 52.7%와 25.8%였다. 한국인의 불평등 찬성 비율이 다른 나라에 비해 두드러진다. 이후 실시된 7차 조사(2017~2020년)에서는 그 비율이 더 높아져 한국인의 64.8%가 불평등에 찬성한다고 응답했다. 반면, 평등에 찬성한 비율은 12.4%에 그쳤다.

이 글은 세계가치관조사(World Values Survey)의 결과를 요약한 것이다. 흔히 한국인은 불평등을 싫어한다고 알려져 있지만 조사 결과만 놓고 보면 오히려 불평등에 찬성하는 경향을 보인다. 2017~2020년 조사 기준으로 무려 64.8%가 불평등에 찬성했다는 점은 한국인이 열심히 노력한 결과에 따라 차별적인 보상이 이루어지는 것 자체는 받아들일 수 있다는 의미로 해석할 수 있다.

그런데도 언론에서는 연일 한국 사회에 대한 불만과 분노를 보도하고 있다. 한국인의 불만이 향하는 곳이 불평등이 아니라면 과연 무엇일까? 이에 대한 실마리는 세계 가치관 조사의 다른 문항에서 찾을 수 있다. 조사 결과에 따르면, '열심히 노력하면 성공한다'는 문장에 동의

한 한국인의 비율은 2차 조사 당시 약 73%였으나, 7차 조사에서는 약 30%로 크게 줄어들었다. 반대로 '운이나 연줄이 있어야 성공한다'는 문장에 동의한 비율은 2차 조사에서는 약 14%에 불과했지만 7차 조사에서는 약 37%까지 증가했다.

앞서 살펴본 세 가지 질문, 즉 '노력에 따른 보상 차이는 더 벌어져야 한다', '열심히 노력하면 성공한다', '운이나 연줄이 있어야 성공한다'에 대한 한국인의 반응을 종합해 보면 다음과 같은 해석이 가능하다.

첫째, 한국인은 열심히 노력하면 많이 버는 것이 당연하다고 생각하며, 그 결과로 나타나는 소득 불평등을 어느 정도는 인정한다. 둘째, 열심히 노력하면 성공할 수 있다고 믿는 한국인은 점점 줄어들고 있다. 셋째, 성공은 노력보다는 운이나 연줄에 의해 결정된다고 생각하는 한국인은 늘어나고 있다. 이를 종합하면, 한국인은 노력의 결과로 나타나는 불평등 자체에는 비교적 관대하지만, 성공이 노력과 무관하게 결정된다고 느껴질 때 발생하는 불공정함에 대해서는 강한 불만을 느끼고 있다. 다시 말해, 한국 사회의 분노는 결과로서의 불평등이 아니라 과정에서의 불공정에 대한 것일 가능성이 크다.

물론 이러한 해석이 엄밀한 인과관계를 증명하는 것은 아니다. 그러나 최근 우리 사회에서 반복적으로 등장하는 사건이나, 젊은 세대의 목소리를 들어보면 '불공정하다'는 감정이 강하게 자리 잡고 있음을 느낄 수 있다. 특히 부유하거나 권력을 가진 사람늘의 자녀가 상대석으로 쉽게 부를 축적하고, 좋은 학교에 진학하며, 좋은 자리를 차지하는 모습을 다룬 언론 보도는 열심히 노력하며 성공을 꿈꾸는 많은 젊은이에게 좌절감과 불공정함을 안겨주는 듯해 안타깝다.

불공정함에 대한 분노는 한국인만의 특수한 현상일까? 그렇지는 않을 것이다. 인간이라면 누구나 불공정함에 대해 부정적인 감정을 느낄 가능성이 크다.

블레이크(J. Blake)와 동료 연구자들은 2015년 발표한 논문에서 사람들이 불공정함을 어떻게 인식하는지를 연구했다. 이 연구에서는 4세에서 15세 사이의 어린이 866명을 대상으로 실험이 진행됐다.[44]

실험에 참여한 어린이들은 비슷한 연령대의 같은 성별을 가진 두 명이 한 조를 이루었다. 실험은 두 명이 함께 작은 간식을 받는 상황으로 설계됐다. 이때 두 명 중 한 명은 제공된 간식을 받아들일지 아니면 거부할지를 결정하는 역할을 맡았다. 다른 한 명은 결정권이 없었다. 의사결정자가 간식을 수용하면 두 명 모두 간식을 받을 수 있었지만 거부하면 두 명 모두 아무것도 받지 못했다.

실험의 핵심은 제공되는 간식의 분배 방식에 있었다. 간식은 세 가지 조건으로 제공되었다. 첫째, 두 참가자 모두에게 각각 1개씩 제공되는 동일한 보상 조건이다. 둘째, 의사결정자에게는 1개, 파트너에게는 4개가 제공되는 불리한 불평등 조건이다. 셋째, 의사결정자에게는 4개, 파트너에게는 1개가 제공되는 유리한 불평등 조건이다. 각 조건에서 의사결정자는 간식을 받아들이려면 녹색 레버를, 거부하려면 빨간색 레버를 당기도록 지시받았다. 결과는 흥미로웠다.

동일한 보상 조건에서는 대부분의 참가자가 간식을 수용했다. 비록 1개뿐이었지만 자신과 파트너가 같은 양을 받았기 때문에 이를 불공정하다고 느끼지 않은 것이다. 연령별로 보면 나이가 많아질수록 동일한 보상 조건을 더 쉽게 수용하는 경향이 나타났다. 반면, 의사결정자에게 불리한 불평등 조건에서는 상당수의 참가자가 이를 거부했다. 자신은 1개만 받고 파트너가 4개를 받는 상황을 불공평하다고 인식한 것이다. 이 역시 연령이 높아질수록 거부 비율이 증가했다. 나이가 많아질수록 불공정함에 더 민감하게 반응한 것이다.

의사결정자에게 유리한 불평등 조건에서는 다소 의외의 결과가 나타났다. 이 조건에서는 의사결정자가 4개의 간식을 받을 수 있음에도 불구하고 일부 참가자들이 이를 거부했다. 비율은 불리한 조건보다 낮았지만 미국, 캐나다, 우간다의 참가자들 사이에서 이러한 반응이 높게 나타났다. 이는 일부 어린이들이 자신의 불공정뿐 아니라 타인의 불공정까지도 문제 삼았다는 의미다. 이러한 경향 역시 연령이 높아질수록 강해졌다.

이 연구는 매우 어린 나이부터 불공정함에 대한 부정적 반응이 나타난다는 점을 보여준다. 다시 말해, 불공정함에 대한 불만은 학습의 산물이라기보다는 상당히 본능적인 감정일 수 있다. 이러한 반응은 인간에만 국한되지 않는다. 사라 브로스넌(Sarah Brosnan)과 드 발(Frans de Waal)의 2002년 연구에서는 원숭이 역시 불공정한 보상에 대해 부정적인 반응을 보인다는 사실이 확인됐다.[45] 사회적으로 협력해야 하는 존재일수록, 자신의 노력과 보상을 타인의 것과 비교하는 경향이 강하며 기대에 어긋날 경우 분노나 거부 반응을 보일 수 있다. 이런 점을 고려하면 우리가 사회적 불공정함에 대해 분노를 느끼는 것은 어쩌면 매우 자연스러운 반응이라 할 수 있다.

마케터는 소비자를 대할 때 불공정하다고 인식될 수 있는 상황을 최대한 피할 필요가 있다. 가격 차별이나 A/S 대응 과정에서 불공평한 보상이 제공될 경우 소비자는 단순한 불만을 넘어 기업에 대한 불신과 분노를 느낄 수 있다. 예를 들어 기업은 때로 강하게 항의하는 소비자에게 상황을 무마하기 위해 예외적인 보상을 제공하기도 한다. 단기적으로는 문제를 빠르게 해결하는 듯 보일 수 있다. 하지만 이 보상이 다른 소비자에게 알려졌을 때, 그리고 원칙을 지키며 조용히 기다린 소비자가 동일한 보상을 받지 못했을 때 어떤 일이 벌어질까?

기업은 당장의 편의를 위해 일부 소비자에게만 유리한 불공정한 대응을 하기보다는 모든 소비자를 공정하고 일관된 기준으로 대하는 것이 장기적으로 훨씬 더 나은 선택이다. 한 명의 불만을 잠재우려다 열 명의 신뢰를 잃는다. 공정한 잣대는 원칙이 아니라 전략이다. 사라 브로넌스와 드발의 실험에서 오이를 받은 원숭이는 포도를 받은 원숭이에게 화를 냈다고 한다. 불공정함에 대한 감정은 배운 게 아니다.

불평등 회피

차이가 나는 건 참는다. 이유가 있다면 말이다. 그러나 이유 없는 차이는 참을 수 없다. 손해를 보더라도 그렇다. 보상의 크기보다 과정의 납득이 먼저다. 때론 이득보다 공정이 중요할 때가 있다.

37

아빠의 드림카

시장을 소비자의 니즈에 따라 구분하는 기법을 시장세분화(segmentation)라고 부른다. 시장세분화의 원칙은 단순하다. 첫째, 서로 이질적인 니즈를 가진 소비자는 다른 시장으로 구분한다. 둘째, 동질적인 니즈를 가진 소비자는 하나의 시장으로 묶는다. 이 원칙에 따르면 시장세분화는 비슷한 니즈를 가진 소비자들을 여러 세분시장으로 묶어 내는 작업이고, 마케터는 각 시장의 니즈를 고려하여 각기 다른 전략으로 소비자를 공략하게 된다.

시장은 다양한 기준을 사용해서 세분된다. 예를 들어, 나이는 패션, 화장품 업계에서 주로 사용하는 세분화 기준이다. 20대가 좋아하는 옷과 40대가 좋아하는 옷은 스타일이나 색상, 용도 등 다양한 측면에서 차이가 난다. 나이에 따라 취향이 달라지기 때문에 나이는 중요한 세분화 기준이다. 그런데 나이와 비슷하면서도 다른 면이 있는 세분화 기준이 있다. 그것은 생애 단계(life stage)라 부르는 기준이다.

태어나 유치원을 다니고, 초등학생이 되어 유년기를 보내고 사춘기를 거쳐 고등학교를 졸업한 뒤 대학에 진학하거나 취업을 하고 부모가 되어 아이를 키우고 양육이 끝난 후 다시 개인의 시간을 되찾아 노년기를 보내다 죽음에 이르는 일련의 생애 단계는 마케터에게 매우 유용한 시장세분화 기준이 된다. 생애 단계가 바뀐다는 것은 단순히 나이가 변했다는 의미가 아니다. 소비자의 삶에 중요한 변화가 발생했음을 뜻한다. 그리고 이러한 전환점은 소비자의 니즈를 크게 변화시킨다. 나역시 여러 생애 단계를 지나온 한 사람으로서 단계가 바뀔 때마다 소비에서 중요하게 여기는 기준이 눈에 띄게 달라졌음을 체감하고 있다.

생애 단계는 흔히 나이와 비슷한 개념으로 생각되지만 실제로는 상당히 다르다. 물론 많은 경우 생애 단계는 나이와 함께 움직인다. 우리나라에서는 만 7세에 초등학교에 입학하고, 6년간 초등학생으로 지내다가 12세에 중학교로 진학한다. 이후 3년간 중학생 생활을 하고, 다시 3년이 지나면 고등학교를 졸업한다. 이 시기까지는 대부분의 사람에게 나이와 생애 단계가 거의 일치한다. 그러나 고등학교 졸업 이후부터는 상황이 달라진다. 대학에 진학하는 사람과 곧바로 취업하는 사람은 같은 나이임에도 전혀 다른 생애 단계에 놓이게 된다. 계속 학생 신분으로 살아가는 사람과 경제활동을 하며 사회 구성원으로 역할을 수행하는 사람은 사고방식부터 생활 패턴, 선호, 경제적 여건까지 많은 부분에서 차이를 보인다. 따라서 같은 나이라 하더라도 생애 단계가 다른 소비자는 전혀 다른 니즈를 가질 수 있다.

개인적으로 가장 극적인 변화가 일어나는 생애 단계는 결혼과 육아라고 생각한다. 대학 진학, 군 복무, 취업 역시 삶에 큰 변화를 가져오는 사건이지만 결혼과 육아를 더 극적인 변화로 꼽는 이유는 의사결정에서 따져야 할 주체가 '나 혼자'에서 '여러 사람'으로 바뀌기 때문이다. 혼자일 때의 의사결정은 상대적으로 단순하다. 물론 선택 앞에서 고민은 할 수 있지만 결국 나만 만족하면 된다. 그러나 결혼 이후에는 상황이 달라진다. 나에게 좋은 선택이 반드시 좋은 선택이 되지는 않는다. 배우자 역시 만족해야 한다. 아이가 생기면 의사결정은 더 복잡해진다. 배우자뿐 아니라 아이의 필요와 안전까지 고려해야 하기 때문이다. 식당 하나를 고르는 일, 여행지를 선택하는 일조차 각자의 취향과 조건을 모두 고려해야 한다. 결혼생활이 어렵다고 느끼는 이유는 바로 이런 선택의 복잡성 때문일지도 모른다.

이처럼 혼자일 때와 가족이나 팀처럼 함께 고려해야 할 사람이 있을 때 소비자의 선택이 어떻게 달라지는지를 실험적으로 보여준 연구가 있다. 제니퍼 아커(Jennifer A. Aaker)와 안젤라 리(Angela Y. Lee)의 2001년 연구가 그것이다. 두 연구자는 소비자가 처한 상황에 따라 선택의 기준과 방식이 달라질 수 있다고 주장한다.[46]

연구에서 제시된 시나리오는 다음과 같다. 낸시와 제너비브라는 두 친구는 각각 자동차를 구매할 계획을 세웠다. 낸시는 볼보 세단을 선택했고, 제너비브는 사브 컨버터블을 선택했다. 두 사람은 서로의 선택 과정을 비교하며 차이를 설명했다. 따뜻한 기후에 살고 아이가 없는 독신 여성인 제너비브는 자동차를 고를 때 "인생은 한 번뿐이고, 후회 없이 즐겨야 한다"는 생각을 가장 중요하게 여겼다고 말했다. 그녀에게는 운전의 즐거움이 핵심 기준이었다. 반면, 캐나다에 살며 12살 딸을 키우는 싱글맘 낸시는 전혀 다른 기준을 갖고 있었다. 그녀는 즐거움보다 사고 가능성을 가장 중요하게 고려했으며, "만약 사고가 난다면 나와 아이가 살아남을 수 있어야 한다"는 점이 결정의 핵심이었다.

두 사람은 같은 목표, 즉 자동차 구매라는 선택 앞에 있었지만 상황은 달랐다. 제너비브는 '나'를 중심으로 판단할 수 있는 독립적 자아개념을 가진 반면, 낸시는 자신과 아이를 함께 고려해야 하는 상호의존적 자아개념을 갖고 있었다. 흥미로운 점은 이러한 자아개념의 차이가 목표 설정 방식에도 영향을 미친다는 것이다. 에드워드 히긴스(E. Tory Higgins)의 규제초점(Regulatory Focus) 이론에 따르면, 사람은 성취와 발전을 추구하는 촉진 초점과 실패와 위험을 피하려는 예방 초점 중 하나에 더 민감하게 반응한다. 연구자들에 따르면 독립적 자아개념을 가진 사람은 촉진 초점에, 상호의존적 자아개념을 가진 사람은 예방 초점에 더 강하게 반응한다. 이로 인해 낸시는 안전과 책임을 강조하는 볼보에, 제너비브는 성공과 열망을 상징하는 사브 컨버터블에 매력을 느꼈다는 것이다.

이를 검증하기 위해 연구자들은 실험을 진행했다. 실험 참가자들은 독립적 자아개념 또는 상호의존적 자아개념을 활성화하는 자극물을 읽은 뒤, 음료수 브랜드인 두 종류의 웰치스(Welch's) 홍보 기사를 접했다. 하나는 활력과 에너지를 강조한 촉진 초점 메시지였고 다른 하나는 암과 심장질환 예방을 강조한 예방 초점 메시지였다. 이후 참가자들은 기사에 대한 평가와 브랜드 친밀감을 응답했다. 독립적 자아개념이 활성화된 집단은 촉진 초점 메시지를 더 긍정적으로 평가했고 상호의존적 자아개념이 활성화된 집단은 예방 초점 메시지에 더 호의적인 반응을 보였다.

이 연구는 '내가 중요한 상황'과 '우리가 중요한 상황'이 소비자의 선택 기준을 어떻게 바꾸는지를 잘 보여준다. 생애 단계에서 가족이 형성되는 시기에는 자연스럽게 '나'에서 '우리' 중심으로 선택이 이동한다. 실제 소비에서도 이런 모습은 자주 관찰된다. 같은 40대 남성이라 하더라도 미혼인 경우에는 포르쉐 911, BMW M4처럼 개인적 만족과 자기표현이 강한 차량을 선호하는 경향이 있다. 반면 기혼 남성은 가족의 안전과 공간을 고려해 BMW X5나 볼보 XC90 같은 차량을 현실적인 선택지로 삼는 경우가 많았다.

마케터는 자신이 제공하는 가치에 따라 목표 고객을 달리 설정해야 한다. 개인의 성취와 열망을 강조하는 브랜드라면 독립적 자아를 가진 소비자를, 안전과 책임을 강조하는 브랜드라면 상호의존적 자아를 가진 소비자를 주요 타깃으로 삼는 것이 효과적이다. 생애 단계와 자아개념을 이해하면 소비자가 왜 어제와 다른 선택을 하는지가 보인다. 포르쉐를 꿈꾸던 사람이 볼보를 샀다면, 그의 취향이 변한 것일까? 상황이 바뀐 것일까? 한번 더 늘여다보는 건 어떨까.

책임이 생기면 선택의 기준은 '나'에서 '우리'로 이동한다. 삶의 역할이 달라지면 취향도 달라진다. 소비는 단순히 나이를 먹는 게 아니라 내가 짊어진 책임의 무게가 바뀔 때 변한다.

경험

다시 찾는 브랜드는
기억을
설계한다

The Revenue
Engine
*****
Date   :   23/03/2024
Order No.:   000000010
Card   :   VISA
No.   : **** **** **** ****
Exp.   :   30/03/2024
Total   * 21-000-000-00
Tax   0
30/03/2024 10:45
Tx ID: 1234567890
THANK YOU

38

한국 맥주는 밍밍하다?

우리나라 맥주는 밍밍해서 맛이 없어요.

예전에 국내 맥주회사와 프로젝트를 수행하면서 수없이 마주했던 평가였다. 프로젝트 당시 국내 맥주 시장을 주름잡던 브랜드는 카스와 하이트였는데, 두 브랜드 모두 소비자들이 국내 맥주가 맛이 없다고 인식하면서 수입 맥주와 경쟁에서 어려움을 겪고 있었다. 프로젝트를 진행하는 과정에서 이러한 소비자의 인식이 정말 사실인지 답을 찾고 싶었다.

실제로 소비자 조사를 진행해보니 많은 소비자가 우리나라 맥주는 맛이 없다고 응답했다. 특히 하이트가 밍밍하다는 의견이 많았다. 그래서 소비자들이 실제로 맥주 맛을 구분할 수 있는지를 확인하기 위해 다양한 블라인드 테스트를 진행했다. 그중 개인적으로 재미있었던 사례를 하나 소개한다.

　　장인, 장모님과 식사를 하던 날이었다. 나는 마케팅 프로젝트를 수행할 때면 사석에서도 조사를 하는 버릇이 있는데, 이날도 장인어른과 장모님을 대상으로 테스트를 해보기로 했다. 우선 카스와 하이트 맥주를 한 병씩 준비하고, 맥주의 맛을 비교할 것이라 말씀드린 뒤 맥주 두 병을 두 분께 먼저 보여드렸다. 블라인드 테스트를 위해 잔에 맥주를 따랐는데, 하이트 맥주만 두 잔 따랐다. 그 후 두 잔의 맥주를 마신 후 두 분께 어떤 맥주가 더 맛있는지 물었다.

　　답변은 매우 흥미로웠다. 두 분 모두 특정 잔을 가리키며 그 잔에 따른 맥주가 더 맛있다고 답했다. 그리곤 그 잔의 맥주가 더 맛있는 이유를 매우 상세하게 설명하셨다. 두 잔에 따른 맥주는 같은 병에서 따른 같은 맥주임에도 불구하고 말이다. 약간 심술궂은 실험이긴 했지만 이 실험에서 꽤 중요한 교훈을 얻을 수 있었다. 소비자가 맥주의 맛을 정확히 구분하는 것은 아니며, 같은 맥주라 하더라도 다르게 경험할 수도 있다는 것이다. 블라인드 테스트에서 요구한 것은 더 맛있는 맥주를 찾아달라고 한 것이고, 장인, 장모님은 맥주를 마실 때 이 목표를 달성하기 위해 나름대로 맛을 탐색하는 노력을 했다고 볼 수 있다. 그 결과, 같은 맥주임에도 불구하고 다른 맛을 경험하는 놀라운 현상이 나타났다. 생각이나 상황에 따라 같은 맥주의 맛이 다르게 경험될 수 있는 것이다.

　　국산 맥주는 실제로 맛이 없을까? 맛은 주관적인 경험이다. 때문에 절대적으로 평가할 수는 없다. 다시 말해, 맥주 맛은 소비자 개인별로 다르게 경험된다. 일부 소비자는 쌉쌀한 맛이 부족한 국산 맥주를 밍밍하다 표현할 수도 있고, 다른 소비자는 깔끔하다고 표현할 수도 있다. 여기서 중요한 것은 '소비자의 경험'이다. 그런데 앞서 소개한 블라인드 테스트에서 볼 수 있듯이 경험은 절대적이지 않고, 상황에 따라 달라질 수 있다.

레너드 L. 리(L. Lee)와 셰인 프레데릭(S. Frederick), 댄 애리얼리는 '일단 맛봐요, 좋아하게 될걸요: 기대, 소비, 그리고 정보 공개가 맥주 선호도에 미치는 영향(Try It, You'll Like It: The Influence of Expectation, Consumption, and Revelation on Preferences for Beer)'이라는 연구에서 맥주 음용 경험이 상황에 따라 달라질 수 있다고 발표했다.[47] 이들이 진행한 실험을 살펴보자.

한 대학 내 펍에서 실제로 진행한 실험이다. 연구진은 기존에 펍에서 판매하는 맥주에 발사믹 식초를 세 방울 추가한 후 이 맥주에 MIT 브루(MIT brew)라는 이름을 붙였다. 그리고 펍을 방문한 손님을 대상으로 이 맥주와 펍에서 판매하던 맥주를 샘플로 제공하면서 어떤 맥주가 더 맛있는지 선택해달라고 요청했다. 이때 연구자들은 손님들을 세 집단으로 나누고 각 집단에 서로 다른 정보를 제공했다.

A 집단: MIT 브루 레시피를 전혀 알려주지 않음

B 집단: MIT 브루 레시피를 알려주되 마신 후에 알려줌

C 집단: MIT 브루 레시피를 알려주되 마시기 전에 알려줌

그리고 어떤 맥주가 더 맛있는지 선택하도록 요청했다. 실험 결과, C 집단, 즉 MIT 브루는 기존 맥주에 발사믹 식초를 넣어 만든 것이라는 레시피를 듣고 맥주를 마신 사람들은 30%만이 MIT 브루가 더 좋다고 답했다. 반면, A 집단(레시피를 알려주지 않음)의 경우 MIT 브루가 더 좋다고 답한 사람은 59%였다. C 집단과 A 집단의 선택을 비교해 보면, 맥주 레시피를 알고 마신 사람들은 발사믹 식초가 들어간 맥주를 상대적으로 덜 긍정적으로 평가했다는 점을 알 수 있다.

그런데 여기서 주목할 부분은 B 집단의 선택이다. B 집단은 맥주를 마신 후 레시피를 안내받았다. 이들 중 52%의 참가자가 MIT 브루가 더 좋다고 선택했다(여기서 52%는 A 집단의 59%와 통계적으로 차이가 없다).

흥미로운 점은 B 집단과 C 집단의 참가자는 모두 레시피를 알고 난 후 좋아하는 맥주를 선택했지만, 두 집단의 선택 비율은 30% 대 52%로 차이가 난다는 점이다. 두 집단의 차이점은 레시피를 알게 된 시점이 유일하다. 실험 결과가 시사하는 바는 레시피를 알게 된 시점에 따라 맥주를 마시는 '경험'이 달라졌다는 것이다. 레시피를 알기 전 맥주를 마신 사람들(B 집단)은 MIT 브루에 대한 어떠한 사전 지식도 없는 상황에서 맥주를 음용했고, 결과적으로 아무런 편견 없이 맥주의 맛을 경험했다. 반면, 레시피를 알고 난 후 맥주를 마신 사람들(C 집단)은 맥주에 발사믹 식초가 들어갔음을 이미 알고 있었기 때문에 맥주를 마시는 동안 시큼한 맛이 나는지를 예민하게 탐색했다. 일반적으로 맥주에는 어느 정도 시큼한 맛이 포함되어 있는데, C 집단의 사람들은 이를 발사믹 식초가 만들어낸 불쾌한 맛으로 보고 부정적으로 평가했을 가능성이 크다. 사전에 알게 된 지식(레시피)으로 인해 MIT 브루에 대한 기대(시큼할 것이다)가 형성되었고, 결과적으로 맥주를 음용하는 동안 시큼한 맛을 찾아내는 경험(이상한 맛)을 부정적인 평가와 연결한 것이다.

정리하면, 소비자의 경험은 사전에 소비자가 가진 지식과 기대에 영향을 받는다. B 집단과 C 집단 모두 레시피를 알게 된 후 좋아하는 맥주를 선택하게 했지만, 사전에 알고 있던 C 집단만 MIT 브루에 대해 부정적 평가를 했다. B 집단의 사람들은 맥주 맛을 경험한 후 레시피를 들었기 때문에 이 지식은 이미 음용한 맥주 경험에 영향을 미칠 수 없다. 경험 전 알게 된 C 집단만 레시피가 맥주 음용 경험에 영향을 미친 것이다.

여기에서 우리가 배울 수 있는 점은 명확하다. 소비자가 소비 경험을 하기 전 가지고 있는 지식과 기대는 소비 경험에 영향을 미친다. 소비자가 제품에 대해 가진 지식과 기대는 브랜드로 대표될 수 있다. 브랜드라는 것은 단순히 제품 이름이 아니다. 브랜드에는 소비자의 다양한 지식이 축적된다. 예를 들어, 소비자가 기네스(Guinness)에 대한 광고를 보며 '기네스는 아주 진하고 부드럽다'라는 지식을 얻었다면, '기네스 로고가 크게 박힌 맥주잔'에 따른 기네스 맥주를 마시며 '진하고 부드러운' 맥주의 맛을 경험할 가능성이 커진다. 일반 맥주잔에 기네스 맥주를 마실 때보다 그 경험의 강도가 더 클 것이다. 브랜드가 긍정적인 지식을 소비자에게 축적한 경우, 브랜드를 인지하며 소비를 경험할 때 그 경험이 더 긍정적으로 이어질 수 있다.

하지만 지식이 언제나 긍정적인 효과를 불러오는 것은 아니다. 긍정적이지 않은 지식이 축적된 브랜드에는 같은 이유로 역효과가 발생할 수 있다. 과거 소주 브랜드 관련 마케팅 전략을 수립하는 일을 한 적이 있다. 해당 브랜드는 대구·경북 지역의 대표 브랜드, 참소주였다. 조사결과 지역 젊은 층은 이 소주에 대해 '독한', '쓴맛' 등의 이미지를 갖고 있었다. 반면, 하이트진로의 참이슬은 해당 지역 젊은 층의 인식에서 '순한', '깨끗한' 등의 이미지를 축적하고 있었다.

나는 지역 젊은 층을 대상으로 소주 맛을 구분하는 블라인드 테스트를 진행했다. 진짜 소주 맛이 다른지를 확인하기 위해서였다. 결과는 매우 흥미로웠다. 소주 브랜드를 공개하고 마실 때는 실험 참가자들 대부분이 앞서 말한 이미지와 같이 참소주는 독하고 쓰다고 답했고, 참이슬은 부드럽고 순하다고 답했다. 그런데 브랜드를 가리고 같은 테스트를 진행하자 반대의 결과가 나타났다. 상당수 실험 참가자들이 참소주를 더 순하고 부드러운 소주로 선택하고 참이슬이 더 쓰고 독하다고 답했다.

이런 결과는 앞서 살펴본 연구 결과와 일치한다. 소비자는 사전에 기대한 것을 소비 경험에 반영하여 판단한다. 사전 지식이 긍정적이라면 그 기대감이 실제 소비 경험에까지 긍정적인 영향을 미치지만 부정적인 사전 지식은 소비 경험을 부정적으로 지각하게 만든다. 이를 고려하여 사전 지식, 그리고 기대에 대해 관리를 하는 것은 소비자의 경험을 긍정적으로 끌어내는 좋은 방안이 될 수 있다. 브랜드에 긍정적 지식과 기대를 축적하는 것은 소비 경험을 좋게 만드는 중요한 열쇠다.

소비 경험이 이뤄지기 전에 긍정적인 단서를 제공하는 것도 같은 맥락이다. 기네스는 이를 제도로 만들었다. 주기적으로 기네스 드래프트를 판매하는 매장을 평가하고 있다. 이때 품질 기준을 여섯 번 이상 통과하고 추가 테스트까지 통과한 매장에 슈페리어 퀄리티 어워드(Superior Quality award)를 부여한다. 슈페리어 퀄리티 어워드 수상 매장 중 테스트를 통해 상위 15곳을 뽑아 마스터 퀄리티 어워드(Master Quality Award)를 주고 있다. 이 매장들은 입구에 퀄리티 어워드 인증패를 부착하게 되는데, 이를 본 소비자들은 최고의 기네스를 마실 수 있을 것이라는 기대를 갖고 기네스를 주문한다. 이 소비자들의 경험은 어떨까? 당연히 맛있는 경험이 된다.

맥주에 관한 이야기만 다뤘지만, 이는 맥주에 한정된 내용이 아니다. 다양한 제품이나 서비스에서도 적용할 수 있다. 마케팅 실무자들은 소비자의 기대를 어떻게 만드느냐가 소비 경험을 바꿀 수 있다는 점을 이해할 필요가 있다.

사전지식 효과

경험은 있는 그대로 들어오지 않고, 이미 알고 있다고 믿는 틀을 통해 걸러져 들어온다. 맛은 혀에서만 결정되는 게 아니라 머릿속에 이미 있는 답에 따라 다르게 느껴지는 주관적인 결과물이다.

39

호가든은 흔들어야 맛있다

#리추얼 효과

국내 주류 회사들과 마케팅 프로젝트를 수행할 기회가 몇 차례 있었다. 맥주, 소주 브랜드를 관리하는 전략을 수립하기도 했고, 판매량을 늘리기 위한 마케팅 전략을 만들기도 했다. 그 과정에서 술은 우리가 알고 있는 것보다 훨씬 다양하고, 역사가 깊다는 것을 배웠다.

나는 맥주는 기본적으로 다 똑같다고 생각했다. 그러나 맥주는 상당히 다양하다. 양조 방식은 크게 라거(Lager) 방식과 에일(Ale) 방식으로 구분된다. 일반적으로 쉽게 접할 수 있는 맥주(예를 들어 하이트, 카스, 테라 등)는 상당수가 라거 방식으로 양조되는데, 이 방식으로 양조한 맥주는 불순물이 없고 탄산 함유가 높아 깔끔하고 가볍게 마시기에 좋다. 반면 에일 방식으로 양조한 맥주는 색이 진하고 효모가 포함되어 있어 맛이 상대적으로 탁하다. 에일 맥주는 고유의 향이 강하게 있고 라거에 비해 부드럽다(예를 들어 호가든, 기네스, 파울라너 등). 양조 방식 외에도 맥주는 특징에 따라 좀 더 세분화할 수 있다.

라거 맥주는 밝은 황금빛과 가벼운 바디감을 특징으로 하는 페일 라거(pale lager)와 짙은 갈색과 캐러멜 향이 특징인 다크 라거(dark lager), 그리고 6~12%의 높은 도수와 묵직한 바디감을 가진 복(bock) 맥주로 구분된다. 에일 맥주의 종류는 더 다양하다. 홉과 몰트의 밸런스가 좋은 페일 에일(pale ale), 도수가 높고 쓴맛이 도드라지는 인디아 페일 에일(IPA), 기네스 드래프트로 대표되는 스타우트(stout), 탄산이 강하고 스파이시한 맛이 특징인 벨기에 에일(Belgian ale), 그리고 밀로 양조하여 부드러운 바이젠(Weissbier) 혹은 밀 맥주(wheat beer) 등으로 구분할 수 있다.

과거 국내 맥주 시장은 대부분 라거 방식의 맥주가 주를 이뤄왔는데, 다양한 소비자의 선호가 반영되면서 에일 방식 맥주의 판매량이 점차 증가하고 있다. 국내에서 잘 알려진 에일 맥주 브랜드 중 하나가 바로 호가든(Hoegaarden)이다. 호가든은 세계 최대 맥주 기업인 AB 인베브(ABInBev)가 보유한 브랜드다. 우리나라에서 판매되는 호가든은 OB맥주가 생산하고 있어 '오가든'으로 불리기도 한다. OB맥주가 AB 인베브의 자회사인 점을 고려하면 호가든은 AB인베브에서 만들고 있다고 보는 것도 타당하다. 어디서 생산한 호가든이 더 맛있냐는 논란이 있지만 그건 소비자 개인의 취향 문제인 것 같다.

호가든에 대해서 좀 더 살펴보자. 벨기에의 유명한 맥주 브랜드, 호가든은 500년 넘게 생산된 밀 맥주의 대표 주자다. 1445년 벨기에 비가르덴 지방의 수도원 문화가 최상의 밀을 생산하는 호가든 마을로 전파되면서 탄생했다. 밀을 주원료로 하는 에일 맥주로 오렌지 향이 은은하게 나며 부드럽고 풍성한 맛을 자랑한다. 그런데 호가든 브랜드 웹사이트를 방문해보면, 매우 흥미로운 내용을 하나 발견할 수 있다.

호가든의 풍미를 제대로 즐기는 방법
흔들어서 마시는 '호가든 리추얼'

호가든을 마실 때 호가든이 가진 풍미를 제대로 즐기는 데 필요한 호가든 리추얼(Hoegaarden Ritual)이 제시되어 있다. 여기서 리추얼을 해석하면 '규칙적으로 행하는 의식, 의례'를 의미한다. 호가든이 제시하는 호가든을 마실 때 행하는 의식은 다음과 같다.

스텝 1. 호가든과 잔을 모두 냉장 보관합니다.
스텝 2. 병/캔을 잔에 70%가량 따릅니다.
스텝 3. 병/캔을 돌리듯 흔듭니다.
스텝 4. 잔에 나머지 호가든을 채웁니다.

이 방식은 한때 호가든의 모든 병이나 캔에 인쇄될 정도로 호가든이 강조하는 의식이다. 그런데 왜 강조되고 있을까? 먼저 생각해볼 수 있는 이유는 호가든이 에일 맥주이며, 특성상 효모가 포함되어 있다는 점이다. 에일 맥주에 포함된 효모는 유통과정에서 맥주병 바닥에 가라

앉게 된다. 맛있게 즐기기 위해서는 맥주를 흔들어 섞어서 마셔야 한다. 이러한 이유로 호가든은 흔들어 마시는 방법을 강조하고 있다. 그런데 이는 기능적인 이유다. 사실 더 중요한 이유가 숨겨져 있다. 호가든을 맛있게 마시는 방법에 리추얼, 즉 의식이라는 단어를 사용했다는 점에 주목하자.

우리는 살아가면서 다양한 의식적 행동을 한다. 예를 들어, 생일을 축하할 때 케이크에 촛불을 켜고 축하의 노래를 부른 후 생일을 맞은 사람이 촛불을 끈다. 이러한 의식화된 행동이 소비 상황에서 어떠한 영향을 미칠 수 있는지를 확인한 연구가 있다. 2013년 캐슬린 보스와 양 왕(Y. Wang), 프란체스카 지노(F. Gino)와 마이클 노턴(M. Norton)의 공동연구에서는 의식이 소비에 미치는 영향을 분석했다.[48] 연구진은 의식화된 행동을 하면 이어지는 소비 경험이 강화되며, 그 결과 음식이나 음료를 더 맛있게 먹는 경험을 하고 더 가치 있게 인식한다고 보았다. 이들은 여러 실험을 통해 의식화된 행동을 하면 소비자가 이어지는 소비에 대해 긍정적인 평가를 하는 것을 확인했다. 연구자들이 수행한 실험을 하나 살펴보자.

참가자들은 초콜릿을 먹고 이에 대해 평가하는 실험에 참여하였다. 참가자들은 두 집단으로 구분되었는데, 한 집단은 초콜릿을 먹기 전에 특정한 의식을 수행했고, 다른 집단은 의식 없이 초콜릿을 먹었다. 의식 조건의 참가자들은 다음과 같은 지시를 받았다.

"초콜릿 포장을 뜯지 말고 먼저 반을 나누세요. 초콜릿의 절반만 포장을 벗겨 먹습니다. 다 먹은 후 나머지 절반의 포장을 벗겨 드세요."

의식 행동 조건의 참가자들은 초콜릿을 나누어 차례대로 먹는 의식을 수행한다. 한편 의식 행동을 하지 않는 조건의 참가자들은 자유롭게 초콜릿을 먹었다. 그 후 초콜릿 소비에 관한 몇 가지 질문에 답했다. 실험 결과는 매우 흥미로웠다. 의식 행동을 한 참가자들은 그렇지 않은 참가자들 대비 초콜릿 소비 경험을 더 즐겼고, 맛이 더 좋았다고 응답했다. 더 나아가 그 초콜릿을 구매하기 위해 더 많은 돈을 기꺼이 지불하겠다고 응답했다. 의식 행동은 소비자의 초콜릿 소비 경험에 긍정적인 영향을 미쳤으며, 지불용의가격 역시 상대적으로 높아지게 만들었음을 확인할 수 있었다.

이 연구 결과는 앞서 살펴본 호가든 리추얼이 왜 강조되고 있는지를 설명해준다. 호가든이 가진 풍미를 제대로 즐기는 호가든 리추얼은 일종의 의식화된 행동을 유도하는 방법이다. 다시 이 의식을 살펴보자. 먼저 호가든과 잔을 차갑게 만들고, 호가든 병의 70%를 잔에 따른다. 그 후 병을 돌리듯 흔들고 나머지를 잔에 채운 후 마신다. 이러한 과정을 따라 하는 것은 호가든을 마시는 '의식'이 되고 이 의식 덕분에 호가든이 더 맛있어진다.

비단 호가든 리추얼뿐일까? 식당에서 비빔밥을 시키면 밥 위에 채소와 고기 등 비빔밥 재료를 섞지 않은 상태로 제공된다. 이렇게 비빔밥을 제공하는 이유는 물론 심미적인 이유 때문이라 볼 수 있지만, 의도하지 않게 사람들이 비빔밥을 먹는 의식 행동을 하도록 유도한다. 사람들은 비빔밥을 먹기 위해 젓가락이나 숟가락을 이용하여 나름의 방식으로 비비는 의식을 한다. 이 행동은 비빔밥을 더 맛있게 먹었다는 경험으로 이어질 수 있다. 비슷한 사례는 또 있다. 레스토랑에서 와인을 주문하면 종업원이 진행하는 의식에 소비자가 참여하게 된다. 종업원은 와인을 가져와 주문한 와인이 맞는지 여부를 소비자에게 확인하도록 유도한다. 그 후 와인을 따서 1차적으로 맛을 보도록 한다. 물론 이 과정은 주문한 와인이 맞는지, 와인이 상하지는 않았는지 확인하는 절차이지만 이 역시 일종의 의식 행동이 된다. 소비자는 이러한 의식을 진행하면서 와인의 맛을 더 좋게 경험할 가능성이 커진다. 이와 유사하게 제품에 독특한 의식 행동을 연결하여 소비자가 더 좋은 경험을 할 수 있게 만들 수 있다.

주의할 점이 하나 있다. 의식화된 행동을 지켜보는 것은 소비 경험에 영향을 미치지 않으며, 직접 수행한 의식화된 행동만이 소비 경험을 바꿀 수 있다. 이는 중요한 시사점을 던진다. 바로 단순히 의식 행동을 지켜보는 것만으로는 의식이 소비 경험에 미치는 영향이 나타나지 않기 때문에, 소비자가 직접 의식 행동에 참여하도록 유도하는 설계가 필요하다. 직접 참여한 의식 행동을 통해 소비자는 해당 제품에 깊은 관여를 하게 되며, 이러한 관여는 소비 경험을 보다 긍정적으로 만든다. 소비 과정에 의식화된 행동을 추가하고 싶다면 소비자가 직접 의식에 참여하도록 구성하는 것이 중요하다.

리추얼 효과

리추얼을 설계하려면 다음 세 가지를 기억하자.

하나, 리추얼은 '보는 것'이 아니라 '하게 만드는 것'이어야

한다.

둘, 리추얼은 소비 과정의 '앞단'에 배치될수록 효과적이다.

셋, 리추얼은 복잡할 필요가 없으며, '의미 있어 보이는 규칙

성'이 핵심이다.

40

타이거 우즈의
빨간 셔츠

PGA 투어는 세계에서 가장 골프를 잘 치는 선수들이 모여 경쟁하는 대회이다. 세계에서 골프를 잘 친다는 선수들은 모두 PGA 투어에 참여하는 것을 목표로 하고 노력하고 있다. 한국 선수 중에서는 최경주, 양용은, 배상문, 노승열, 김시우, 강성훈, 임성재, 이경훈, 김주형 등 9명의 선수만이 PGA 투어에서 우승한 경험이 있다. 이 중 최경주 선수가 8승을 거둬 한국 선수 중 가장 많은 우승 경험을 보유하고 있다. 우리나라 선수가 PGA에서 거둔 우승은 총 24회이다.

PGA 투어 역사상 가장 많은 우승을 거둔 선수는 누구일까? 2025년 기준, 샘 스니드와 타이거 우즈가 82승을 거둬 공동 1위를 기록하고 있다. 샘 스니드는 마지막 우승이 1965년이었으니, 골프가 발전한 최근 사정을 고려하면 2019년까지 우승을 이어온 타이거 우즈가 최고의 선수가 아닌가 생각된다. 타이거 우즈가 거둔 82승. 한국 선수 모두가 함께 거둔 24승과 비교하면 타이거 우즈가 얼마나 많은 우승을 차지했는지 가늠해 볼 수 있다.

그런데 타이거 우즈 하면 떠오르는 것이 하나 있다. 바로 빨간색 셔츠이다. 타이거 우즈는 유난히 빨간색 셔츠를 즐겨 입었는데, 특히 일요일 최종 라운드에서 이 셔츠를 계속 입었다. 타이거 우즈의 어머니는 염소자리인 타이거에게 빨간색이 강력한 힘을 주는 색이라고 믿었다. 그래서 주니어 선수 시절부터 중요한 경기 마지막 날에 빨간 셔츠를 입게 했다고 한다. 이러한 루틴이 대학 선수 시절, 그리고 PGA 투어 골퍼가 된 이후에도 이어졌다. 빨간 셔츠를 입으면 실제로 골프를 더 잘 치게 될까? 그것은 아닐 것 같다. 하지만 타이거 우즈에게는 그런 믿음이 있을 수 있다. 골프를 잘 치던 그가 우승을 눈앞에 둔 마지막 날에 빨간 셔츠를 입었으니, 우승할 때마다 빨간 셔츠를 입었던 것으로 기억될 것이기 때문이다. 타이거 우즈가 PGA 투어에서 우승한 82회 중 단 3번만 빨간 셔츠를 입지 않았다고 한다. 그만큼 타이거 우즈에게 있어 빨간 셔츠는 우승을 불러오는 중요한 아이콘으로 인식되었을 것이다.

이러한 승리의 상징은 다른 사람에게서도 발견된다. 테니스 역사상 최고의 선수로 꼽히는 세레나 윌리엄스는 테니스 대회가 진행되는 동안 절대 양말을 갈아 신지 않고 매 경기 늘 같은 양말을 신는다고 한다. 농구의 신 마이클 조던 역시 자신만의 철칙이 있었는데, NBA 경기 때마다 대학 시절 입었던 파란색 북캐롤라이나 대학 농구 반바지를 유니폼 아래에 겹쳐 입고 코트에 나섰다. 그는 이 반바지가 행운을 가져다준다고 굳게 믿었다고 한다.

타이거 우즈의 빨간 셔츠, 세레나 윌리엄스의 양말, 그리고 마이클 조던의 파란색 반바지는 중요한 날, 그리고 간절하게 뭔가를 바라는 날, 이들이 선택한 일종의 행운의 부적과 같은 것이었다. 실제로 좋은 결과를 가져다주는지는 알 수 없지만 어쨌든, 이들에게는 이 행운의 부적이 좋은 결과를 갖다주는 중요한 역할을 해줄 것이라는 '기대'가 있다. 앞서 언급한 스포츠 스타들뿐 아니다. 우리도 중요한 날 나름의 행운의 부적을 지니는 경우가 많다. 예를 들어, 중요한 발표날 항상 착용하는 행운의 넥타이, 좋은 결과를 기대하는 날 마시는 특정 브랜드의 음료수, 간절한 날 신고 나가는 구두 등 자신만의 행운의 부적 말이다. 사람들은 왜 이런 행운의 부적을 좋아하는 것일까?

해머맨(E. Hamerman)과 조아르(G. Johar)가 2013년에 발표한 연구에서 흥미로운 현상을 제안했다.[49] 소비자가 특정 제품을 소비하는 순간과 그와 직접적인 관련이 없는 사건의 긍정적인 결과가 반복적으로 함께 나타날 경우, 그 제품에 조건화된 미신(Conditioned Superstition)이 형성될 수 있다는 것이다.

예를 들어 농구 경기를 보며 특정 브랜드의 음료를 마셨는데, 그날 응원하던 팀이 승리했다면 소비자는 무의식적으로 그 음료가 승리에 기여했다고 느낄 수 있다. 이후 같은 음료를 마시며 경기를 보고 또다시 승리가 반복된다면 그 음료는 점차 '승리를 부르는 음료'로 인식될 가능성이 생긴다. 연구자들은 바로 이런 조건화 과정이 실제로 나타나는지를 실험을 통해 확인하고자 했다.

이를 위해 연구자들은 85명의 실험 참가자를 모집했다. 참가자들은 자신이 재학 중인 대학이 대학 간 퀴즈대회 결승전에 진출해 있다는 상황을 안내받았고, 실험 동안 해당 대회의 진행 상황을 실시간으로 제공받게 된다고 설명을 들었다. 실험 장소에 도착한 참가자들에게는 미니 스니커즈가 하나씩 제공되었다. 이후 퀴즈대회의 진행 상황이 실시간으로 중계됐다.

퀴즈대회에서 홈 팀이 질문에 답할 때마다 결과가 제시되었는데, 정답을 맞히면 점수가 올라가고 오답일 경우 점수가 차감되는 방식이었다. 대회 도중에는 두 차례의 휴식 시간이 있었고 이때마다 실험 참가자들에게 미니 스니커즈 바가 제공됐다. 실험의 핵심 조작은 바로 이 지점에 있었다. 대회 초반 홈 팀은 상당한 점수 차이로 뒤처지고 있었지만 대회가 진행될수록 점수 격차는 점점 줄어들었다. 특히 휴식 시간 동안 참가자들이 스니커즈 바를 먹고 난 직후 홈 팀이 연속으로 정답을 맞히며 점수를 획득하도록 실험이 설계돼 있었다.

마지막 대회 상황이 제시되었을 때 퀴즈대회는 아직 끝나지 않은 상태였다. 홈 팀은 여전히 지고 있었지만 점수 차이는 크지 않았고 최종 결과는 충분히 뒤집힐 수 있는 상황이었다. 이 시점에서 연구자들은 참가자들에게 감사의 표시로 스니커즈 또는 킷캣 중 하나를 선택할 수 있는 기회를 제공했다.

여기서 연구자들은 참가자들을 다시 두 집단으로 나눴다. 한 집단은 먼저 초콜릿을 선택한 뒤, 자신의 대학이 이길 가능성을 예측하도록 요청받았다. 다른 집단은 반대로, 먼저 자신의 대학이 승리할 가능성을 예측한 뒤 초콜릿을 선택하도록 요청받았다. 이 순서 차이를 통해 연구자들은 제품 선택과 기대 형성 사이의 관계를 보다 명확히 분석했다.

이 실험의 핵심은 스니커즈 초콜릿이었다. 실험 참가자들은 토론대회 결승전 상황을 중계받는 과정에서 스니커즈 바를 받았다. 그런데 참가자들이 스니커즈 바를 받은 후 토론대회에서 자신의 학교가 점수를 획득하며 상대 팀과의 격차를 줄여가게 된다. 이 과정이 두 번 반복되면서 실험 참가자들은 '스니커즈 초콜릿이 행운의 초콜릿'이라고 생각하는 일종의 조건화 학습을 하게 되도록 연구자들이 실험을 설계한 것이었다. 그렇다면, 이러한 조건화 학습의 결과는 어떻게 나왔을까?

먼저, 스니커즈 바를 선택한 참가자들은 초콜릿 선택과 학교의 승리 가능성 예측 순서에 따라 자신의 학교가 이길 가능성을 다르게 예측했다. 자신의 학교의 승리 가능성을 먼저 예측한 실험 참가자들과 비교할 때 초콜릿을 먼저 선택하고 학교의 승리 가능성을 예측한 참가자들이 학교의 승리 가능성을 더 긍정적으로 예측한 것이다. 반면 스니커즈 바 대신 킷캣 초콜릿을 선택한 실험 참가자들 집단에서는 초콜릿 선택과 학교 승리 가능성 예측의 순서가 학교의 승리 가능성 예측 수준에 영향을 미치지 않은 것으로 확인됐다. 행운의 초콜릿으로 인식되는 스니커즈 바를 먼저 선택한 실험 참가자들만이 학교의 승리 가능성을 더 긍정적으로 예측했다.

물론, 모든 실험 참가자들에게서 이러한 결과가 나온 것은 아니다. 학교에 대한 소속감이 낮은 실험 참가자들은 행운의 초콜릿인 스니커즈 바를 먼저 선택하는 상황에서도 학교의 승리 가능성을 그다지 높게 평가하지 않았다.

이 실험의 결과는 조건화된 미신, 즉 특정한 대상이 별개의 사건의 긍정적인 결과와 반복적으로 연결될 경우, 이 대상과 긍정적인 결과가 하나로 연결되는 조건화된 학습이 이뤄질 수 있다는 것을 잘 보여준다. 구체적으로 특정 제품(스니커즈)을 과거의 긍정적인 경험과 연결하면, 그 제품이 미래의 성공을 가져올 것이라는 통제의 착각을 형성할 수 있음을 보여주었다. 마치 파블로프의 개 실험에서 종소리와 먹이가 반복적으로 제시되면 개가 종소리만 듣고도 침을 흘리는 것과 비슷한 현상이 나타난다는 것이다. 많은 사람이 이런 이야기를 한다.

내가 축구 경기를 보면 항상 지더라.
이기다가도 내가 보면 갑자기 골을 먹고 진다.
그래서 축구 경기를 보지 않는다.

앞에서 본 것처럼 이러한 생각 역시 조건화된 미신이라 할 수 있다. 몇 번의 부정적 경험이 축구 경기 시청과 연결된 결과라 할 수 있다.

기업에게 조건화된 미신이 나쁜 것만은 아니다. 소비자가 어떤 좋은 결과와 자사의 제품을 연결한다면 그 제품은 분명 대박이 날 것이다. 예를 들어, 애플은 '창의적인' 생각을 촉진하는 것으로 많은 사람이 생각한다. 그런데 이는 일종의 조건화된 미신의 하나라 볼 수 있다. 애플은 많은 예술가가 즐겨 사용하는 브랜드로 이들이 맥북이나 아이패드 등 애플의 제품을 많이 사용하는 이유는 사실 애플에서 제공하는 디자인 프로그램과 음악 프로그램이 뛰어나기 때문이다. 이러한 소프트웨어로 인해 많은 예술가가 애플 제품을 사용하게 되면서 사람들 사이에서 '애플이 예술적 창의성에 도움이 된다'는 조건화된 미신이 형성됐다. 결과적으로 창의적인 활동을 원하는 사람들에게 애플은 창의성을 촉진하는 브랜드로 인식되기에 이르렀다. 이처럼 특정 영역에서 조건화된 미신이 형성되면 해당 브랜드는 그 분야에서 다수의 소비자에게 선호되는 브랜드로 자리잡을 수 있다.

조건화된 미신

인간은 우연한 성공이 반복되면 그것을 필연적인 믿음과 연결하곤 한다. 불안한 상황일수록 특정 물건이나 행동에 의지하게 되는데 이 조건화된 믿음은 때로 강력한 심리적 위안과 자신감을 준다.

41

빵집에서
첫 빵을 고르는 순간

빵집에 들러 빵을 산다고 생각해보자. 가게에 들어서면 다양한 빵들과 선반 옆에 놓인 쟁반과 집게다. 빵을 사려면 쟁반 위에 종이를 깔고, 원하는 빵을 집게로 집어 계산대로 가면 된다. 누구에게나 익숙한 빵집의 풍경이다. 그런데 어느 날, 이 익숙한 공간에서 사람들의 행동을 유심히 관찰하다 보니 꽤 흥미로운 점을 발견할 수 있었다.

사람들은 처음 빵을 고를 때 유독 신중하다. 진열대를 이리저리 둘러보며 어떤 빵이 가장 맛있을지를 고민한다. 모양을 보고, 재료를 살피고, 때로는 다른 손님이 집는 빵을 힐끗거리며 꽤 오랜 시간을 들여 첫 번째 빵을 고른다. 그런데 이상하게도 막상 한 가지 빵을 쟁반에 올려놓고 나면 상황이 달라진다. 이후 다른 빵들은 놀라울 정도로 빠르게 선택한다.

처음에는 당연한 모습처럼 보일 수도 있다. 하지만 이렇게 글로 옮겨놓고 다시 생각해보면 꽤 특이한 의사결정이다. 어차피 여러 개의 빵을 살 계획이었다면, 왜 첫 번째 빵을 고를 때만 그렇게까지 신중할 필요가 있었을까? 첫 번째 빵을 고르던 그 진지함은 어디로 사라지고 이후의 선택은 왜 그렇게 가벼워지는 걸까? 다시 생각해보면 묘하게 비합리적인 장면이다. 빵집의 입장에서 생각해 보면 이 장면은 더욱 흥미롭다. 빵집에 들어온 손님이 빵을 많이 사느냐, 적게 사느냐는 어쩌면 첫 번째 빵이 쟁반에 올라가는 순간에 달려 있을지도 모른다. 첫 번째 빵만 쟁반에 담기면 이후에는 다른 빵을 추가로 선택할 가능성이 급격히 높아지기 때문이다. 나 역시 아이를 위해 빵을 사러 빵집에 들렀다가 아이가 좋아하는 빵 하나를 쟁반에 담은 뒤 계획에도 없던 빵들을 계속 담아본 경험이 적지 않다. 하나를 고르고 나니 다른 빵들은 별다른 고민 없이 선택됐다.

이와 비슷한 경험은 쇼핑의 다양한 장면에서도 목격할 수 있다. 특별한 구매 계획 없이 백화점에 들렀다고 가정해보자. 이런 경우 백화점 방문은 보통 두 가지 결말 가운데 하나로 끝난다. 아무것도 사지 않고 돌아오거나 생각보다 많은 물건을 구매하고 나오거나 말이다. 아무것도 사지 않고 돌아오는 날은 언제일까? 원래부터 구매 계획이 없었기 때문에 정말 마음에 드는 제품이 나타나지 않으면 결제로 이어지지 않는다. 매장을 이곳저곳 돌아다니며 '괜찮아 보이는' 제품은 여럿 발견하지만, '이건 꼭 사야 해'라는 생각이 들 만큼 마음을 사로잡는 제품은 만나지 못한 날이다. 흔히 말하는 지름신이 강림하지 않은 날이다.

반대로 다른 결말은 아주 사소한 계기에서 시작된다. 역시 처음에는 구매 계획이 없다. 쉽게 지갑을 열 생각도 없다. 하지만 매장을 구경하다가 아주 작은 제품 하나를 구매하는 순간, 상황은 달라진다. 백화점에서 돌아다니다가 특별 할인 매대에서 저렴한 티셔츠 하나를 구매했다고 해보자. 결제를 마치고 쇼핑백에 담긴 티셔츠를 손에 들고 나오는 순간, 나는 이미 '구매한 사람'이 되어 있다. 그다음부터는 다른 제품을 사는 것에 대한 심리적 장벽이 눈에 띄게 낮아진다. 이미 한 번 샀으니 하나쯤 더 사는 것도 크게 다르지 않게 느껴진다.

이 장면은 휴가철 바닷가에서 물에 들어갈지를 고민하는 모습과도 닮아 있다. 나는 물에 들어가는 것을 별로 좋아하지 않는다. 아내는 이런 나를 두고 '고양잇과'라고 표현하곤 한다. 아주 틀린 말은 아니다. 물에 들어가면 옷이 젖고, 모래가 묻고, 나와서 씻고 말리는 것도 번거롭다. 그래서 물가에 서서 한참을 고민하게 된다. 그런데 막상 물에 한 번 들어가고 나면 어떨까? 그 순간부터 고민은 사라진다. 이미 젖어버렸기 때문이다. 이후에는 그냥 물에서 놀면 된다. 뒤처리는 나중에 신경 쓸 일이다. 쇼핑도 마찬가지다. 소비자는 처음에는 '살까 말까'를 신중하게 고민한다. 합리적인 소비자라면 당연한 태도다. 하지만 한 번이라도 구매가 이루어지면 상황은 달라진다. 이미 물에 들어간 상태가 되는 것이다. 한 번의 구매를 경험한 소비자는 이후의 구매를 훨씬 쉽게 결정하게 된다.

이러한 소비자의 행동을 라비 다르(Ravi Dhar), 조엘 휴버(Joel Huber), 우즈마 칸(Uzma Khan)은 쇼핑 모멘텀 효과(Shopping

Momentum Effect)라고 불렀다.[50] 이들은 2007년에 발표한 연구에서 소비자가 하나의 제품을 구매하는 순간 이후의 쇼핑 행동이 촉진되는 현상을 설명했다. 소비자가 이후 소비와 전혀 관계없는 물건을 구매했더라도, 그 '구매 경험' 자체가 다음 구매 가능성을 높인다는 것이다.

연구자들에 따르면 이 효과는 소비자의 사고방식 전환에서 비롯된다. 소비자가 쇼핑을 시작하면 처음에는 무엇을 사는 것이 좋은지를 고민하는 심사숙고하는 사고방식이 작동한다. 이 사고방식은 평가와 비교에 초점을 맞추기 때문에 구매 행동으로 쉽게 이어지지 않는다. 하지만 한 제품이라도 구매하는 순간, 소비자의 사고방식은 실행하는 모드로 바뀐다. 이때부터 소비자는 평가보다 실행, 즉 '구매하는 행동' 자체에 집중하게 된다.

연구자들은 이 가설을 검증하기 위해 여러 차례 실험을 진행했다. 남아시아 지역 대학생 180명을 대상으로 한 실험을 보자. 처음 제시된 제품을 실제로 구매한 참가자들은 이후 제시된 전혀 다른 제품도 훨씬 높은 비율로 구매했다. 반면 처음 제시된 제품을 구매하지 않은 참가자들은 이후의 구매 확률도 낮았다. 흥미로운 점은 첫 번째 제품을 '공짜로 받은 경우'에는 이러한 효과가 나타나지 않았다는 것이다. 돈을 지불하고 구매한 경험이 있어야만 쇼핑 모멘텀 효과가 발생했다. 즉 '구매했다'는 행위 그 자체가 이후 소비를 촉진하는 힘을 가졌다.

마케터에게 쇼핑 모멘텀 효과는 매우 중요한 단서가 된다. 소비사가 쇼핑 초반에 얼마나 빨리 첫 구매를 하느냐가 전체 매출에 큰 영향을 미칠 수 있기 때문이다. 이후 구매할 제품과 직접적인 관련이 없더라도, 소비자가 가볍게 구매할 수 있는 첫 제품을 제시하는 것만으로도 쇼핑 흐름은 달라질 수 있다. 과거 올리브영에서 매장에 들어오는 고객에게 작은 바구니를 건네던 장면을 떠올려보자. 바구니는 단순히 물건을 많이 담으라는 의미일 수도 있지만 '첫 번째 빵을 쟁반에 올리는 순간'을 만들어내기 위한 장치이기도 하다. 바구니에 제품 하나를 담는 순간, 소비자는 이미 쇼핑 모멘텀의 흐름에 올라타게 된다. 연구자들은 이 현상을 뉴턴의 제1운동법칙에 비유한다.

> 정지한 물체는 외부의 힘이 작용하지 않는 한 정지한 상태로 남고,
> 운동 중인 물체는 외부의 힘이 작용하지 않는 한 계속해서 운동한다.

쇼핑 모멘텀 효과

처음 하나를 고르는 결정은 무겁지만, 일단 쟁반에 담고 나면 그다음부터는 고민이 사라진다. 구매했다는 행위 그 자체가 사고방식을 '심사숙고'에서 '실행'으로 바꾸어 이후의 소비를 자연스럽게 이끈다.

42

아는 맛이 최고다

소주 제조사와 마케팅 프로젝트를 수행하면서 대학생을 대상으로 표적 집단면접을 진행했을 때다. 당시 소주 업체는 과일 소주에 관심이 높았다. 과일 소주는 과일향이 첨가된 도수가 낮은 소주로 '순하리 복숭아', '자몽에 이슬' 등 다양한 맛의 제품이 판매되고 있었다. 새로운 제품 유형이 등장하면서 소비자의 관심도 상당했는데, 기존 소주를 마시던 사람들도 호기심에 과일 소주를 주문하면서 시장의 주목도가 높아지던 시점이었다.

소비자의 관심이 늘어나면서 소주 업체는 과일 소주 시장의 성장 가능성을 파악하고 싶었다. 성장 가능성이 크다면 적극적인 투자를 통해 이 시장을 점유하고 싶어 했다. 그러나 성장 가능성이 크지 않다면 기존 소주 시장을 중심으로 마케팅 활동을 수행하는 편이 좋다. 때문에 과일 소주의 미래 수요를 파악하는 것은 당시 소주 업체의 큰 관심사였다. 대학생을 대상으로 표적 집단면접을 진행하면서 알게 된 사실은 크게 네 가지다.

1. 대학 입학한 지 얼마 되지 않은 신입생들은 소주를 선호하지 않는다.
2. 소주를 선호하는 학생들의 비중은 저학년 대비 고학년에서 더 높다.
3. 과일 소주를 선호하는 학생은 대부분 소주를 선호하지 않는 학생이다.
4. 소주를 선호하는 학생은 과일 소주를 선호하지 않는다.

과일 소주는 누가 마실까? 면접에서 알게 된 사실에 따르면 주로 소주 맛에 익숙하지 않은 신입생들이 소주 대신 과일 소주를 선택한다는 것을 알게 됐다. 소주의 알코올 향과 특유의 쓴맛을 싫어하는 소비자에게 과일 소주는 꽤 괜찮은 대안이었다. 한편 소주를 선호하는 소비자는 과일 소주를 좋아하지 않았다. 소주라 부르기 어려운 향과 맛, 그리고 낮은 도수는 기존 소비자들에게 별로 선호되는 대안이 아니었다. 이를 고려하면, 과일 소주 시장은 기존 소주 고객들을 끌어들일 가능성이 높지 않았다. 결과적으로 과일 소주가 기존 소주를 대체하는 일은 벌어지기 어려울 것이라 유추할 수 있었다. 실제로 과일 소주의 유행은 점차 잦아들었고, 이제는 주목받지 못하는 제품이 됐다.

재미있는 사실은 소주에 대한 선호가 나이가 들어가면서 늘어난 다는 점이었다. 이는 소주에 익숙해져 간다는 것을 의미한다. 처음에는 익숙하지 않아 이상하다고 느끼던 맛이 경험이 늘어나면서 익숙한 맛으로 바뀌게 되면서 소주에 대한 선호가 증가하게 된다. 아는 맛이 되는 것이다. 소주를 한 잔씩 하는 사람이라면 아는 맛인 소주가 땡기는 날이 있을 것이다.

여기서 소주에 관한 질문이 하나 생긴다. 소주를 한 잔만 마시는 것은 가능할까? 물론 술을 좋아하지 않는 사람이라면 소주를 한 잔도 안 마실 수 있고, 한 잔만 마시라는 것도 어쩌면 다행이라고 여길 수 있다. 문제는 술을 좋아하는 사람의 경우다. 술을 좋아하는 A가 다음 날 중요한 일정이 있어 술을 마시면 안 되는 상황을 상상해보자. 그런데 이날 친한 동료들이 간단히 술을 마시러 가면서 A에게 '술은 마시지 말고 식사나 같이하자'라고 하며 동행을 요청한다. A는 어차피 저녁 식사를 해야 했기 때문에 '술은 안 마시면 그만'이라는 생각으로 동료들과 식당으로 향했다. 문제는 A가 동료들이 함께 즐기는 술자리에서 건배까지 안 하는 것은 좀 별로라는 생각이 들었다는 것이다. 그래서 A는 소주를 한 잔 따라놓고 건배하면서 조금씩 나눠 마시기 시작했다. 과연 A는 진짜 한 잔만 마시고 집에 갔을까?

그러기는 쉽지 않다. 우리는 다들 알고 있다. 생각보다 그런 상황에서 자제력이 발휘되기는 어렵다는 것을. 이런 상황은 단지 술자리만 있는 것은 아니다. 금연에 도전하는 사람이 담배 한 대만 피우는 행동은 결국 다시 흡연하게 될 가능성을 높인다. 또한 백화점에 가면서 그냥 눈으로만 구경하고 올 것이라는 마음은 실제 제품을 보면 흔들리기 쉽다. 이처럼 사람들은 특정 상황에서 자신이 어떻게 행동하고 무엇을 좋아하게 될지를 의외로 잘 예측하지 못한다. 특히 술을 좋아하는 사람이 술자리에 갔을 때, 애연가가 흡연하는 친구와 대화를 나눌 때, 패션에 관심이 많은 사람이 신상 상품을 마주했을 때처럼 감정이 '뜨겁게' 달아오르는 순간에는 더욱 그렇다. 이런 상황에서 우리는 스스로를 이성적으로 통제할 수 있을 것이라 생각하지만 실제 행동은 그 예상과 다른 방향으로 흘러가기 쉽다. 왜 감정적으로 고조된 상황에서는 자신의 행동이나 선호를 정확히 예측하는 것이 어려울까?

조지 로웬스타인(G. Loewenstein)은 이 분야 연구의 대표적인 학자다. 로웬스타인에 따르면 감정적으로 '뜨겁게' 달아오르는 상황에 대한 예측이 어려운 이유는 사람들이 이러한 예측을 감정적으로 '차가운' 상황에서 하므로 '뜨거운' 상황에서의 자신의 감정에 공감하지 못하기 때문이라 설명한다.[51] 로웬스타인은 이러한 예측의 실패를 '뜨거운-차가운 감정 간 공감 수준의 격차(hot-cold empathy gaps)'라 부른다.

뜨거운-차가운 감정 간 공감 수준의 격차는 사람이 감정적으로 뜨거워진 상황에서 자신이 어떤 것을 좋아하고 어떻게 행동할지에 대해 감정적으로 차가운 상황에서는 완전히 이해하기 어렵다는 것을 의미한다. 여기서 감정적으로 '뜨겁다'는 것은 특정한 욕구가 강하게 발현되었다는 것을 의미한다. 앞서 살펴본 예시와 같이 술을 마시고 싶다는 충동이 발현되거나 목마를 때 물을 마시고 싶다는 욕구가 강하게 발현된 상태를 감정적으로 '뜨거운' 상태라고 할 수 있다.

로웬스타인은 이와 관련한 다양한 연구를 진행했는데, 2005년 '뜨겁고 차가운 공감 격차와 의료 의사결정(Hot-Cold Empathy Gaps and Medical Decision Making)'에서 기존 선행 연구를 정리하며 뜨거운-차가운 감정 간 공감 수준의 격차를 설명했다. 사람이 경험하는 뜨거운-차가운 감정 간 공감 수준의 격차는 두 가지 방향에서 발생한다.

1. 뜨거움에서 차가움으로의 공감 수준의 격차
2. 차가움에서 뜨거움으로의 공감 수준의 격차

먼저 '뜨거운 상태'와 '차가운 상태' 사이의 공감 격차에 대해 생각해보자. 사람이 욕구가 강하게 작동하는 '뜨거운 상태'에 놓이면 그 욕구가 자신의 행동에 미치는 영향을 과소평가하게 된다. 그 결과 욕구가 사라진 '차가운 상태'에서의 자신의 행동을 정확히 예측하지 못하게 된다.

대표적인 예가 배고픔이다. 매우 배고픈 상태에서 식료품 쇼핑을 하는 사람은 배부른 상태의 사람에 비해 계획에 없던 품목을 더 많이 구매하는 경향이 있다. 이는 배고픔이라는 욕구가 작동하는 '뜨거운 상태'에서는 식사를 마친 뒤 욕구가 사라질 '차가운 상태'를 충분히 따지지 못하기 때문이다. 사람들은 곧 배가 부를 상황에서도 지금의 식욕이 계속될 것처럼 판단하고 그 결과 필요 이상으로 많은 식품을 구매하게 된다.

이처럼 욕구가 강하게 발현된 상황에서는 자신의 미래 행동을 정확히 예측하기 어렵다. 감정적으로 '뜨거워진' 상태에서는 평소의 판단 기준이 흐려지고 충동적인 선택과 행동이 늘어나게 된다.

차가움에서 뜨거움으로의 공감 수준의 격차 역시 예측 오류를 만들어낸다. 욕구가 발현되지 않은 '차가운' 상태의 사람은 해당 욕구가 강하게 발현된 '뜨거운' 상태에서 자신의 행동을 제대로 예측하지 못한다. 구체적인 연구를 살펴보자. 2003년 반 보펜(Van Boven)과 로웬스타인은 목마르지 않은 사람이 갈증이 난 상태에서의 자신의 행동을 얼마나 잘 예측할지에 관한 연구를 수행했다.[52] 먼저 체육관을 방문한 사람 중 운동 계획이 있는 사람으로 실험 참가자를 모집했는데, 절반은 운동 전(목마르지 않은 상태)에 설문을 진행하고, 나머지 절반은 운동 후(목마른 상태)에 진행했다. 설문에 사용된 시나리오는 다음과 같다.

콜로라도에서 휴가 중인 3명의 여행객이 6마일의 짧은 하이킹에 나섰다고 상상해보자. 시간이 흐르면서 그들은 자신들이 길을 완전히 잃었다는 것을 깨닫게 됐다. 더 나쁜 것은 짧은 하이킹을 위해 가볍게 짐을 꾸렸기 때문에 음식이나 물을 충분히 가지고 있지 않았다는 것이다.

실험 참가자들은 시나리오를 읽은 후 몇 가지 질문에 응답했다. 질문은 물과 식량에 대한 것으로 '하이커에게 갈증이 더 불쾌하다' '하이커는 식량보다는 물을 챙기지 않은 것을 더 후회한다' 등에 관한 질문으로 구성되었다. 결과는 흥미로웠다. 운동 전으로 목마르지 않은 '차

     7장. 경험 : 다시 찾는 브랜드는 기억을 설계한다

가운' 상태의 실험 참가자들은 갈증에 대해 상대적으로 덜 예민하게 반응한 반면, 운동한 후 목마른 '뜨거운' 상태의 실험 참가자들은 갈증을 매우 중요하게 인식하고 있었다. 구체적으로 결과는 다음과 같다.

질문	운동 전	운동 후
하이커에게 갈증이 더 불쾌하다	57%	88%
하이커는 식량보다는 물을 챙기지 않은 것을 더 후회한다	52%	92%

운동 전으로 목마르지 않은 '차가운' 상태의 사람들은 하이커가 마주한 상황에서 목마름이 얼마나 중요한지에 대해 충분히 공감하지 못한다. 반면, 운동 후 실제로 목마른 '뜨거운' 상태의 사람들은 하이커가 느낄 수 있는 갈증을 충분히 공감하기 때문에 물에 대한 중요성을 크게 인식한다. '차가운' 상태에서는 '뜨거운' 상태에서 자신의 상황을 정확하게 공감하기 어려우며, 결과적으로 행동에 대한 예측도 잘못될 가능성이 크다.

이러한 뜨거운–차가운 감정 간 공감 수준의 격차는 배고픔이나 갈증뿐 아니라, 약물이나 술 등에 대한 중독, 고통, 공포 등 다양한 상황에서 확인할 수 있다. 미래에 마주하게 될 고통이나 공포 수준을 차가운 상태에서는 정확하게 예측할 수 없기 때문에 사람들은 종종 고통이나 공포를 과대 혹은 과소 추정한다. 이러한 잘못된 예측으로 우리는 잘못된 선택을 하기도 한다.

그런데 흥미로운 점은 이러한 뜨거운-차가운 감정 간 공감 수준의 격차가 나와 타인 사이에서도 유사하게 나타난다는 것이다. 내가 나와 타인 사이의 뜨거운-차가운 감정 간 공감 수준의 격차에 관해 설명할 때 사용하는 예시가 하나 있다.

월드컵 예선전 마지막 경기를 펼치고 있는 대한민국 대표팀은 이 경기에서 승리하면 16강에 진출할 수 있지만, 비기거나 지면 예선에서 탈락하게 된다. 경기 종료 5분을 남기고 있는 상황에서 대한민국 대표팀은 2대 2로 비기고 있다. 그러나 체력이 다한 듯 대한민국 대표팀 선수들의 움직임은 매우 느려졌다는 것이 보인다. 5분만 더 열심히 뛰어 승리하면 16강에 진출할 수 있는 상황에서 뛰지 않는 선수들이 당신은 한심해 보인다. "한발씩만 더 뛰면 골을 넣을 수 있을 것 같은데…" 이런 당신은 집에서 치맥을 즐기며 소파에 누워 TV로 경기를 보고 있다.

위 이야기는 나와 타인 사이에서 공감 격차가 발생하는 것을 아주 잘 표현하고 있다. 나는 치맥을 먹으면서 누워서 TV를 보고 있다. 매우 편안하고, 전혀 고통스럽지 않은 '차가운' 상태다. 그런데 경기를 뛰고 있는 선수들은 어떨까? 90분에 가까운 시간을 전력으로 뛰고 있다. 아마 모든 체력을 다 써버리고 근육이 아픈 고통스러운 '뜨거운' 상태일 것이다. 이 선수들이라고 더 열심히 뛰어서 이기고 싶지 않을까? 우리보다도 더 이기고 싶은 마음일 것이다. 하지만 이미 체력이 고갈되고 고통스러운 '뜨거운' 상태의 선수들은 진짜로 더 뛸 힘이 없다. 누워서 TV를 보고 있는 내가 저 선수들의 고통을 얼마나 이해할 수 있을까? 공감한다고 생각하지만, 실제로는 절반도 공감하지 못하고 있을 것이다. 그래서 선수 탓을 한다. 막상 뛰라고 하면 10분도 제대로 못 뛸 사람들이.

정리하면, 우리는 자신의 '뜨거운' 상태와 '차가운' 상태의 차이에 대해 정확하게 공감하지 못하며, 이에 따른 행동 예측에 오류가 자주 발생한다. 내가 나를 잘 안다고 생각하지만, 실제로는 그렇지 않다. '뜨거운' 상태의 나와 '차가운' 상태의 나는 완전히 다른 사람이다. 따라서 두 상태에서의 행동을 정확하게 이해하려 노력하는 것이 현명한 의사결정에 도움이 된다.

마케터가 이 현상을 어떻게 이용할 수 있을까? 소비자에게 '아는 맛'을 만들어주는 것이 장기적으로 좋은 판매 방안이 될 수 있다. 한번 알게 된 그 맛이 그리워지는 뜨거운 상태가 된 소비자는 이를 소비하지 않고 참는 것이 매우 어렵다. 따라서 제품이나 서비스가 제공하는 '뜨거운' 경험을 소비자가 느낄 수 있는 기회를 자주 제공하는 것이 중요하다. 다양한 시음 행사나 샘플을 통한 제품 경험, 시제품 제공이나 체험판 서비스 등은 소비자가 또다시 떠올릴 수 있는 뜨거운 순간을 만드는 과정이다. 소비자에게 아는 맛을 만들어줄 수 있나면, 거부하기 어려운 수요를 만들어낼 수 있다.

뜨거운 – 차가운 감정

머리로 아는 나와 몸으로 느끼는 나는 다르다. 차분할 때의 나는 욕구를 과소평가하고 욕구가 올라온 나는 결심을 기억하지 못한다. 그래서 아는 맛은 무섭다. 한 번 익숙해진 감각은 다시 마주쳤을 때 참기 어렵다.

마케팅은
도박이 아니다

이 책의 마지막 장을 덮으며, 머리말에서 던졌던 질문을 다시 꺼내본다.

"이론과 현실은 정말로 다른가?"

42가지 트리거를 하나씩 짚어온 지금, 이 질문에 대한 내 답은 전보다 훨씬 단단해졌다. 우리가 함께 살펴본 수많은 실험과 이론들은 상아탑 안의 유희가 아니다. 지금 이 순간에도 매대 위에서, 스마트폰 액정 너머에서 매일같이 벌어지고 있는 지극히 현실적인 사건들의 집합이다.

이 책을 다 읽은 지금, 당신은 더 이상 설계당하는 쪽이 아닐지도 모른다. 아니, 적어도 설계당하는 순간을 알아채는 사람은 되었기를 희망한다. 직접 선택한 복권은 당첨될 확률이 더 높을 것이라 기대하는 사람들의 환상부터, '공짜'라는 마법에 걸려 이성이라는 계산기를 내려 놓던 소비자들의 반응까지. 이 모든 이야기는 논문이라는 딱딱한 껍데기 속에 숨겨져 있었을 뿐, 우리 자신의 욕망과 선택을 가장 과학적으로 설명하는 거울이다.

이론과 현실의 괴리는 이론 자체의 결함 때문이 아니다. 그것을 현실에 대입하는 해석의 기술이 부족했을 뿐이다. 많은 마케터가 이론을 이론으로만 공부하고 책상 서랍 속에 넣어둔다. 그러나 현장에서 살아남는 사람은 그 이론에서 비즈니스의 단서를 찾아낸다. 1980년대에 작성된 정교화 가능성 모델이 2010년대 우유 광고의 방향을 바꾸고, '저지방'이라는 라벨 한 장에 안심하며 평소보다 더 많은 칼로리를 먹는 소비자를 이해하는 것. 낡은 종이 위에 쓰인 글자들이 살아 움직이며 수천억 원의 매출을 결정짓는 설계도가 되는 과정은 그 자체로 경이로운 경험이다.

이제 이 책을 덮고 다시 치열한 비즈니스 현장으로 돌아갈 시간이다. 마케팅 의사결정은 '남들이 하니까' 혹은 '그저 운이 좋기를 바라며' 던지는 도박이 되어서는 안 된다. 대중들이 왜 그런 선택을 했는지, 그 심리적 코드를 읽어낼 수 있을 때 비로소 확률에 근거한 정밀한 비즈니스가 시작된다. 이 책에서 다룬 이론들은 복잡하고 시끄러운 시장이라는 바다를 항해할 때 길을 잃지 않게 도와주는 나침반이 되어줄 것이다. 누군가를 설득해야 하는 결정적인 순간, 혹은 회사의 사활이 걸린 선택을 내려야 하는 찰나에 이 책의 한 구절이 여러분의 입에서 강력한 근거로 튀어나오기를 바란다.

나는 여전히 이론과 현실이 그리 멀지 않다고 믿는다. 단지 현실이 조금 더 복잡할 뿐이고, 그 복잡함을 이겨낼 무기가 바로 이론이다. 거창한 학문적 성취가 아니어도 좋다. 내일 아침 마주하는 썸네일에서, 혹은 동료와 점심 메뉴를 고르는 사소한 순간에 "아, 이게 그 이론이었지"하며 무릎을 치는 찰나가 찾아온다면 저자로서 나의 목표는 달성된 셈이다.

그 작은 깨달음들이 모여 비즈니스를 바꾸고, 마침내 매출의 숫자를 바꾼다.

마트에서 1+1을 집어 들다 잠깐 멈칫하게 된다면, 그 멈칫함이 이미 시작이다. 복잡한 세상 속에서 사람의 마음이라는 정답을 찾아가는 당신의 여정을 진심으로 응원한다. 시장의 흐름을 꿰뚫어 보고 승리를 설계하는, 진정한 '매출의 설계자'가 되길.

참고 문헌

1장. 프레임 : 진실보다 인식을 설계하라

1 Soman, D., & Gourville, J. T. (2001). Transaction decoupling: How price bundling affects the decision to consume. *Journal of marketing research, 38*(1), 30−44.

2 Thaler, R. (1980). Toward a positive theory of consumer choice. *Journal of economic behavior & organization*, 1(1), 39−60.

3 Knetsch, J. L. (1989). The endowment effect and evidence of nonreversible indifference curves. *The american economic review,* 79(5), 1277−1284.

4 Carmon, Z., & Ariely, D. (2000). Focusing on the forgone: How value can appear so different to buyers and sellers. *Journal of consumer research, 27*(3), 360−370.

5 Thaler, R. (1985). Mental accounting and consumer choice. *Marketing science,* 4(3), 199−214.

6 Thaler, R. H., & Johnson, E. J. (1990). Gambling with the house money and trying to break even: The effects of prior outcomes on risky choice. *Management science, 36*(6), 643−660.

7 Thaler, R. (1985). Mental accounting and consumer choice. *Marketing science,* 4(3), 199−214.

8 Kahneman, D., & Tversky, A. (1979). Prospect theory: An analysis of decision under risk. *Econometrica, 47*(2), 363−391.

9 Tversky, A., & Kahneman, D. (1981). The framing of decisions and the psychology of choice. *Science, 211*(4481), 453−458.

10 Levin, I. P., & Gaeth, G. J. (1988). How consumers are affected by the framing

of attribute information before and after consuming the product. *Journal of consumer research, 15*(3), 374−378.

11 Kahneman, D., & Tversky, A. (1979). Prospect theory: An analysis of decision under risk. *Econometrica, 47*(2), 363−391.

2장. 숫자 : 이성을 마비시키는 가격의 법칙

12 Manning, K. C., & Sprott, D. E. (2009). Price endings, left−digit effects, and choice. *Journal of consumer research, 36*(2), 328−335.

13 Tversky, A., & Kahneman, D. (1974). Judgment under uncertainty: Heuristics and biases. *science, 185*(4157), 1124−1131.

14 Hsee, C. K., Yang, Y., Gu, Y., & Chen, J. (2009). Specification seeking: How product specifications influence consumer preference. *Journal of consumer research, 35*(6), 952−966.

15 Zhou, X., Vohs, K. D., & Baumeister, R. F. (2009). The symbolic power of money: Reminders of money alter social distress and physical pain. *Psychological science, 20*(6), 700−706.

16 Hsee, C. K., Yu, F., Zhang, J., & Zhang, Y. (2003). Medium maximization. *Journal of consumer research, 30*(1), 1−14.

17 Gourville, J. T. (1998). Pennies−a−day: The effect of temporal reframing on transaction evaluation. *Journal of consumer research, 24*(4), 395−408.

18 Shampanier, K., Mazar, N., & Ariely, D. (2007). Zero as a special price: The true value of free products. *Marketing science, 26*(6), 742−757.

3장. 감정 : 지갑을 열게 하는 심리 스위치

19 Hsee, C. K. (1998). Less is better: When low−value options are valued more highly than high−value options. *Journal of behavioral decision making, 11*(2), 107−121.

20 Jun, S. Y., Park, H. K., & Kim, K. H. (2022). The effects of nostalgia marketing on consumers' brand extension evaluation. *Journal of brand management, 29*(3), 271−286.

21 Garg, N., & Lerner, J. S. (2013). Sadness and consumption. *Journal of consumer psychology, 23*(1), 106–113.

22 Cryder, C. E., Lerner, J. S., Gross, J. J., & Dahl, R. E. (2008). Misery is not miserly: Sad and self-focused individuals spend more. *Psychological science, 19*(6), 525–530.

23 Mishra, A., & Mishra, H. (2011). The influence of price discount versus bonus pack on the preference for virtue and vice foods. *Journal of marketing research, 48*(1), 196–206.

24 Wansink, B., & Chandon, P. (2006). Can "low-fat" nutrition labels lead to obesity? *Journal of marketing research, 43*(4), 605–617.

4장. 맥락 : 거절할 수 없는 판을 짜는 사람들

25 Liberman, N., & Trope, Y. (1998). The role of feasibility and desirability considerations in near and distant future decisions: A test of temporal construal theory. J*ournal of personality and social psychology, 75*(1), 5.

26 Jun, S. Y., Kim, K. H., & Park, H. K. (2019). The effect of the preorder strategy on consumers' product choice: The moderating role of product experience and payment timing. *Journal of business research, 99*, 80–86.

27 Simonson, I. (1989). Choice based on reasons: The case of attraction and compromise effects. *Journal of consumer research, 16*(2), 158–174.

28 Simonson, I., & Tversky, A. (1992). Choice in context: Tradeoff contrast and extremeness aversion. *Journal of marketing research, 29*(3), 281–295.

29 Simonson, I. (1990). The effect of purchase quantity and timing on variety-seeking behavior. *Journal of marketing research, 27*(2), 150–162.

30 Mogilner, C., Rudnick, T., & Iyengar, S. S. (2008). The mere categorization effect: How the presence of categories increases choosers' perceptions of assortment variety and outcome satisfaction. *Journal of consumer research, 35*(2), 202–215.

31 Shin, J., & Ariely, D. (2004). Keeping doors open: The effect of unavailability on incentives to keep options viable. *Management science, 50*(5), 575–586.

5장. 믿음 : 브랜드와 사랑에 빠진 뇌

32 Dens, N., De Pelsmacker, P., Wouters, M., & Purnawirawan, N. (2012). Do you like what you recognize? *Journal of advertising, 41*(3), 35–54.

33 Lord, C. G., Ross, L., & Lepper, M. R. (1979). Biased assimilation and attitude polarization: The effects of prior theories on subsequently considered evidence. *Journal of personality and social psychology, 37*(11), 2098–2109.

34 Petty, R. E., Cacioppo, J. T., & Schumann, D. (1983). Central and peripheral routes to advertising effectiveness: The moderating role of involvement. *Journal of consumer research, 10*(2), 135–146.

35 Rozin, P., & Royzman, E. B. (2001). Negativity bias, negativity dominance, and contagion. *Personality and social psychology review, 5*(4), 296–320.

36 Langer, E. J. (1975). The illusion of control. *Journal of personality and social psychology, 32*(2), 311.

37 Zajonc, R. B. (1968). Attitudinal effects of mere exposure. *Journal of personality and social psychology, 9*(2p2), 1–27.

38 Scott, M. L., Nowlis, S. M., Mandel, N., & Morales, A. C. (2008). The effects of reduced food size and package size on the consumption behavior of restrained and unrestrained eaters. *Journal of consumer research, 35*(3), 391–405.

6장. 시선 : 타인의 눈이 선택을 바꾼다

39 Swaminathan, V., Page, K. L., & Gürhan-Canli, Z. (2007). "My" brand or "our" brand: The effects of brand relationship dimensions and self-construal on brand evaluations. *Journal of consumer research, 34*(2), 248–259.

40 Mead, N. L., Baumeister, R. F., Stillman, T. F., Rawn, C. D., & Vohs, K. D. (2011). Social exclusion causes people to spend and consume strategically in the service of affiliation. *Journal of consumer research, 37*(5), 902–919.

41 Dubois, D., Rucker, D. D., & Galinsky, A. D. (2012). Super size me: Product size as a signal of status. *Journal of consumer research, 38*(6), 1047–1062.

42 White, K., & Argo, J. J. (2011). When imitation doesn't flatter: The role of consumer distinctiveness in responses to mimicry. *Journal of consumer*

research, 38(4), 667-680.

43 Wang, J., Zhu, R., & Shiv, B. (2012). The lonely consumer: Loner or conformer? *Journal of consumer research, 38*(6), 1116-1128.

44 Blake, P. R., et al. (2015). The ontogeny of fairness in seven societies. *Nature, 528*(7581), 258-261.

45 Brosnan, S. F., & De Waal, F. B. (2003). Monkeys reject unequal pay. *Nature, 425*(6955), 297-299.

46 Aaker, J. L., & Lee, A. Y. (2001). "I" seek pleasures and "we" avoid pains: The role of self-regulatory goals in information processing and persuasion. *Journal of consumer research, 28*(1), 33-49.

7장. 경험 : 다시 찾는 브랜드는 기억을 설계한다

47 Lee, L., Frederick, S., & Ariely, D. (2006). Try it, you'll like it: The influence of expectation, consumption, and revelation on preferences for beer. *Psychological science, 17*(12), 1054-1058.

48 Vohs, K. D., Wang, Y., Gino, F., & Norton, M. I. (2013). Rituals enhance consumption. *Psychological science, 24*(9), 1714-1721.

49 Hamerman, E. J., & Johar, G. V. (2013). Conditioned superstition: Desire for control and consumer brand preferences. *Journal of consumer research, 40*(3), 428-443.

50 Dhar, R., Huber, J., & Khan, U. (2007). The shopping momentum effect. *Journal of marketing research, 44*(3), 370-378.

51 Loewenstein, G. (2005). Hot-cold empathy gaps and medical decision making. *Health psychology, 24*(4S), S49.

52 Van Boven, L., & Loewenstein, G. (2003). Social projection of transient drive states. *Personality and social psychology bulletin, 29*(9), 1159-1168.

The Revenue
Engine

매출의 설계자들

초판 1쇄 인쇄 2026년 3월 20일
초판 1쇄 발행 2026년 4월 1일

지은이 김경호
펴낸이 유정연

이사 김귀분
책임편집 신성식 **기획편집** 조현주 이지은 유리슬아 황서연 유자영 정유진 **디자인** 안수진
마케팅 반지영 박중혁 하유정 **제작** 임정호 **경영지원** 박소영 고도혜

펴낸곳 흐름출판(주) **출판등록** 제313-2003-199호(2003년 5월 28일)
주소 서울시 마포구 월드컵북로5길 48-9(서교동)
전화 (02)325-4944 **팩스** (02)325-4945 **이메일** book@hbooks.co.kr
홈페이지 hbooks.co.kr **인스타그램** instagram.com/nextwave_pub
출력·인쇄·제본 (주)삼광프린팅 **용지** 월드페이퍼(주) **후가공** (주)이지앤비(특허 제10-1081185호)

ISBN 978-89-6596-811-5 03320